DEUTSCH ALS FREMDSPRACHE

Petra Klimaszyk
Isabel Krämer-Kienle

Schritte plus 2

Lehrerhandbuch

Hueber Verlag

Quellenverzeichnis

S. 100: links © PantherMedia/Harald R.; rechts © MHV-Archiv
S. 104: links © PantherMedia/Jürgen Frese; rechts © DB AG/Günter Jazbec
S. 111: © Olympia IT GmbH
S. 121: Oktoberfest © PantherMedia/Ludger V.; Kastanien © iStock/m-1975; Pilze © fotolia/Henk Bentlage; Glühwein © fotolia/Peter Atkins; unten: obere Reihe von links: © digitalstock/T. Költgen; © PantherMedia/Jan-Dirk H.; © fotolia/FM2; © iStockphoto/Brian McEntire; untere Reihe von links: © fotolia/Alta.C; © iStockphoto/Pageruler; © fotolia/tina7si; © fotolia/mankale
S. 129: © iStockphoto/Bill Noll
S. 133: © irisblende.de

Symbole / Piktogramme

 Binnendifferenzierung

 Achtung/Hinweis

TIPP Methodisch-didaktischer Tipp

LANDES
KUNDE landeskundliche Informationen über Deutschland

Das Werk und seine Teile sind urheberrechtlich geschützt. Jede Verwertung in anderen als den gesetzlich zugelassenen Fällen bedarf deshalb der vorherigen schriftlichen Einwilligung des Verlags.

Hinweis zu § 52a UrhG: Weder das Werk noch seine Teile dürfen ohne eine solche Einwilligung überspielt, gespeichert und in ein Netzwerk eingespielt werden. Dies gilt auch für Intranets von Firmen, Schulen und sonstigen Bildungseinrichtungen.

Eingetragene Warenzeichen oder Marken sind Eigentum des jeweiligen Zeichen- bzw. Markeninhabers, auch dann, wenn diese nicht gekennzeichnet sind. Es ist jedoch zu beachten, dass weder das Vorhandensein noch das Fehlen derartiger Kennzeichnungen die Rechtslage hinsichtlich dieser gewerblichen Schutzrechte berührt.

| 5. | 4. | 3. | | Die letzten Ziffern |
| 2018 | 17 | 16 | 15 | 14 | bezeichnen Zahl und Jahr des Druckes.

Alle Drucke dieser Auflage können, da unverändert, nebeneinander benutzt werden.
1. Auflage
© 2010 Hueber Verlag GmbH & Co. KG, 85737 Ismaning, Deutschland
Redaktion: Daniela Niebisch, Penzberg; Isabel Krämer-Kienle, Hueber Verlag, Ismaning
Zeichnungen: Jörg Saupe, Düsseldorf
Layout und Satz: Schack, Ismaning
Druck und Bindung: Kessler Druck + Medien GmbH & Co. KG, Bobingen
Printed in Germany
ISBN 978-3-19-051912-5

Inhalt

Das Lehrerhandbuch – Überblick   5

Praktische Tipps für den Unterricht mit *Schritte plus*   6

Methodisch-didaktische Hinweise   15

Die erste Stunde im Kurs	15
Hinweise zu Lektion 8	16
Hinweise zu Lektion 9	27
Hinweise zu Lektion 10	38
Hinweise zu Lektion 11	48
Hinweise zu Lektion 12	59
Hinweise zu Lektion 13	69
Hinweise zu Lektion 14	81
Hinweise zu den Wiederholungsstationen	91

Kopiervorlagen   92

Zusatzübungen und Spiele zu Lektion 8	92
Zusatzübungen und Spiele zu Lektion 9	97
Zusatzübungen und Spiele zu Lektion 10	101
Zusatzübungen und Spiele zu Lektion 11	105
Zusatzübungen und Spiele zu Lektion 12	109
Zusatzübungen und Spiele zu Lektion 13	114
Zusatzübungen und Spiele zu Lektion 14	118
Wiederholung zu Lektion 8 und Lektion 9	122
Wiederholung zu Lektion 10 und Lektion 11	124
Wiederholung zu Lektion 12 und Lektion 13	126
Tests zu jeder Lektion	128

Anhang

Transkriptionen der Hörtexte im Kursbuch	142
Transkriptionen der Hörtexte im Arbeitsbuch	155
Lösungen zu den Übungen im Arbeitsbuch	160
Lösungen zu den Tests	170

Das Lehrerhandbuch – Überblick

Dieses Lehrerhandbuch enthält Hinweise und zusätzliches Material für den Unterricht mit *Schritte plus 2*. *Schritte plus 2* führt zusammen mit *Schritte plus 1* zur Niveaustufe A1 nach dem Gemeinsamen Europäischen Referenzrahmen. Eine ausführliche Konzeptbeschreibung zu *Schritte plus* finden Sie im Lehrerhandbuch zu *Schritte plus 1*.

Praktische Tipps für den Unterricht mit *Schritte plus*

Hier werden einleitend praktische Tipps zum Umgang mit wiederkehrenden Rubriken des Lehrwerks gegeben.

Kopiervorlagen

Das Lehrerhandbuch bietet durch ein differenziertes Übungsangebot die Möglichkeit, den Unterricht auf die jeweiligen Bedürfnisse eines Kurses und die jeweilige Kursdauer abzustimmen:

- Vorlagen zu den Interaktionsaufgaben ⇄ helfen bei der Unterrichtsvorbereitung.

- Zahlreiche Spiele erweitern das Angebot des Kursbuchs (ab Seite 92).

- Zu jedem Zwischenspiel finden Sie nachbereitende und erweiternde Übungen.

- Wiederholungsübungen und -spiele: Regelmäßige Wiederholungssequenzen sind besonders im Anfängerunterricht wichtig (ab Seite 122).

- Testvorlagen zu jeder Lektion: So können Sie oder Ihre TN die Kenntnisse überprüfen (ab Seite 128).

Anhang

Hier finden Sie die Transkriptionen aller Hörtexte des Kursbuchs und des Arbeitsbuchs sowie die Lösungen zu den Übungen im Arbeitsbuch und den Tests. Diese können Sie bei Bedarf auch für Ihre TN kopieren und zur Selbstkontrolle bereitstellen.

5 DAS LEHRERHANDBUCH

Praktische Tipps für den Unterricht mit *Schritte plus* – Die Foto-Hörgeschichte

1. Die Foto-Hörgeschichte

Beginnen Sie den Unterricht nicht direkt mit dem Hören der Geschichte. Die TN lösen zu jeder Episode Aufgaben vor dem Hören, während des Hörens und nach dem Hören. Generell sollten Sie die Geschichte so oft wie nötig vorspielen und ggf. an entscheidenden Passagen stoppen. Achten Sie darauf, jede Episode mindestens einmal durchgehend vorzuspielen.

Hören Sie am Ende jeder Lektion die Geschichte mit den TN noch einmal. Das ermutigt sie, denn sie können erleben, wie viel sie im Vergleich zum allerersten Hören nun schon verstehen, und das fördert die Motivation zum Weiterlernen.

1.1 Aufgaben vor dem Hören

Die Aufgaben vor dem Hören machen eine situative Einordnung der Geschichte möglich. Sie führen neue, für das Verständnis wichtige Wörter der Geschichte ein und lenken die Aufmerksamkeit auf die im Text wichtigen Passagen und Schlüsselwörter. Für die Vorentlastung bieten sich außerdem viele weitere Möglichkeiten:

Fotosalat und Satzsalat
Kopieren Sie die Fotos und schneiden Sie die einzelnen Fotos aus. Achten Sie darauf, die Nummerierung auf den Fotos wegzuschneiden. Die Bücher bleiben geschlossen. Verteilen Sie je ein Fotoset an Kleingruppen mit 3–4 TN. Die TN legen die Fotos in eine mögliche Reihenfolge, hören die Geschichte mit geschlossenen Büchern und vergleichen die Foto-Hörgeschichte mit ihrer Reihenfolge. Sie korrigieren ggf. ihre Reihenfolge.
Diese Übung kann um Satzkarten erweitert werden: Schreiben Sie zu den Fotos einfache Sätze oder Zitate aus der Geschichte auf Kärtchen, die die TN dann den Fotos zuordnen. Sie können hier auch zwischen geübteren und ungeübteren TN differenzieren, indem Sie geübteren TN weniger Vorgaben und Hilfen an die Hand geben als den ungeübteren.
Auf fortgeschrittenerem Niveau können sich die TN zu ihrer Reihenfolge der Fotos eine kleine Geschichte ausdenken oder Mini-Gespräche schreiben. Ihre Geschichte können sie dann beim Hören mit dem Hörtext vergleichen.

Poster
Jede Foto-Hörgeschichte gibt es auch als großes Poster, das Sie im Kursraum aufhängen können oder für einen Fotosalat verwenden können. Wenn Sie nur *ein* Poster haben, geben Sie je ein aus dem Poster ausgeschnittenes Foto an eine Kleingruppe. Die Gruppen versuchen dann, den richtigen Platz in der Geschichte für ihr Foto zu finden, und entwickeln eine gemeinsame Reihenfolge. So müssen sich alle beteiligen und mitreden. Alternativ können die TN aus ihrer Gruppe auch je einen TN bestimmen, der sich mit den anderen gewählten TN vor dem Kurs in der richtigen Reihenfolge aufstellen muss, sodass diese TN die Reihenfolge der Geschichte bilden und das Foto vor sich halten. Das macht Spaß, weil die TN sich bewegen müssen und womöglich mehrmals umgestellt werden, bis alle mit der Reihenfolge einverstanden sind.

Hypothesen bilden
Verraten Sie den TN nur die Überschrift der Lektion und zeigen Sie ggf. noch eines der Fotos auf Folie. Die TN spekulieren, soweit es die Sprachkenntnisse zulassen, worum es in der Geschichte gehen könnte (Wo? Wer? Was? Wie viele? Wie? Warum?). Oder die TN sehen sich die Fotos im Buch an und stellen Vermutungen über den Verlauf der Handlung an. Das motiviert und macht auf die Geschichte neugierig. Zudem wird das spätere Hören in der Fremdsprache erleichtert, weil eine bestimmte Hör-Erwartung aufgebaut wird. Fortgeschrittenere Anfänger können sich im Vorfeld Mini-Gespräche zu den Fotos überlegen und ein kleines Rollenspiel machen. Nach dem Hören vergleichen sie dann ihren Text mit dem Hörtext.

Situationsverwandte Bilder/Texte
Vielleicht finden Sie einen passenden Text oder ein Bild / einen Comic, den Sie verwenden können, um in das Thema einzuführen und unbekannten Wortschatz zu klären. Diese Übungsform eignet sich, wenn Sie erst ganz allgemein auf ein Thema hinführen wollen, ohne die Fotos aus der Foto-Hörgeschichte schon zu zeigen. Zeigen Sie z.B. beim Thema „Feste" Glückwunschkarten zu verschiedenen Festen. Die TN nennen die ihnen bekannten Feste. Dadurch wird das Vorwissen der TN aktiviert.

Praktische Tipps für den Unterricht mit *Schritte plus* –
Die Foto-Hörgeschichte

1.2 Aufgaben während des Hörens

Die TN sollten die Geschichte mindestens einmal durchgehend hören, damit der vollständige Zusammenhang gegeben ist. Dabei ist es nicht wichtig, dass die TN sofort alles erfassen. Sie haben verschiedene Möglichkeiten, den TN das Verstehen zu erleichtern:

Mitzeigen
Beim Wechsel von einem Foto zum nächsten ist ein „Klick" zu hören, der es den TN erleichtert, dem Hörtext zu folgen. Bei jedem Klick können die TN wieder in die Geschichte einsteigen und mithören, falls sie den Faden einmal verloren haben sollten. Als weitere Hilfestellung können Sie zumindest in den ersten Stunden einen TN bitten, auf dem Poster der Foto-Hörgeschichte mitzuzeigen. Die übrigen TN zeigen in ihrem Buch mit, sodass Sie kontrollieren können, ob alle der Geschichte folgen können.

Wort-/Bildkärtchen
Stellen Sie im Vorfeld Kärtchen mit Informationen aus der Foto-Hörgeschichte her (z.B. Lektion 9: zentrale Zitate zu jedem Foto). Die TN hören die Geschichte mit geschlossenen Büchern und legen die Kärtchen während des Hörens in die Reihenfolge, in der die Informationen in der Geschichte vorkommen.

Antizipation
Wenn die TN wenig Verständnisschwierigkeiten beim Hören haben bzw. wenn die TN schon geübter sind, können Sie die Foto-Geschichte natürlich auch während des Hörens immer wieder stoppen und die TN ermuntern, über den Fort- und Ausgang der Geschichte zu spekulieren. Allerdings sollten Sie die Geschichte im Anschluss auch einmal durchgehend vorspielen.

1.3 Aufgaben nach dem Hören

Die Aufgaben nach dem Hören dienen dem Heraushören von Kernaussagen. Sie überprüfen, ob die Handlung global verstanden wurde. Lesen Sie die Aufgaben gemeinsam mit den TN, geben Sie Gelegenheit zu Wortschatzfragen und spielen Sie die Geschichte noch weitere Male vor, um den TN das Lösen der Aufgaben zu erleichtern. Stoppen Sie die Geschichte ggf. an den entscheidenden Passagen, um den TN Zeit für die Eintragung ihrer Lösung zu geben. Darüber hinaus können Sie die Foto-Hörgeschichte für weitere spielerische Aktivitäten im Unterricht nutzen und so den Wortschatz festigen und erweitern:

Rollenspiele
Vor allem schon geübtere TN können kleine Gespräche zu einem oder mehreren Fotos schreiben. Diese Gespräche werden dann vor dem Plenum als kleine Rollenspiele nachgespielt. Regen Sie die TN auch dazu an, die Geschichte weiterzuentwickeln und eine Fortsetzung zu erfinden.

Pantomime
Stoppen Sie die CD beim zweiten oder wiederholten Hören jeweils nach der Rede einer Person. Bitten Sie die TN, in die jeweilige Rolle zu schlüpfen. Lassen Sie die TN pantomimisch darstellen, was sie soeben gehört haben. Fahren Sie dann mit der Foto-Hörgeschichte fort. Wenn die TN schon geübter sind, können die TN die Geschichte pantomimisch mitspielen, während Sie diese noch einmal vorspielen.

Kursteilnehmerdiktat
Die TN betrachten die Fotos. Ermuntern Sie einen TN, einen beliebigen Satz zu einem der Fotos zu sagen, z.B. „Nikos Bein tut weh." Alle TN schreiben diesen Satz auf. Ein anderer TN setzt die Aktivität fort, z.B. „Er geht zum Arzt." etc. So entsteht eine kleine Geschichte oder ein Dialog. Die TN sollten auch eine Überschrift für ihren gemeinsam erarbeiteten Text finden. Schreiben Sie oder einer der TN auf der Rückseite der Tafel oder auf Folie mit, damit die TN abschließend eine Möglichkeit zur Korrektur ihrer Sätze haben. Diese Übung trainiert nicht nur eine korrekte Orthografie, sondern dient auch der Wiederholung und Festigung von Wortschatz und Redemitteln.

Situationsverwandte Bilder/Texte
Auch nach dem Hören können Sie situationsverwandte Bilder oder Texte zur Vertiefung des Themas der Foto-Hörgeschichte nutzen. Die TN können die Unterschiede zwischen der Foto-Hörgeschichte und dem Text oder der Situation herausarbeiten. So könnte z.B. mithilfe einer Statistik über besonders häufige Berufe bei Lektion 8 dargestellt werden, welche Berufe besonders beliebt sind.
Texte oder Bilder können auch in eine andere Situation überleiten und nach dem Hören der Foto-Hörgeschichte zur Erweiterung eingesetzt werden (z.B. Lektion 9: Auf dem Einwohnermeldeamt; weiterführend: Auf dem Arbeitsamt, Wohnungsamt etc.). Damit werden Wörter und Redemittel in einen anderen Zusammenhang transferiert und erweitert. Sie können so individuell auf die Interessen Ihres Kurses eingehen.

7 PRAKTISCHE TIPPS

Praktische Tipps für den Unterricht mit *Schritte plus* – Foto-Hörgeschichte/Variationsaufgaben/Grammatikspot

Phonetik
Die Foto-Hörgeschichte bietet sich sehr gut für das Aussprachetraining an, denn sie enthält viele für den Alltag wichtige Redemittel, die sich gut als Formeln merken lassen. Greifen Sie wesentliche Zitate/Passagen aus der Geschichte heraus, spielen Sie diese isoliert vor und lassen Sie die TN diese Sätze nachsprechen. Der Hörspielcharakter und der situative Bezug innerhalb der Foto-Hörgeschichte erleichtern den TN das Memorieren solcher Redemittel. Außerdem lernen die TN, auch emotionale Aspekte (Empörung, Freude, Trauer, Wut, Mitgefühl ...) auszudrücken. Schließlich kommt es nicht nur darauf an, was man sagt, sondern vor allem darauf, wie man es sagt. In jeder Sprache werden ganz unterschiedliche Mittel benutzt, um solche emotionalen Aspekte auszudrücken.

Nicht zuletzt können auch Modalpartikeln wie „doch", „aber", „eben" unbewusst eingeschleift werden. Die Bedeutung von Modalpartikeln zu erklären ist im Anfängerunterricht schwierig und daher oft wenig sinnvoll. Mithilfe der Zitate aus der Foto-Hörgeschichte können die TN diese aber internalisieren und automatisch anwenden, ohne dass Erklärungen erforderlich sind.

2. Variationsaufgaben

Kurze, alltagsbezogene Modelldialoge, die die TN variieren sollen, sind ein wesentliches Merkmal in *Schritte plus*. Diese Modelldialoge sind durch eine orangefarbene geringelte Linie links neben der Aufgabe für Sie und Ihre TN sofort erkennbar. Durch das Variieren der Modelldialoge bekommen die TN ein Gespür für die neuen Strukturen. Durch das aktive Verwenden und Memorieren werden diese zu beherrschbarem Sprachmaterial. Die TN gewinnen Vertrauen in die Erlernbarkeit des Neuen. Für die Variationsaufgaben bietet sich folgendes Vorgehen an:

- Die TN decken den Modelldialog zu und hören ihn zunächst nur. Falls vorhanden, sehen sie dabei zugehörige Bilder/Fotos an. Wenn Sie die Bilder/Fotos auf Folie kopieren, können die TN die Bücher geschlossen lassen und sich auf die Situation konzentrieren.
- Stoppen Sie den Modelldialog beim zweiten Hören nach jedem einzelnen Sprechpart. Die TN sprechen – immer noch ohne mitzulesen – im Chor nach.
- Die TN hören den ganzen Dialog und lesen mit.
- Die TN lesen und sprechen den Dialog in Partnerarbeit in verteilten Rollen.
- Die TN lesen die Varianten.
- Die TN sprechen den Dialog in Partnerarbeit mit Varianten. Die farbigen Unterlegungen helfen zu erkennen, welche Teile des Gesprächs variiert werden sollen. Achten Sie darauf, dass die TN den Dialog erst dann mit Varianten sprechen, wenn sie Sprechsicherheit beim Modelldialog erreicht haben. Wichtig ist auch, dass die Partner ihre Sprech(er)rollen abwechseln, damit jeder TN einmal Varianten bilden muss.
- Abschließend können einige TN ihre Dialoge im Plenum präsentieren. Hier reichen ein bis zwei Beispiele aus. Es ist nicht nötig, alle Varianten präsentieren zu lassen.

Die TN können den Modelldialog auch schriftlich festhalten, um durch Abschreiben ihre Orthografie zu verbessern und sich wichtige Redemittel besser einzuprägen. Bitten Sie die TN auch, den Dialog auswendig zu lernen und vorzuspielen.

Bitten Sie schnelle TN, die Dialoge mit den Varianten auf einer Folie oder an der Tafel zu notieren. Die anderen TN können dann kontrollieren, ob sie die Varianten richtig gebildet haben. Schnelle TN können außerdem zusätzliche Varianten erfinden.

3. Grammatikspot

Schreiben Sie die Beispiele aus dem Grammatikspot an die Tafel und heben Sie die neuen Strukturen – wie im Grammatikspot – visuell hervor. Verweisen Sie auf die Einführungsaufgabe und zeigen Sie jetzt die dahinterstehende Struktur auf. Nach Möglichkeit sollten Sie dabei auf grammatische Terminologie verzichten oder sie nur sparsam verwenden. Die TN sollten das Gefühl haben, Grammatik als Hilfsmittel für das Sprechen zu lernen und nicht als Selbstzweck.

Verweisen Sie auch später immer wieder auf den Grammatikspot. Er soll den TN auch bei den anschließenden Anwendungsaufgaben als Gedächtnisstütze und Orientierungshilfe dienen.

Praktische Tipps für den Unterricht mit *Schritte plus* – Aktivität im Kurs/Zwischenspiel

4. Aktivität im Kurs

In den Abschlussaufgaben wird der Lernstoff in den persönlichen Bereich der TN übertragen. Sie befragen sich gegenseitig nach ihren Hobbys, ihren Vorlieben und Abneigungen etc. oder üben den Lernstoff durch eine spielerische Aktivität in Kleingruppen. Bei dieser Art von Aufgaben geht es häufig darum, dass die TN selbst Kärtchen, Plakate oder Formulare herstellen, was nicht nur ein sehr gutes Schreibtraining, sondern auch sehr förderlich für das Kursklima ist (gemeinsam etwas tun!). Die selbst hergestellten Kärtchen dienen – wie in der Prüfung *Start Deutsch* – als Impuls für kurze Frage-Antwort-Dialoge. Wenn Sie nicht genug Zeit im Unterricht für Bastelarbeiten haben, können Sie zu diesen Aufgaben Kopiervorlagen aus diesem Lehrerhandbuch nutzen.

In den Abschlussaufgaben sollten die TN die Gelegenheit haben, frei zu sprechen und sich frei auszudrücken. Vermeiden Sie daher in dieser Phase Korrekturen. Gerade bei den Aktivitäten im Kurs wird auf einen Wechsel der Sozialform geachtet. Versuchen Sie, die TN auch sonst möglichst oft abwechselnd in Stillarbeit, Partnerarbeit oder Kleingruppen arbeiten zu lassen. Es gibt viele Möglichkeiten, Gruppen zu bilden:

Paare:
- Verteilen Sie Kärtchen, auf denen z.B. Frage und Antwort stehen. TN mit einer Frage suchen den TN mit der passenden Antwort. Dies können Sie später auch mit Verbformen (Infinitiv und Partizip), Gegensatzpaaren, Komposita oder mehrsilbigen Wörtern etc. durchführen.
- Kleben Sie vor dem Unterricht unter oder hinter die Stühle der TN Zettelchen, von denen je zwei die gleiche Farbe haben. Das geht auch mit Bonbons. So können Sie die Partnerfindung steuern.
- Nehmen Sie ein Bündel Schnüre, Anzahl: die Hälfte Ihrer TN. Die TN fassen je ein Ende einer Schnur, am anderen Ende der Schnur finden sie ihre Partnerin / ihren Partner.
- Das „Atomspiel": Die TN stehen auf und bewegen sich frei im Raum, evtl. können Sie Musik dazu vorspielen. Als Stoppzeichen rufen Sie „Atom 2" (alternativ: 3/4/5/…). Die TN finden sich paarweise (bzw. zu Dreier-, Vierer-, Fünfergruppen …) zusammen.

Gruppen:
- Zerschneiden Sie einen Satz in seine Bestandteile: Die TN müssen den Satz zusammenfügen (z.B. „Und wie heißen Sie?") und bilden eine Gruppe.
- Lassen Sie die TN abzählen (bei einer Gruppe von 21 TN von 1 bis 7, alle Einser gehen zusammen, alle Zweier etc. = sieben Gruppen à drei Personen).
- Zerschneiden Sie Postkarten (Bilderpuzzle) oder Spielkarten und verteilen Sie sie: Die TN suchen die fehlenden Puzzleteile und finden so gleichzeitig ihre Partner.
- Definieren Sie bestimmte Merkmale: Alle mit Brille, alle mit blauen Augen, … bilden eine Gruppe.

5. Das Zwischenspiel

Das Zwischenspiel zu jeder Lektion fördert spielerisch kreativen Umgang mit interessanten Lese- und Hörtexten und vermittelt landeskundliches Wissen. Auch hier werden Themen und Lernziele aus dem Rahmencurriculum umgesetzt. Auf die Zwischenspiele, die prüfungsrelevanten Inhalt haben, wird jeweils hingewiesen.

Sie können die Texte des Zwischenspiels mit den TN einfach lesen bzw. hören und die Aufgaben dazu lösen, ohne sie didaktisch aufzubereiten. Für eine ausführlichere Behandlung der Zwischenspiele finden Sie in diesem Lehrerhandbuch Didaktisierungsvorschläge und eine Kopiervorlage als zusätzliches Übungsangebot. Diese Kopiervorlage sowie landeskundliche Hintergrundinformationen und Vorschläge für Internetrecherchen finden Sie auch im Internet unter www.hueber.de/schritte-plus.

Praktische Tipps für den Unterricht mit *Schritte plus* – Binnendifferenzierung

6. Binnendifferenzierung

6.1 Allgemeine Hinweise

Wichtig: Es ist nicht nötig, dass immer alle alles machen! Teilen Sie die Gruppen nach Kenntnisstand und/oder Neigung ein. Die einzelnen Gruppen können ihre Ergebnisse dem Plenum präsentieren: So lernen die TN miteinander und voneinander.

- Stellen Sie Mindestaufgaben, die von allen TN gelöst werden sollen. Besonders schnelle TN bekommen zusätzliche Aufgaben, z.B. Erweiterungsübungen im Arbeitsbuch (siehe unten). Entziehen Sie geübteren TN Hilfen, indem Sie z.B. Schüttelkästen wegschneiden. Dadurch werden diese TN mehr gefordert.
- Binden Sie schnellere TN als Co-Lehrer mit ein: Wenn diese eine Aufgabe beendet haben, können sie die Lösung schon an die Tafel oder auf eine Folie schreiben.
- Stellen Sie Gruppen nach Neigung oder Lerntypen zusammen. Haben Sie beispielsweise visuell und kognitiv orientierte TN, können Sie neue grammatische Formen für visuelle Lerntypen mit Beispielen und Farben an der Tafel präsentieren. Kognitive Lerntypen erhalten eine Tabelle, in der sie Formen selbstständig systematisch eintragen können und sich so ein Schema erarbeiten. Für diesen Lerntyp bieten sich die Übungen im Arbeitsbuch zum selbstentdeckenden Lernen der Grammatik sehr gut an.
- Lassen Sie bei unterschiedlich schwierigen Aufgaben die TN selbst wählen, welche sie übernehmen möchten. Die TN entscheiden dadurch selbst, wie viel sie sich zumuten möchten. Damit vermeiden Sie eine feste Rollenzuweisung, denn ein TN kann sich einmal für die einfachere Aufgabe entscheiden, weil er sich selbst noch unsicher fühlt, ein anderes Mal aber für die schwierigere, weil er sich in diesem Fall schon sicher fühlt.

6.2 Binnendifferenzierung im Kursbuch

Lesen
Nicht alle TN müssen alle Texte lesen: Bei unterschiedlich langen/schwierigen Texten verteilen Sie gezielt die kürzeren/leichteren an ungeübtere TN und die längeren/schwierigeren an geübtere TN bzw. geben Sie den TN die Möglichkeit, selbst zu entscheiden, welchen Text sie bearbeiten möchten.

Hören
Sie können die TN auch hier in Gruppen aufteilen: Jede Gruppe achtet beim Hören auf einen bestimmten Sprecher und beantwortet anschließend Fragen, die sich auf diesen Sprecher beziehen.

Sprechen
TN, die noch Hilfestellung benötigen, können bei Sprechaufgaben auf die Redemittel auf den Kursbuchseiten und auf der Übersichtsseite als Orientierungs- und Nachschlagehilfe zurückgreifen. Geübtere TN sollten das Buch schließen.

Schreiben
Achten Sie auf Vorlieben der TN. Nicht alle haben Freude am kreativen Erfinden von kurzen Texten. Bieten Sie auch Diktate an (siehe Seite 13) oder helfen Sie TN, die Schwierigkeiten beim Schreiben haben, indem Sie ihnen Beispieltexte mit Lücken zum Ausfüllen geben. Sie können dann die Fertigkeit „Schreiben" allmählich aufbauen.

Schon fertig?
Schnellen TN können Sie an vielen Stellen über die Kursbuchaufgaben hinausgehende Aufgaben – gekennzeichnet durch die Frage „Schon fertig?" – anbieten. Somit können Sie weniger geübten TN ausreichend Zeit zur Bearbeitung der Aufgaben im Kursbuch geben. Gehen Sie herum und helfen Sie individuell.

PRAKTISCHE TIPPS

Praktische Tipps für den Unterricht mit *Schritte plus* – Binnendifferenzierung/Lerntagebuch/Fokus-Seiten

6.3 Binnendifferenzierung im Arbeitsbuch

Die binnendifferenzierenden Übungen im Arbeitsbuch können im Kurs oder als Hausaufgabe bearbeitet werden. Es empfiehlt sich folgendes Vorgehen:

- Die Basisübungen mit der schwarzen Arbeitsanweisung sollten von allen TN gelöst werden.
- Zusätzlich können die Vertiefungsübungen (blaugraue Arbeitsanweisung) und die Erweiterungsübungen (tiefblaue Arbeitsanweisungen) gelöst werden. Lassen Sie nach Möglichkeit die TN selbst entscheiden, wie viele Aufgaben sie lösen möchten, oder geben Sie bei der Stillarbeit im Kurs einen bestimmten Zeitrahmen vor, in dem die TN Übungen lösen können. So vermeiden Sie, dass nicht so schnelle TN sich unter Druck gesetzt fühlen.

Die schwarzen und blaugrauen Übungen sollten Sie im Plenum kontrollieren – durch Vorlesen im Kurs oder durch Selbstkontrolle der TN mithilfe einer Folie, auf der Sie oder ein TN zuvor die Lösungen notiert haben. Erweiterungsübungen führen über den Basiskenntnisstand hinaus. Hier gibt es auch freiere Übungsformen, z.B. das Schreiben von Dialogen anhand von Vorgaben. Die TN können sich bei diesen Übungen selbstständig zu zweit kontrollieren oder Sie verteilen eine Kopie mit den Lösungen. Bei freien Schreibaufgaben sollten Sie die Texte einsammeln und in der folgenden Unterrichtsstunde korrigiert zurückgeben.

7. Das Lerntagebuch

Gehen Sie bei der Arbeit mit dem Lerntagebuch folgendermaßen vor:
- Machen Sie die Eintragungen zu einer neuen Lerntechnik am Anfang mit den TN gemeinsam, um die Arbeitstechnik zu verdeutlichen. Später können die TN dann selbstständig entscheiden, ob sie diese Lerntechnik anwenden wollen.
- Aufgaben, die eine eindeutige Lösung haben, z.B. eine Tabelle erstellen, sollten im Kurs kontrolliert werden, indem die Lösung z.B. auf einer Folie präsentiert wird und die TN vergleichen und korrigieren.
- Achten Sie darauf, dass die TN sich mit der Zeit regelmäßig selbstständig Notizen zu dem machen, was sie im Unterricht gelernt haben.
- Auf fortgeschrittenerem Niveau kann im Unterricht auch über die verschiedenen Lerntechniken diskutiert werden (Wer wendet was warum an oder nicht an?) und die TN können ihre Tipps austauschen.
- Regen Sie die TN immer wieder dazu an, auch Dinge im Lerntagebuch zu notieren, die sie außerhalb des Unterrichts gelernt und entdeckt haben und die sie in den Unterricht einbringen könnten.
- Regen Sie die TN auch dazu an, Ergebnisse von Gruppenarbeiten und Projekten im Lerntagebuch abzuheften und sich so ein individuelles Tagebuch zusammenzustellen, in dem sie ihre Lernfortschritte dokumentiert haben. Das ist nicht nur eine gute Hilfe zum späteren Nachschlagen und Wiederholen von Lernstoff, sondern auch eine schöne Erinnerung.

8. Die Fokus-Seiten

Die Fokus-Seiten am Ende des Arbeitsbuchs sind eine Mischung aus Input und Übungen zu sehr konkreten Sprachhandlungen, die im Alltag von Migrantinnen und Migranten eine Rolle spielen. Sie greifen Lernziele auf, die im Rahmencurriculum festgeschrieben sind. Sie bieten – thematisch passend zur jeweiligen Lektion – zusätzliche Materialien zu den Themen Alltag, Beruf und Familie. Zu jeder Lektion gibt es zwei Fokus-Seiten. Alle Fokus-Seiten können fakultativ, den Bedürfnissen der Zielgruppe entsprechend, im Unterricht bearbeitet werden. Didaktisierungsvorschläge finden Sie in diesem Lehrerhandbuch. Zu vielen Fokus-Themen finden Sie in diesem Lehrerhandbuch ausführliche Projekt-Vorschläge.

Praktische Tipps für den Unterricht mit *Schritte plus* – Projekte/Lernwortschatz

9.   Die Projekte

Projekte finden Sie im Arbeitsbuch sowohl im Übungsteil als auch auf den Fokus-Seiten. Gehen Sie bei der Projektarbeit folgendermaßen vor:

Vorbereitung

Bereiten Sie das Projekt immer sprachlich so weit wie nötig vor: Wiederholen bzw. erarbeiten Sie mit den TN notwendige Redemittel (z.B. für Lektion 11: „Entschuldigen Sie, wo bekomme ich einen Fahrplan?" oder „Eine Frage: Was bedeutet ICE?"). Das gibt den TN Sicherheit und bereitet sie auf den Kontakt mit Muttersprachlern vor.

Durchführung

Sie können das Projekt als Hausaufgabe aufgeben, die einzeln oder im Team gelöst werden soll. Wenn Sie mehr Zeit zur Verfügung haben, bieten sich die Projekte auch für die selbstständige Gruppenarbeit während der Unterrichtszeit an.

Präsentation

Die TN präsentieren ihre Ergebnisse im Kurs. Damit die Präsentation anschaulich wird, sollten die TN alle Materialien, die sie bei der Projektarbeit benutzt haben, mit in den Unterricht bringen oder eine Collage erstellen, die dann im Kursraum aufgehängt wird. Bei geeigneten Projekten können die TN auch Tonband- oder Videoaufnahmen machen und diese mit in den Unterricht bringen. Solche Präsentationen bereichern den Unterricht und erhöhen die Motivation der TN.

10.   Die Lernwortschatzseiten

Jede Lektion endet mit dem Lektionswortschatz, der nach Themenfeldern sortiert ist. Der Lernwortschatz richtet sich nach der Liste des *Deutsch-Tests für Zuwanderer*. Die Teilnehmer können Übersetzungen in ihre Muttersprache, eigene Sätze und Erklärungen ergänzen.

Weitere Unterrichtsmaterialien zu *Schritte plus*

Zur Unterstützung Ihres Unterrichts und für das selbstständige Weiterüben der TN gibt es ein breites, fakultatives Zusatzangebot zu *Schritte plus*:

Für den Lernenden:
- Glossare: sind zu verschiedenen Ausgangssprachen erhältlich und helfen individuell beim Nachschlagen und Lernen von Wortschatz.
- Intensivtrainer: Diese Verbindung aus Testheft und Übungsbuch ist für das selbstständige Lernen zu Hause und zur Selbstevaluation gedacht.
- Übungsgrammatik: Sie enthält den kompletten Grammatikstoff der Niveaustufen A1, A2 und B1 sowie Übungen zum selbstständigen Nachschlagen und Üben.
- Prüfungstraining: Auf die unterschiedlichen Aufgabenstellungen der Prüfungen der Niveaustufen A1, A2 und B1 (*Start Deutsch 1/2*, *Deutsch-Test für Zuwanderer*, *Zertifikat Deutsch*) bereiten Zusatzhefte vor.
- Lektüren zur Foto-Hörgeschichte: Lesehefte mit Geschichten über die Protagonisten der Foto-Hörgeschichten fördern das Leseverstehen.
- Portfolio – nur im Internet unter www.hueber.de/schritte-plus: Die Lernenden können sich einzelne Blätter aus dem Internet herunterladen und diese im Lerntagebuch-Ordner abheften. Die bereits im Lerntagebuch erworbenen Lerntechniken sind dabei eine von mehreren Kategorien des Portfolios.

Für die Unterrichtsvorbereitung:
- Diktate und zusätzliche Lesetexte
- Übungsblätter per Mausklick (CD-ROM zur schnellen Erstellung neuer Arbeitsblätter)
- Zusatzmaterialien für die speziellen Integrationskurse für Jugendliche oder für Frauen und Eltern sowie für Kurse mit dem Schwerpunkt Berufssprache (als kostenpflichtige Module im Internet oder als Hefte)
- Poster zu den Foto-Hörgeschichten

Internetservice:
Unter www.hueber.de/schritte-plus finden Sie Online-Übungen für die Lernenden, weitere Arbeitsblätter, die Einstufungstests zu *Schritte plus*, Informationen, Recherchevorschläge, Links und vieles mehr.
Im Internet finden Sie auch spezielle Materialien für Österreich und für die Schweiz.

Materialien
Foto-Hörgeschichten aus *Schritte plus 1* in Kopie
oder als Poster
Tipp: CD mit Musik

Die erste Stunde im Kurs

Bevor Sie mit Lektion 8 beginnen, sollten Sie je nach Ausgangssituation Ihres Kurses diese Seite im Unterricht durchnehmen.

Situation 1: Ihr Kurs läuft weiter und alle TN kennen *Schritte plus 1*.
In diesem Fall können Sie mit den TN eine kurze Rückschau halten: Die TN lesen die Texte zu Niko, Sara und Familie Schneider und ergänzen in Kleingruppen, was sie sonst noch alles über die Protagonisten der Foto-Hörgeschichte wissen. Stellen Sie Fragen: „Was sind die Lieblingstiere von Sara?", „Wie heißen die Hasen?", „Wo wohnt Niko?" etc. Lassen Sie auch die Ereignisse in den Foto-Hörgeschichten Revue passieren, indem Sie fragen: „Wo hat Niko Familie Schneider kennengelernt?", „Was ist beim Picknick passiert?", „Warum möchten Bruno und Tina am Abend nicht mehr spielen?", „Wer spielt mit Sara?" etc. Als Gedankenstütze können Sie an die TN Kopien der Foto-Hörgeschichten aus *Schritte plus 1* verteilen oder die Poster zu den Geschichten aufhängen.
Variante: Wenn Sie wenig Zeit im Kurs haben, können Sie auch direkt mit Lektion 8 beginnen.

Situation 2: Ein neuer Kurs hat begonnen und einige TN haben schon mit *Schritte plus 1* gelernt.
1. Wenn mit *Schritte plus 2* ein neuer Kurs beginnt, der sich sowohl aus neuen TN als auch aus TN zusammensetzt, die schon mit *Schritte plus 1* Deutsch gelernt haben, sollten die TN zuerst Gelegenheit zum gegenseitigen Kennenlernen haben. Bitten Sie die TN, sich kurz vorzustellen und ein Namensschild aufzustellen. Sammeln Sie dann mit den TN Fragen für ein Partnerinterview an der Tafel: „Woher kommen Sie?", „Wie lange lernen Sie schon Deutsch?" etc. Die TN lesen auch das Beispiel und die Redemittelhilfen im Buch. Sie befragen dann ihre Partnerin / ihren Partner. Achten Sie darauf, dass möglichst TN zusammenarbeiten, die sich noch nicht kennen. Abschließend stellt jede(r) die Partnerin / den Partner im Plenum vor.
Variante: Wenn nur wenige neue TN in den Kurs gekommen sind, sammeln Sie zuerst Fragen wie oben beschrieben und bilden Sie einen Kreis. Die neuen TN werden von allen gemeinsam befragt und stellen sich dem Kurs vor.

2. Teilen Sie den Kurs in neue und „alte" TN. Die neu hinzugekommenen TN lesen die Texte im Buch und bekommen so einen ersten Eindruck von den Protagonisten der Foto-Hörgeschichte. Helfen Sie ggf. bei unbekannten Wörtern. Die TN, die die Foto-Hörgeschichten aus *Schritte plus 1* bereits kennen, versuchen gemeinsam, die wichtigsten Informationen aus den Foto-Hörgeschichten von *Schritte plus 1* zu sammeln, und machen Notizen dazu.
Es ist nicht notwendig, dass die TN Details sprachlich wiedergeben können. Gehen Sie herum und helfen Sie mit gezielten Fragen wie bei Situation 1.
3. Die TN finden sich in Kleingruppen zusammen, die aus neuen und „alten" TN bestehen. Die TN, die die Foto-Hörgeschichten schon kennen, erzählen, soweit sprachlich möglich, was sie bereits über Niko und Familie Schneider wissen, und zeigen dabei die Geschichten auf den Postern oder auf Kopien.

TIPP

Kennenlernspiele nehmen die erste Anspannung und tragen zu einer angenehmen Arbeitsatmosphäre im Kurs bei. Die TN bilden z.B. zwei gleich große Kreise, einen Innenkreis und einen Außenkreis. Zwei TN stehen sich also gegenüber. Spielen Sie Musik vor, die beiden Kreise marschieren in jeweils entgegengesetzter Richtung, bis Sie die Musik stoppen. Die TN, die sich nun gegenüberstehen, stellen sich gegenseitig Fragen wie oben im Partnerinterview, bis die Musik wieder einsetzt. Dann gehen sie weiter, bis die Musik wieder stoppt, etc.

Situation 3: Ein neuer Kurs beginnt und die TN kennen *Schritte plus 1* alle noch nicht.
1. Wenn die TN sich alle noch nicht kennen und zuvor mit einem anderen Lehrwerk oder ohne Unterricht schon etwas Deutsch gelernt haben, sollten Sie ihnen ebenfalls zunächst Gelegenheit zu einer Vorstellungsrunde und einem kleinen Partnerinterview geben (vgl. Situation 2).
2. Die TN lesen die Texte zu Niko und Familie Schneider im Buch. Stellen Sie sicher, dass die TN die Texte verstanden haben, und fragen Sie: „Wer ist das?", „Woher kommt er?", „Wie alt ist Sara?", „Ist Niko ihr Bruder?", „Wie heißen die Eltern von Sara?" etc. Deuten Sie dabei jeweils auf die Fotos.
3. *fakultativ:* Nutzen Sie die erste Unterrichtsstunde für eine Einstimmung auf das gemeinsame Lernen und spielen Sie den TN alle Foto-Hörgeschichten aus *Schritte plus 1* vor. Zeigen Sie dabei jeweils die Fotos als Poster oder auf Kopien. Dies ist nicht nur ein „gemütlicher" Einstieg in den Kurs, sondern die TN, die alle bereits etwas Deutsch gelernt haben, aktivieren ihre Kenntnisse und können Fragen stellen, wenn sie etwas nicht verstanden haben. Es ist auch eine gute Möglichkeit, den Wortschatz und die Strukturen, die in *Schritte plus 2* vorausgesetzt werden, aufzugreifen. Sie können dabei rasch feststellen, wo Wiederholungsbedarf besteht.

15 DIE ERSTE STUNDE

8 BERUF UND ARBEIT

Folge 8: *Stifte*
Einstieg in das Thema: Ein Vorstellungsgespräch

Materialien
1 Foto 3 auf Folie
2 Stifte, Stiftehalter
3 Folie der Zeichnung

---

1 Vor dem Hören: Vermutungen äußern

1. Die TN sehen sich paarweise die Fotos an und stellen Vermutungen darüber an, wo Niko sich befindet. Sie kreuzen ihre Lösung an.
2. Abschlusskontrolle im Plenum. *Lösung:* Niko ist in einer Firma …
   Variante: Die Bücher bleiben geschlossen. Legen Sie eine Folie von Foto 3 auf und stellen Sie Fragen: „Wer ist auf dem Foto zu sehen?", „Wo ist Niko?", „Was macht er?", „Warum ist er dort?" Die TN spekulieren. Schreiben Sie ggf. als Hilfe einige Stichwörter an die Tafel:
   Die TN öffnen die Bücher, sehen sich alle Fotos an und kreuzen dann ihre Lösung an.

> *Deutschlehrerin? – Chefin?*
> *Sprachschule? – Firma?*
> *Deutschtest? – neue Arbeit?*

TIPP

Indem die TN Hypothesen über einen Text bilden, erarbeiten sie sich diesen gemeinsam. Fragen Sie: „Wer (ist der Akteur)? Was macht sie/er? Wo ist sie/er? Warum/Wie/Wie viele …?" Dadurch werden automatisch Schlüsselwörter geklärt. Jeder TN kann sein Vorwissen einbringen und die TN lernen so voneinander und miteinander und erweitern z.B. ihren individuellen „Wort-Schatz". Indem die TN verschiedene Informationen vor dem Lesen oder Hören eines Textes heraussuchen, wird zum einen der Text situativ eingebettet, zum anderen werden die sprachlichen Voraussetzungen für alle TN gleichermaßen geschaffen, um den Text zu verstehen.

2 Vor dem Hören: Schlüsselwörter verstehen

1. Bringen Sie nach Möglichkeit einen Stiftehalter mit und zeigen Sie diesen den TN. Bitten Sie die TN auch, einen Stift zu zeigen. Diese beiden Gegenstände sind wichtig, um das Ende der Geschichte zu verstehen.
2. Ein TN liest die Aufgabe vor. Er zeigt die Stifte und den Stiftehalter auf den Fotos.
   Lösung: Stifte: Foto 3 bis 6, 8, 10, 11; Stiftehalter: Foto 10, 11

3 Vor dem Hören: Schlüsselwörter verstehen

1. Die TN bearbeiten die Aufgabe in Stillarbeit oder zu zweit, ggf. auch mit dem Wörterbuch. Sie erarbeiten sich dabei den für das Verstehen der Geschichte notwendigen Wortschatz. Sicher kennen einige TN die Wörter bereits oder können sie von ihrer Muttersprache ableiten.
2. Legen Sie für die Abschlusskontrolle eine Folie der Zeichnung auf und bitten Sie jeweils einen TN, einen Begriff der passenden Nummer zuzuordnen. *Lösung:* 1 der Meister; 2 der Mechaniker; 3 die Maschine
3. *fakultativ:* Wenn die TN am Thema interessiert sind, können Sie das Wortfeld erweitern, indem Sie die TN fragen, was für Werkstätten sie kennen (z.B. Autowerkstatt, Schreinerwerkstatt …) oder was man in einer Werkstatt macht. Oder fragen Sie die TN, welche „Maschinen" sie kennen (z.B. Waschmaschine, Kaffeemaschine …).

4 Beim ersten Hören

1. Die TN hören die Foto-Hörgeschichte zum ersten Mal. Stoppen Sie die CD an den Schlüsselstellen, z.B. vor Foto 7, und fragen Sie: „Sehen Sie Foto 7 an. Wen ruft Frau Schmitz an?" Die TN raten, wie die Geschichte weitergeht. Stoppen Sie die CD auch vor Foto 10 und fragen Sie: „Was baut/macht Niko?" Oder fragen Sie vor Foto 11: „Was meinen Sie? Bekommt Niko die Stelle?"
2. Die TN hören die Geschichte anschließend einmal durchgehend. Weitere Vorschläge für den Umgang mit der Foto-Hörgeschichte finden Sie auf Seite 6 f.

5 Nach dem ersten Hören: Den wesentlichen Inhalt verstehen

1. Ein TN liest Beispiel a) mit der Lösung vor.
2. Bearbeiten Sie auch Beispiel b) mit den TN im Plenum.
3. Gehen Sie die Aufgabe zusammen mit den ungeübten TN durch. Geübte TN bearbeiten die restliche Aufgabe in Stillarbeit und korrigieren sich gegenseitig.
4. Abschlusskontrolle im Plenum. *Lösung:* b) falsch; c) richtig; d) richtig; e) falsch; f) richtig

LEKTION 8

Materialien
A1 Kopiervorlage L8/A1, Kärtchen mit den Berufsbezeichnungen

Sind Sie **Mechaniker**?

Wortfeld „Berufsbezeichnungen"
Lernziel: Die TN können den eigenen Beruf nennen und eine andere Person nach ihrem Beruf fragen.

A  **8**

A1 Präsentation des Wortfelds „Berufsbezeichnungen"
1. Schreiben Sie vorab alle Berufe aus A1 auf Kärtchen. Verteilen Sie durcheinander die Bilder von Kopiervorlage L8/A1 und die Kärtchen an die TN. Jeder TN sollte zumindest eine Wort- oder Bildkarte erhalten. Die Bücher bleiben geschlossen.
2. Die TN gehen im Kursraum umher und suchen die Partnerin / den Partner mit der jeweils passenden Berufsbezeichnung bzw. dem passenden Bild. Gemeinsam hängen die Partner Bild und Kärtchen an die Pinnwand oder mit Tesafilm an die Tafel.
3. Die TN hören die Texte. Die Bücher bleiben weiterhin geschlossen. Stoppen Sie nach jedem Hörtext: Die TN raten, zu welchem Beruf der Text gehört, und zeigen den Beruf an der Pinnwand oder Tafel.
4. Die TN öffnen ihr Buch und hören die Texte noch einmal. Sie tragen die Lösung in ihrem Buch ein. Schreiben Sie die Lösung auch an die Tafel. *Lösung:* 2 A; 3 G; 4 H; 5 F; 6 C; 7 I; 8 J; 9 E; 10 D

A2 Erweiterung: Männliche und weibliche Berufsbezeichnungen
1. Die TN sehen sich die Berufe an der Pinnwand oder an der Tafel an: Wo sind Frauen zu sehen, wo Männer? Wie enden die Berufsbezeichnungen für Frauen häufig? Einige TN werden sicher feststellen, dass „-in" die typische Endung für weibliche Berufsbezeichnungen ist. Schreiben Sie als Beispiel „Lehrerin" an die Tafel. Die TN nennen die männliche Form: Lehrer.
2. Zeigen Sie auf die Wortkärtchen von „Kaufmann" und „Hausfrau". Lassen Sie die TN zuerst selbst Ideen für die weibliche bzw. männliche Form nennen, bevor Sie auf den Grammatikspot im Buch verweisen.
3. Die TN ergänzen die Tabelle im Buch.
4. Abschlusskontrolle im Plenum. *Lösung* (von oben nach unten): Lehrer; Polizistin; Programmierer; Hausfrau; Bauarbeiterin; Student; Mechanikerin; Krankenschwester; Kaufmann
5. *fakultativ:* Vielleicht kennen die TN schon andere Berufe auf Deutsch. Sammeln Sie diese an der Tafel.

Arbeitsbuch 1–2: als Hausaufgabe

A3 Aktivität im Kurs: Beruferaten

Bilden Sie zwei Gruppen. Ungeübte TN oder TN, die das Wortfeld „Berufe" gern vertiefen möchten, erhalten verdeckt je ein Bildkärtchen der Kopiervorlage L8/A1. Ein TN zeichnet den auf dem Kärtchen abgebildeten Beruf an die Tafel. Die TN der Gruppe raten. Wer den Beruf errät, kommt als Nächster an die Tafel und malt „seinen" Beruf an. Geübte TN überlegen sich einen Beruf und notieren ihn verdeckt auf einem Zettel. Es muss sich nicht um den tatsächlichen Beruf des TN handeln! Die TN zeichnen „ihren" Beruf dann an die Tafel. Die anderen raten.
Variante: Anstatt den Beruf zu zeichnen, können die TN ihren Beruf auch pantomimisch vorführen.

A4 Aktivität im Kurs: Nach dem Beruf fragen und den eigenen Beruf nennen
1. Sagen Sie betont: „Ich bin Lehrerin. Und Sie? Was ist Ihr Beruf?" Machen Sie deutlich, dass die TN ihren Beruf auf einem Blatt Papier notieren sollen. Sicher wissen einige schon das Wort für ihren Beruf auf Deutsch. Die anderen suchen im Wörterbuch.
   ! Manchmal findet sich nicht so leicht eine deutsche Entsprechung für einen Beruf. Lassen Sie sich in diesem Fall vom TN ihre/seine Tätigkeit erklären und finden Sie gemeinsam eine Entsprechung im Deutschen, die die Tätigkeit annähernd beschreibt.
2. Zwei TN lesen die Beispiele im Buch vor.
3. Verweisen Sie auf den Grammatikspot. Lesen Sie die Redemittel mit jeweils einem Beispiel vor. Machen Sie dabei die Verwendung von „bei" (Ich arbeite *bei* einer Firma.) und „als" (Ich bin Lehrerin, aber ich arbeite *als* Verkäuferin.) deutlich. Ergänzen Sie auch „arbeitslos", indem Sie die TN fragen, warum man nicht arbeitet (z.B. Ich bin arbeitslos. / Ich habe keine Arbeit. / Ich habe ein Baby. / Ich bin Student.).
4. Die TN fragen zunächst ihre Partnerin / ihren Partner nach dem Beruf. Dann gehen sie im Kursraum herum und befragen weitere TN.

TIPP Denken Sie daran, dass die Aufgaben und Übungen eines jeden Lehrwerks nur die Rahmenbedingungen für Ihren Kurs schaffen können, die an die Gegebenheiten und Bedürfnisse des jeweiligen Kurses angepasst werden müssen. Sprechen Sie bei Interesse weiter über die Berufe (Was macht ein Mechaniker? Was ist wichtig für einen Lehrer? ...). Wichtig ist, dass die TN den Bezug zu sich und ihrer Lebenswelt sehen und über ein Thema in dem Maße sprechen dürfen, wie es ihnen wichtig ist.

Arbeitsbuch 3–7: in Stillarbeit oder als Hausaufgabe

PHONETIK **Arbeitsbuch 8–10:** im Kurs: Die TN hören die Berufe in Übung 8 und sprechen im Chor nach. Spielen Sie die CD noch einmal vor und bitten Sie die TN, genau darauf zu achten, wo „r" im Wort nicht zu hören ist. Die TN markieren. Erklären Sie: Der Buchstabe „r" steht im Deutschen für zwei unterschiedliche Laute. Am Wort- oder Silbenanfang oder nach kurzen Vokalen hört und spricht man „r". Am Wort- und Silbenende hört man eine Mischung aus offenem „e" und kurzem „a".
! Es gibt noch weitere Regeln für das vokalische „r". Bleiben Sie vorerst bei der im Deutschen sehr häufigen Wortendung auf „-er".
Die TN üben mithilfe von Übung 9 und 10 den Unterschied von „-e" und „-er" am Silben-/Wortende. Sie ergänzen die Lücken und sprechen die Sätze in Partnerarbeit.

17 LEKTION 8

8 B Wann sind Sie nach Deutschland gekommen? – Vor acht Monaten.

Materialien
B3 Kopiervorlage L8/B3
B5 Fotos der TN, kleines Album/Schreibheft, Klebstoff, Kopiervorlage L8/B5

Temporale Angaben: *Wann, Wie lange, Seit, Seit wann, Vor*
Lernziel: Die TN können zeitliche Angaben zu ihrem Lebenslauf machen.

B1 Variation: Präsentation der temporalen Präpositionen *seit* und *vor*
1. Gehen Sie vor wie auf Seite 8 beschrieben. Es bietet sich an, dass die TN zuerst nur Gespräch a) bearbeiten.
2. Schreiben Sie an die Tafel:

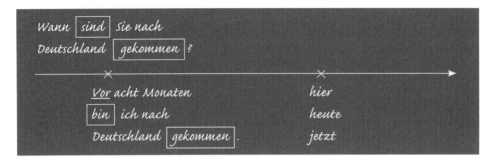

Machen Sie deutlich, dass „vor" einen Zeitpunkt in der Vergangenheit angibt.
3. Die TN variieren Gespräch b). Ergänzen Sie das Tafelbild und machen Sie deutlich, dass „seit" einen Zeitraum angibt, der in der Vergangenheit begonnen hat und bis heute andauert:

Arbeitsbuch 11: in Stillarbeit

B2 Anwendungsaufgabe zu den temporalen Präpositionen *seit* und *vor*
1. Ein TN liest die Aufgabe und das erste Beispiel vor.
   Weisen Sie die TN darauf hin, dass es sich hier um Notizen handelt und dass man in Notizen häufig Wörter weglässt, z.B. das Verb. Achten Sie im Folgenden darauf, dass die TN bei den Fragen das Verb nicht vergessen.
2. Die TN lösen die Aufgabe in Partnerarbeit. Helfen Sie ggf. bei Beispiel e), indem Sie die Struktur vorgeben (Was <u>haben</u> Sie studiert?) und das möglicherweise noch unbekannte Wort „studieren" z.B. mithilfe des internationalen Wortes „Universität" erklären: „In der Schule lernen Sie. An der Universität studieren Sie."
3. TN, die schon schneller mit der Aufgabe fertig sind, finden weitere Fragen oder schreiben bereits die Fragen an die Tafel, denn insbesondere als Hilfe für Aufgabe B3 ist es wichtig, die Fragen auch sichtbar für alle zu notieren.
4. Abschlusskontrolle im Plenum. Die schnellen TN stellen ihre Zusatzfragen vor.
   Lösung: b) Seit wann leben Sie in Stuttgart? c) Wann und wo sind Sie geboren? d) Wann haben Sie Mechaniker gelernt? e) Was haben Sie studiert? Wann haben Sie das/Ihr Diplom gemacht? f) Wie lange haben Sie als Programmierer gearbeitet? g) Seit wann sind Sie arbeitslos?

LEKTION 8   18

Materialien
B3 Kopiervorlage L8/B3
B5 Fotos der TN, kleines Album/Schreibheft, Klebstoff, Kopiervorlage L8/B5

Wann sind Sie nach Deutschland gekommen? – **Vor** acht Monaten.

Temporale Angaben: Wann, Wie lange, Seit, Seit wann, Vor
Lernziel: Die TN können zeitliche Angaben zu ihrem Lebenslauf machen.

B **8**

B3 Erweiterung: Präsentation des Dativs bei temporalen Präpositionen

1. Die TN lesen die möglichen Antworten zu den Fragen aus B2. Verweisen Sie auf das vorgegebene Beispiel und zeigen Sie, dass die Antwort zu Frage e) passt, indem Sie Frage und Antwort an die Tafel schreiben.
2. Die TN hören das Gespräch so oft wie nötig und ordnen den Antworten die passenden Fragen zu.
3. Abschlusskontrolle im Plenum. Während die TN den gesamten Text noch einmal hören, schreibt ein geübter TN die richtigen Antworten zu den Fragen, die ja bereits an der Tafel stehen.
   Lösung: a) Vor einem Jahr. b) Seit einem Monat. c) 1973 in Krakau. d) Das war vor genau 15 Jahren. f) Ich habe acht Jahre als Computerspezialist gearbeitet. g) Seit drei Monaten habe ich keine Arbeit mehr.
4. Unterstreichen Sie die temporalen Angaben in den Sätzen.
5. Umkreisen Sie auch die Artikelendungen nach „vor" und „seit". Verweisen Sie auf den Grammatikspot und schreiben Sie an die Tafel:

```
                    Wann? / Wie lange?
   der Monat   →  vor/seit ein(em)  Monat
   das Jahr    →  vor/seit ein(em)  Jahr
   die Woche   →  vor/seit ein(er)  Woche
   die Jahre   →  vor/seit drei Jahr(en)
```

Weisen Sie auch auf den Infospot hin.
6. *fakultativ:* Die TN legen aus den Puzzleteilen (Kopiervorlage L8/B3) passende Fragen und Antworten. Es sind mehrere Lösungen möglich.

Arbeitsbuch 12–16: in Stillarbeit oder als Hausaufgabe

Arbeitsbuch 17: im Kurs: Die TN machen sich in einer Übersicht die bekannten temporalen Präpositionen bewusst („am", „um" siehe *Schritte plus 1*, Lektion 5) und erweitern die Skizze um die neu gelernten Präpositionen „vor" und „seit". Sie ergänzen die vorgegebenen Beispiele und erfinden weitere. Die Übersicht macht den TN bewusst, wann welche Präposition benutzt wird. Besonders wichtig ist es daher, die Präpositionen immer in Verbindung mit einem Beispielsatz zu lernen.

Arbeitsbuch 18–19: als Hausaufgabe

B4 Anwendungsaufgabe zu den temporalen Präpositionen *seit* und *vor*

1. Die TN lesen die Texte und beantworten die Fragen in Partnerarbeit.
2. Abschlusskontrolle im Plenum. *Lösung:* A Seit 10 Jahren. B Seit 40 Jahren. C Vor 2 Monaten.
3. *fakultativ:* Geübte TN schreiben als freiwillige Hausaufgabe ähnliche kurze Texte. In der folgenden Unterrichtsstunde werden diese Texte zur Wiederholung eingesetzt: Die TN bearbeiten die Texte wiederum in Partnerarbeit.

B5 Aktivität im Kurs: Ein Kursalbum gestalten

Hinweis: Möglicherweise kennen sich die TN in Ihrem Kurs noch nicht so gut, weil mit *Schritte plus 2* ein neuer Kurs begonnen hat. In diesem Fall ist ein kleines Kursalbum zu Beginn des Kurses eine schöne Möglichkeit, sich näher kennenzulernen. Aber auch, wenn die TN bereits einen Kurs miteinander verbracht haben, haben sie hier die Möglichkeit, noch Neues über die anderen TN zu erfahren, beispielsweise über den beruflichen Werdegang der Partnerin / des Partners.

1. Um über die Vergangenheit berichten zu können, brauchen die TN Jahreszahlen. Verweisen Sie daher vorab auf den Infospot und machen Sie den TN bewusst, dass bis zum Jahr 2000 alle Zahlen als Hunderterzahlen gesprochen werden.
2. Erarbeiten Sie mit den TN einen Fragenkatalog mit ausformulierten Fragen. Geübte TN notieren selbstständig einige Fragen. Wenn Sie wenig Zeit im Kurs haben, verteilen Sie die Kopiervorlage L8/B5 an ungeübte TN.
3. Ein ungeübter und ein geübter TN finden sich zusammen und vergleichen ihre Fragen. Sie ergänzen ihren Fragenkatalog ggf.
4. Die TN lesen in Partnerarbeit die Beispiele im Buch und interviewen sich dann gegenseitig.
5. Wenn die TN mit dem Interview fertig sind, sollten sie einen kurzen Text über ihre Partnerin / ihren Partner schreiben und gestalten. Vielleicht bringen die TN ja Fotos von sich mit, sodass ein richtig schöner Text mit Bildern entsteht.
6. Heften Sie die entstandenen Texte als „Album" zusammen. Die TN können in den Pausen über ihre Partner im Kurs nachlesen. Oder Sie kopieren das „Album" für jeden TN. Dadurch haben die TN eine schöne Erinnerung an den Kurs für später.

Arbeitsbuch 20: in Stillarbeit oder als Hausaufgabe

19 LEKTION 8

8 C Zuerst **war** ich bei einer Firma als Mechaniker.

Präteritum von *sein* und *haben*
Lernziel: Die TN können aus ihrer Vergangenheit berichten.

Materialien
C5 Fotos von einer Reise / einem Fest ...,
Kopiervorlage L8/C5

C1 Präsentation des Präteritums von *sein* und *haben*
1. Die TN bearbeiten Übung 21 des Arbeitsbuches.
2. Die TN hören das Gespräch und ergänzen die Lücken. *Lösung:* war; hatte
3. Lesen Sie den ersten Satz. Deuten Sie an, dass hier über etwas gesprochen wird, was in der Vergangenheit liegt, indem Sie z.B. hinter sich deuten. Verweisen Sie auch auf die Perfektform „haben ... gearbeitet". Das Perfekt haben die TN schon in *Schritte plus 1*, Lektion 7, kennengelernt. Verweisen Sie auch auf den Grammatikspot.

C2 Erweiterung des Präteritums von *sein* und *haben*
1. Die TN betrachten die Zeichnungen und lesen das erste Beispiel.
2. Bearbeiten Sie die Aufgabe mit den TN gemeinsam und schreiben Sie die Sätze der rechten Spalte an die Tafel.
   Lösung: Heute hat Niko Arbeit. Und er hat eine Wohnung. Niko ist nicht (mehr) alleine und traurig.
3. Verweisen Sie auf den Grammatikspot.

C3 Anwendungsaufgabe zum Präteritum von *sein* und *haben*
1. Die TN betrachten die Zeichnungen. Aktivieren Sie das Vorwissen der TN und fragen Sie: „Was sehen Sie auf den Bildern?", „Was ist Jan von Beruf?" etc.
2. Die TN lesen die Sätze in Ruhe durch und bringen sie mithilfe der Zeichnungen in die richtige Reihenfolge. Dadurch entsteht Jans „Lebensgeschichte".
   Variante: Die TN überlegen jeweils zu viert, in welche Reihenfolge die Sätze gehören. Drei TN pro Gruppe spielen dann die Szenen pantomimisch vor (einer ist Jan, die anderen sind die Hilfsköche), der vierte TN liest dazu die passenden Sätze vor. Lassen Sie mindestens zwei Gruppen im Plenum vorspielen.
3. Die TN hören die Erzählung und vergleichen. Abschlusskontrolle im Plenum.
   Lösung: B Dann hatte ich eine kleine Firma ...; C Nach drei Jahren hatte ich eine große Firma ...; D Ich war sehr müde ...; E Heute bin ich wieder glücklich ...

C4 Anwendungsaufgabe zum Präteritum von *sein* und *haben*

Die TN erzählen sich Jans Lebensgeschichte in Kleingruppen zunächst mündlich und schreiben dann gemeinsam die Lebensgeschichte auf. Besonders schnelle TN bearbeiten die Aufgabe in Partnerarbeit mündlich. Sie können, wenn sie die Aktivität beendet haben, eine ähnliche Geschichte erfinden und aufschreiben.

C5 Aktivität im Kurs: Über ein vergangenes Ereignis (Reise/Fest) sprechen
1. Bitten Sie die TN vorab, Fotos von einer Reise, einem Fest oder wichtigen Ereignissen mitzubringen. Bringen Sie am besten selbst ein Foto von einer Reise, einer Party oder einem anderen Ereignis mit und stellen Sie dieses dem Kurs vor. Schreiben Sie ein paar Fragewörter an die Tafel (Wann? Wo? Wie lange?) und notieren Sie auch die Sätze, mit denen Sie das Foto beschreiben, z.B.: „Ich habe Urlaub gemacht. Das war vor zwei Jahren. Da waren eine Freundin und ich in Südafrika ... Wir waren zwei Wochen dort."
2. Die TN sammeln weitere Fragen zu Ihrem Foto oder dem Foto im Buch. Verweisen Sie auch auf den Grammatikspot.
3. Zwei TN lesen das Beispiel im Buch vor. Verweisen Sie auch auf die Redemittel und die Zeichnungen zu den Wörtern „Meer", „Berge", „Land", „See".
   ! Es geht hier nicht darum, den Dativ und Akkusativ bei verschiedenen Präpositionen zu erklären. Die Ausdrücke sollen den TN hier als Formeln zur Verfügung stehen.

4. Die TN erzählen in Gruppen von 3–4 TN über ihre mitgebrachten Fotos oder sie erzählen sich von einem besonderen Erlebnis. Wer fertig ist, beschreibt der Gruppe sein Lieblingsfoto: „Auf dem Foto kann man mich sehen. Ich ..."
5. *fakultativ:* Wer möchte, kann sein Foto/Erlebnis im Plenum präsentieren. Die TN hängen ihre Fotos nach der Aktivität im Kursraum auf. Dazu können die TN auch die Kopiervorlage L8/C5 verwenden.

LEKTION 8   20

Materialien
C5 Fotos von einer Reise / einem Fest ...,
Kopiervorlage L8/C5

Zuerst **war** ich bei einer Firma als Mechaniker.

Präteritum von *sein* und *haben*
Lernziel: Die TN können aus ihrer Vergangenheit berichten.

C **8**

TIPP Sicher möchten die TN auch Dinge erzählen, die sie eigentlich sprachlich noch gar nicht realisieren können. Ermutigen Sie die TN, die Sprache auszuprobieren: Die TN können Wortschatz gegenseitig erfragen oder im Wörterbuch nachsehen. Ermuntern Sie die TN auch, ruhig mal einen Satz falsch zu bilden. Im Allgemeinen versteht der Gesprächspartner trotzdem, was gemeint ist, und kann außerdem meist weiterhelfen. Wenn die TN an einem Thema sehr interessiert sind, können Sie natürlich mit den TN auch weitere Redemittel und Wörter erarbeiten. Achten Sie in diesem Zusammenhang aber gemeinsam mit den TN darauf, Sätze so einfach wie möglich bzw. nach den bekannten Mustern zu strukturieren und nach Möglichkeit den Wortschatz zu benutzen, der bekannt ist, oder ein Wort ggf. zu umschreiben. Sie vermeiden so Überforderungen. Der Schwerpunkt sollte bei diesen Aktivitäten darauf liegen, dass die TN lernen, frei und ohne Hemmung zu sprechen. Sie erwerben dabei Strategien, sich trotz sprachlicher Unsicherheiten auszudrücken (z.B. durch eine Wortumschreibung). Und: Der Wortschatz und die Konstruktionen, die durch solche kommunikativen Bedürfnisse erworben werden, prägen sich durch die unmittelbare Notwendigkeit besser ein.

Arbeitsbuch 22: in Stillarbeit oder als Hausaufgabe: Die TN machen sich selbstständig die unregelmäßigen Präteritumformen von „sein" und „haben" bewusst.

Arbeitsbuch 23–25: in Stillarbeit oder als Hausaufgabe

8 D Stellenanzeigen

Anzeigen lesen
Lernziel: Die TN können aus Lesetexten wichtige Informationen entnehmen und Stellenanzeigen verstehen.

Materialien
D1 auf Folie
D2 auf Folie
Projekt: (Stadtteil-)Zeitungen, Wandplakate, Klebstoff, Scheren

D1 Lesestrategie: Wichtige Informationen farbig kennzeichen

1. Die TN lesen die Aufgabe und den Text über Claudia Wiese. Bitten Sie einen (geübteren) TN, die markierten Aussagen in eigenen Worten wiederzugeben (Claudia will am Abend arbeiten …).
2. Die TN lesen die anderen Texte und markieren in zwei Farben die Kernaussagen.
   Variante: Ungeübte TN lesen <u>einen</u> Text, während die geübten TN alle Texte lesen. Eine weitere Möglichkeit ist, drei Gruppen zu bilden, von denen jede Gruppe einen Text bearbeitet und das Ergebnis im Plenum präsentiert. Als Hausaufgabe lesen die TN dann alle Texte.
3. Abschlusskontrolle im Plenum: Die TN markieren die für die Personen möglichen Arbeitszeiten und früheren Tätigkeiten auf der Folie.
   Lösung: K. Antoniadis: hatte ein Geschäft, ist Taxi gefahren; in der Nacht und/oder am Wochenende; E. Beketova: als Verkäuferin gearbeitet, an zwei Nachmittagen in der Woche; A. Karadeniz: als Pfleger und im Supermarkt gearbeitet, am Nachmittag

D2 Leseverstehen: Berufe und Arbeitszeiten

1. Fragen Sie die TN, was für Anzeigen sie hier sehen: „Was brauchen/suchen die Firmen?" Deuten Sie auf D1 und sagen Sie: „Diese Personen suchen Arbeit." Deuten Sie auf D2 und sagen Sie: „Diese Firmen suchen einen Mitarbeiter." Gehen Sie in diesem Zusammenhang auf die Wörter „Stellenmarkt" bzw. „Stellenanzeige" ein, d.h. eine Firma bietet in der Zeitung eine Stelle an.
2. Fragen Sie: „Wen sucht die Firma und für welche Arbeitszeit?" Bearbeiten Sie Anzeige A mit den TN exemplarisch und markieren Sie den Beruf und die Arbeitszeiten auf einer Folie mit den Anzeigen.
3. Die TN lesen die übrigen Anzeigen selbstständig und markieren die Berufe und Arbeitszeiten. Wer fertig ist, vergleicht mit seiner Partnerin / seinem Partner.
4. Abschlusskontrolle im Plenum mithilfe der Folie.
   Lösung: A Putzhilfe: Mo–Fr für 2 Stunden ab 20 Uhr; B Taxifahrer/Taxifahrerin für Nacht und Wochenende; C Sekretärinnen: Mo–Fr, 8–13 Uhr; D Fleischverkäufer/-in für zwei Nachmittage in der Woche; E Krankenpfleger/Krankenschwestern: Mo–Fr, 14–18 Uhr

D3 Leseverstehen: Passende Stellenanzeigen finden

1. Die TN überlegen zu zweit, welche Anzeige aus D2 zu welcher Person aus D1 passt.
2. Abschlusskontrolle im Plenum. Die Gruppen stellen ihre Vorschläge vor. Bitten Sie die TN, ihre Auswahl zu begründen: „Für Frau Wiese passt Anzeige A. Sie kann nur am Abend arbeiten. In der Anzeige steht: Arbeitszeiten sind ab 20 Uhr. Also kann Frau Wiese da arbeiten."
   Lösung: Frau Wiese: Anzeige A; Frau Beketova: Anzeige D; Herr Antoniadis: Anzeige B; Herr Karadeniz: Anzeige E
3. Schnelle TN bearbeiten die Rubrik „Schon fertig?" und schreiben einen kurzen Text über ihren Traumberuf, ihre Lieblingsarbeitszeiten und ihre aktuelle Tätigkeit.

PROJEKT **Arbeitsbuch 26:**
1. Bringen Sie Zeitungen mit in den Unterricht oder bitten Sie die TN, ihnen bekannte deutsche Tageszeitungen mitzubringen. Erklären Sie den TN das Projekt anhand der Stellenanzeigen im Buch: Die TN schreiben aus den Stellenanzeigen die wichtigsten Informationen heraus, wie die Arbeitszeit, den Verdienst etc. Die TN notieren außerdem alle ihnen unbekannten Abkürzungen.
2. Die TN bilden Gruppen zu je vier TN. Sie suchen Stellenanzeigen aus den Zeitungen heraus, schneiden die Anzeigen aus, die ihnen interessant erscheinen, und kleben diese auf ein Wandplakat. Sie schreiben wichtige Informationen wie Arbeitszeiten, Verdienst neben jede Anzeige. Alle unbekannten Abkürzungen werden gesammelt.
3. Klären Sie mit den TN die Bedeutung der Abkürzungen.
   Variante: Sie können diesen Teil des Projekts auch als Hausaufgabe aufgeben. Stellen Sie zuvor sicher, dass die TN auch die Möglichkeit haben, in ihrem Umfeld deutsche Muttersprachler zu dieser Aufgabe zu befragen. Abschlusskontrolle im Plenum.
   Lösung: Fa. = Firma; FS Kl. 3 = Führerschein Klasse 3; Fr. = Freitag; Mo. = Montag; Vorm. = Vormittag; n.V. = nach Vereinbarung; auf 400,- Euro-Basis = Minijob: Man erhält bis zu 400 Euro brutto wie netto.

PRÜFUNG **Arbeitsbuch 27:** Diese Übung bereitet auf den Prüfungsteil Hören, Teil 3, der Prüfung *Start Deutsch 1* und den Prüfungsteil Hören, Teil 1, des *Deutsch-Test für Zuwanderer* vor. Die TN hören kurze Ansagen oder Nachrichten auf dem Anrufbeantworter. Zu jedem Hörtext sollten sie vor dem Hören die Frage und die möglichen Antworten lesen.

LERN TAGEBUCH **Arbeitsbuch 28:** im Kurs: Die TN notieren wichtige Redemittel, die sie in dieser Lektion gelernt haben, und schreiben jeweils eine individuelle Antwort dazu. So wird ein persönlicher Bezug hergestellt, der das Behalten der Fragen und Antworten erleichtert. Die TN sollten außerdem lernen, wichtige Redemittel als ganze Formeln zu notieren und zu memorieren. Eine sprachliche Analyse hilft z.B. bei formelhaften Wendungen wie „Was sind Sie von Beruf?" nicht weiter.

LEKTION 8   22

Materialien
E2 Stellenanzeigen aus der Tageszeitung / aus dem Projekt in Schritt D; Handys
Test zu Lektion 8

Am Telefon: Ist die Stelle noch frei?

Stellenanzeigen, Stellengesuche
Lernziel: Die TN können sich am Telefon nach einer freien Stelle erkundigen und selbst ein Stellengesuch schreiben.

E1 **Hörverstehen: Auf eine Stellenanzeige telefonisch antworten**
1. Die TN lesen die zwei Anzeigen und markieren wie in Lernschritt D2 die Berufe und die Arbeitszeiten.
2. Sie hören das Telefonat so oft wie nötig und kreuzen die Antwort an.
3. Abschlusskontrolle im Plenum. *Lösung:* 0177 / 59 63 782

E2 **Rollenspiel: Informationen zu einer Stellenanzeige telefonisch erfragen**
1. Gehen Sie im Plenum mit den TN die Dialogstruktur durch. Verweisen Sie dabei auch auf den Infospot. Die Frage „Wie lange?" ist den TN schon bekannt. Machen Sie die TN darauf aufmerksam, dass im Deutschen zwischen „Uhr" und „Stunde" unterschieden wird (vgl. dagegen z.B. Französisch).
2. Die TN hören noch einmal exemplarisch das Gespräch aus E1. Darin kommen die wesentlichen Redemittel vor.
3. Ungeübte TN schreiben zu zweit mithilfe des Dialoggerüstes zu einer der beiden Anzeigen in E2 ein Telefongespräch. Geübte TN können sich zu zweit eine „reale" Stellenanzeige von den Wandplakaten zum Projekt (siehe Seite 22) aussuchen und ein eigenes Gespräch entwickeln. Die TN üben ihr Telefongespräch ein und präsentieren ihr Gespräch anschließend dem Plenum. Achten Sie darauf, dass die Situation möglichst authentisch nachgespielt wird: Die TN sitzen z.B. Rücken an Rücken und halten je ein Handy am Ohr, wenn sie eins besitzen.

TIPP Es sollten immer alle TN die Möglichkeit bekommen, ihre Gespräche im Kurs vorzuspielen. Oft ist dafür gerade in großen Gruppen keine Zeit oder es würde für alle zu langweilig, immer ähnlichen Gesprächen zuzuhören. Verteilen Sie daher die Präsentationen auf mehrere Unterrichtstage, z.B. indem Sie immer die letzten zehn Minuten einer Stunde als Abschluss für Rollenspiele oder freie Aktivitäten reservieren. Diese zehn Minuten sind dann zugleich eine ideale Wiederholung der letzten Unterrichtsstunden.

Arbeitsbuch 29–31: im Kurs

E3 **Anwendungsaufgabe: Ein Stellengesuch schreiben**
1. Überlegen Sie gemeinsam mit den TN, was sie in eine Anzeige schreiben würden, wenn sie eine Stelle suchen würden (z.B. Beruf, Arbeitszeiten, Telefonnummer …).
2. Ein TN liest die Anzeige im Buch vor. Verweisen Sie auf den Grammatikspot und schreiben Sie an die Tafel:

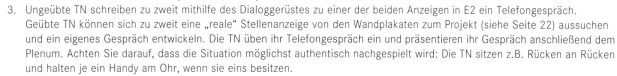

Ich suche Arbeit
für ein**en** Tag, zwei Tage …
für ein Wochenende, das Wochenende
für eine Stunde am Tag, zwei Stunden am Tag …

Zeigen Sie, dass sich nach „für" der Artikel „der/ein" zu „den/einen" ändert. Den Akkusativ haben die TN schon in *Schritte plus 1*, Lektion 6, kennengelernt.
3. Die TN schreiben selbst ein Stellengesuch. Gehen Sie herum und helfen Sie bei Schwierigkeiten. TN, die schnell mit dieser Arbeit fertig sind, schreiben zusätzlich Stellenanzeigen wie in E2.
4. Wer möchte, kann seine Anzeige im Plenum vorlesen.

Einen Test zu Lektion 8 finden Sie auf den Seiten 128–129. Weisen Sie die TN auf die interaktiven Übungen auf ihrer Arbeitsbuch-CD hin. Die TN können mit diesen Übungen den Stoff der Lektion selbstständig wiederholen und sich ggf. auch auf den Test vorbereiten.

LEKTION 8

Zwischenspiel 8
Was Hände alles erzählen können
Kurze Gespräche verstehen

Materialien
3 Digitalkamera, Wandplakat
Kopiervorlage „Zwischenspiel zu Lektion 8"

1   **Vor dem Hören: Vermutungen äußern**

1. Die TN sehen sich die Fotos an und sprechen in Partnerarbeit darüber, welchen Beruf die Personen wohl haben, deren Hände abgebildet sind.
2. Fragen Sie exemplarisch nach, welche Hand die TN welchem Beruf zugeordnet haben. Lassen Sie verschiedene Lösungsvorschläge zu!

2   **Hörverstehen 1: Hände und Berufe zuordnen**

1. Spielen Sie Gespräch 1 vor. Fragen Sie, was die TN verstanden haben. Die TN erklären in einfachen Worten und soweit es ihre Sprachkenntnisse zulassen, wer in dem Gespräch spricht und worum es geht.
2. Die TN hören Gespräch 1 noch einmal und ordnen zwei passende Hände aus den Fotos zu.
3. Abschlusskontrolle im Plenum. *Lösung:* Hand A und Hand E
4. *fakultativ:* Sie hören das Gespräch ein drittes Mal.
5. Die TN nennen die Namen und Berufe der Gesprächspartner. Schreiben Sie sie an die Tafel, damit die TN von dort die korrekte Schreibweise übernehmen können. Lösung: A Max, Hausmeister; E Verena, Automechanikerin
6. Verfahren Sie mit Gespräch 2 und Gespräch 3 genauso.
   Lösung: Gespräch 2: Hand C (Altan Dikmen, Putzhilfe) und Hand F (Elke, Krankenschwester); Gespräch 3: Hand B (Erwin, Kellner) und Hand D (Hotelchefin)

3   **Hörverstehen 2: Den wesentlichen Inhalt verstehen**

1. Die TN lesen die Aussagen zu Gespräch 1. Sie hören das Gespräch bei Bedarf noch einmal und kreuzen ihre Lösungen an.
2. Verfahren Sie mit Gespräch 2 und 3 genauso.
3. Abschlusskontrolle im Plenum. *Lösung:* a) falsch; b) falsch; c) richtig; d) falsch; e) richtig; f) richtig
4. *fakultativ:* Als Abschluss können Sie mit Ihren TN noch ein kleines Projekt anregen. Fragen Sie die TN: „Was erzählen Ihre Hände?" Jeder TN kann dazu erzählen, wie viel er über sich erzählen möchte. Ggf. können Sie vorher (oder nach dem Gespräch) die Hände Ihrer TN mit einer Digitalkamera fotografieren und die Fotos auf einem Wandplakat aufhängen.

LANDES KUNDE

In den Hörtexten kommen wichtige landeskundliche Informationen vor. Teilen Sie die Kopiervorlage „Zwischenspiel zu Lektion 8" aus. Sie können alle Aufgaben mit den TN bearbeiten oder sich auf die Aufgabe beschränken, die für Ihren Kurs von besonderem Interesse ist. Erinnern Sie die TN bei Aufgabe 1 daran, dass unbekannte Personen gesiezt werden und dass man sich das Du explizit anbieten muss. Das Thema du – Sie wurde bereits in *Schritte plus 1*, Lektion 2, behandelt. Mithilfe von Aufgabe 3 können Sie ebenfalls auf das Thema Duzen oder Siezen eingehen und die TN mit dem sogenannten Hamburger Sie bekannt machen, das in bestimmten hierarchischen Konstellationen verwendet werden kann, z.B. von Vorgesetzten gegenüber Angestellten, insbesondere Auszubildenden und Praktikanten, sowie von Lehrern und Professoren gegenüber erwachsenen Schülern und Studenten. Eltern reden so die erwachsenen Freunde ihrer Kinder an. Erinnern Sie die TN auch daran, dass Angestellte nicht einfach selbst über ihren Urlaub bestimmen können, sondern diesen mit Vorgesetzten abstimmen müssen. Um den sogenannten Foreigner Talk geht es in Gespräch 2. Muttersprachler glauben häufig, dass Nicht-Muttersprachler sie besser verstehen, wenn sie genauso minimalistisch sprechen wie ein Sprachanfänger. Auch wenn die TN noch nicht so umfangreiche Deutschkenntnisse haben, ist es ihnen womöglich dennoch aufgefallen, wenn andere mit ihnen in falschem Deutsch gesprochen haben. Das kann eine verletzende Erfahrung sein. Wenn die TN es möchten, können Sie einige Redehilfen an der Tafel notieren, mit denen die TN Muttersprachler um korrektes Deutsch bitten können: Bitte seien Sie so nett und sprechen Sie richtig Deutsch mit mir. / Ich möchte gern gut Deutsch lernen. Sie können gern richtig mit mir sprechen. / Ich spreche noch nicht so gut Deutsch, aber bitte helfen Sie mir doch und sprechen Sie gutes Deutsch mit mir. Danke.

LEKTION 8   **24**

Fokus Beruf 8
Einen Arbeitsplan absprechen ...

Die TN können mit einfachen Worten bestätigen, dass sie einen Auftrag verstanden haben und annehmen. Sie können mit Vorgesetzten Einzelheiten eines Einsatzplans absprechen, z.B. die Übernahme einer Schicht oder bestimmter Einsatzorte.

Da dieser Fokus möglicherweise nur für einen Teil der TN von Interesse ist, können die Übungen auch als Hausaufgabe gegeben werden, sofern die TN über die Arbeitsbuch-CD verfügen.

1 **Hörverstehen: Termine und Aufträge verstehen**
1. Sprechen Sie mit den TN über den Arbeitsplan von Mirko: „Wann ist Mirko wo?" Geben Sie, wenn nötig, ein Beispiel vor: „Von 9 bis 10 Uhr ist Mirko bei Frau Meinert."
2. Erklären Sie, dass die TN ein Gespräch zwischen Mirko und seinem Chef hören werden, und spielen Sie das Gespräch einmal vor. Die TN hören zu.
3. Die TN hören das Gespräch noch einmal. Ungeübte TN markieren im Arbeitsplan, wo es heute Änderungen gibt. Geübte TN korrigieren den Arbeitsplan. Die TN hören das Gespräch zum dritten Mal. Ungeübte TN korrigieren nun den Arbeitsplan, während geübte TN Gelegenheit zur Selbstkorrektur haben.
4. Abschlusskontrolle im Plenum.
   Lösung: 13.00 Mittagspause; 14.00 Zeman, Gartenstraße 17; 15.00 Heimann, Klarastraße 3; 17.00 frei
5. Die TN sprechen über den neuen Arbeitsplan: „Mirko hat heute um 13 Uhr Mittagspause." etc.

2 **Präsentation von wichtigen Redemitteln: (Nicht) verstehen / nachfragen**
1. Die TN ordnen die Fragen und Aussagen allein oder zu zweit zu.
2. Abschlusskontrolle im Plenum.
   Lösung: nicht verstehen/fragen: Wie bitte? / Noch einmal, bitte. / Tut mir leid, ich verstehe Sie nicht. / Nicht am Montag? Nicht um ... Uhr? / Stimmt das? / Richtig?; verstehen: O.k., ich verstehe. / Gut. Alles klar. / Ich verstehe.
3. *fakultativ:* Wenn die TN weitere Beispiele kennen, ergänzen sie die Tabelle.

3 **Anwendungsaufgabe zu wichtigen Redemitteln: (Nicht) verstehen / nachfragen**
1. Die TN ergänzen die Gespräche in Partnerarbeit. Gehen Sie herum und helfen Sie bei Schwierigkeiten.
2. Mehrere Paare lesen oder spielen ihre Lösungsvorschläge vor.

25 LEKTION 8

Fokus Beruf 8
Nach der Aufgabenverteilung fragen
Die TN können Kollegen mit einfachen Worten nach der Verteilung von Aufgaben innerhalb eines Teams fragen.

Da dieser Fokus möglicherweise nur für einen Teil der TN von Interesse ist, können die Übungen auch als Hausaufgabe gegeben werden, sofern die TN über die Arbeitsbuch-CD verfügen.

1 **Wortfeld: Aufgaben in einer Kantine**
1. Die TN betrachten das Schaubild mit dem Küchenteam. Erklären Sie den Begriff „Essensausgabe" mithilfe der Zeichnung 5 in Übung 1. Die TN versuchen mit einfachen Worten, die Funktionen oder Aufgaben der vier Personen zu benennen: „Herr Krauss ist der Küchenchef." usw.
2. Die TN bearbeiten die Übung allein oder zu zweit.
3. Abschlusskontrolle im Plenum.
   Lösung: 1 die Einkaufsliste schreiben; 2 Salate, Desserts und Suppen machen; 3 aufräumen; 4 die Speisekarte schreiben; 6 Lebensmittel einkaufen

2 **Hörverstehen: Arbeitsaufträge verstehen**
1. Die TN schließen ihr Buch und hören das Gespräch zwischen Herrn Krauss und Julia einmal.
2. Die TN öffnen ihr Buch wieder und lesen die möglichen Aufgaben. Sie hören das Gespräch ein zweites Mal und markieren alle Aufgaben, die Julia heute hat.
3. Die TN hören das Gespräch ein drittes Mal und bringen Julias Aufgaben in die passende Reihenfolge.
4. Abschlusskontrolle im Plenum.
   Lösung: 2 bei der Essensausgabe helfen; 3 die Küche aufräumen; 4 die Einkaufsliste schreiben; 5 die Lebensmittel einkaufen

3 **Redemittel: Verteilen von Aufgaben**
1. Erklären Sie die Begriffe „zuständig sein", „verantwortlich sein" mit einem Beispiel: „Herr Özdogan kauft ein. Das ist seine Aufgabe. Also: Er ist zuständig für den Einkauf."
2. Die TN schreiben die Fragen.
3. Abschlusskontrolle im Plenum.
   Lösung: b) Wer räumt die Küche auf? c) Wer hilft bei der Essensausgabe? d) Wer schreibt die Speisekarte? e) Wer hilft morgen beim Einkaufen? f) Wer ist verantwortlich für die Einkaufsliste? / Wer ist für die Einkaufsliste verantwortlich?
4. *fakultativ:* Ein TN stellt sich mit den Fragen vor den Kurs und fragt. Die anderen TN können sich zu jeder Frage melden: „Ich bin heute zuständig für die Salate." Schreiben Sie ggf. weitere Redehilfen an die Tafel: Das kann ich machen. / Das übernehme ich.

PROJEKT
1. Organisieren Sie eine Betriebsbesichtigung in einem Restaurant oder einer Firmenkantine. Vielleicht ist einer der TN als Küchenhilfe beschäftigt, das kommt häufig vor, oder Sie rufen bei einem Restaurant in der Nähe des Kursortes an. Erklären Sie, dass die TN erfahren möchten, wer in der Küche welche Aufgaben hat.
2. Die TN nehmen zur Betriebsbesichtigung ihre Fragen aus Übung 3 mit. Eine Mitarbeiterin / Ein Mitarbeiter gibt sicher gern Auskunft und stellt den TN die einzelnen Mitarbeiter mit ihren Aufgaben vor. Vielleicht dürfen die TN auch eine Weile bei der Arbeit zusehen.

LEKTION 8   26

Materialien
1 eine Zeitung, ein Blatt Papier
3 Satzkärtchen
5 ein Meldeformular

ÄMTER UND BEHÖRDEN

Folge 9: *Sara!*
Einstieg in das Thema: Formulare auf dem Amt verstehen und ausfüllen; sich ummelden

__1__ **Vor dem Hören: Vermutungen äußern**
1. Die TN sehen sich zu zweit die Fotos an und lesen die Aufgaben a) bis c). Zeigen Sie eine Zeitung und ein Blatt Papier, falls den TN diese Wörter noch unbekannt sind.
2. Die TN raten mithilfe der Fotos, welche Antwort richtig ist, und kreuzen diese an.

❗ Akzeptieren Sie auch Lösungen, die nicht richtig sind. Es geht hier darum, die TN spekulieren zu lassen. Erst nach dem ersten Hören überprüfen die TN ihre Antworten und korrigieren diese, wenn nötig.

3. Gehen Sie mit den TN die Aufgaben durch. Die TN begründen dabei ihre Lösungsvorschläge, soweit sprachlich möglich.
Lösung: a) ... auf dem Amt. b) ... brauchen eine Information. c) ... füllen ein Formular aus.

__2__ **Vor dem Hören: Vermutungen äußern**
1. Ein TN liest die Aufgabe vor. Die TN spekulieren darüber, was Niko wohl auf dem Amt macht. Sicher haben die TN selbst schon Erfahrungen mit Ämtern gemacht und können diese hier einbringen. Helfen Sie ggf. und fragen Sie: „Sucht Niko Arbeit? Möchte er einen Pass? Braucht er einen Führerschein? Hat er vielleicht eine neue Wohnung?"
2. *fakultativ:* Sammeln Sie die Erfahrungen der TN mit Ämtern. Fragen Sie: „Welche Ämter kennen Sie? Was haben Sie auf dem Amt schon gemacht?" etc. Nehmen Sie dabei Bezug auf die persönlichen Erfahrungen und Bedürfnisse der TN und scheuen Sie sich nicht, über die Vorgaben des Buchs hinauszugehen. Wichtig ist, auf die Situation der TN konkret einzugehen. Es könnte in diesem Zusammenhang z.B. die Frage auftauchen, was der Unterschied zwischen einem Einwohnermeldeamt (auf dem Land) und einem Kreisverwaltungsreferat (in einer Großstadt, z.B. München) ist. Für die TN ist es relevant zu wissen, wie das Amt an ihrem jeweiligen Wohnort heißt und was sie dort tun können. Gehen Sie also auf diese Fragen im Unterricht ein.

__3__ **Beim ersten Hören**
1. Schreiben Sie vorab Kärtchen mit Informationen aus der Foto-Hörgeschichte, indem Sie auf jedes Kärtchen ein prägnantes und wichtiges Zitat zu jedem Foto notieren.
2. Die TN ordnen vor dem ersten Hören die Satzkärtchen den Fotos zu und legen sie in eine Reihenfolge (z.B. Foto 1: „Ich bin dabei und kann dir helfen."; Foto 2: „Ich bin umgezogen. Da muss man doch ein Formular ausfüllen, oder?"; Foto 3: „Dann müssen Sie dieses Ummelde-Formular ausfüllen."; Foto 4: „Gehen Sie jetzt hier weiter. Ziehen Sie eine Nummer und füllen Sie das Formular aus."; Foto 5: „Wir haben Nummer 187."; Foto 6: „Familienstand? Was ist das?"; Foto 7: „Da fehlt noch Ihre Unterschrift, Herr Miron."; Foto 8: „Ich bin doch nicht seine Tochter!"; Foto 9: „Sara!").
3. Die TN hören die Foto-Hörgeschichte so oft wie nötig und überprüfen dabei die Reihenfolge ihrer Zitate. Weitere Vorschläge zum Umgang mit der Foto-Hörgeschichte finden Sie auf Seite 6 f.

__4__ **Nach dem ersten Hören: Wichtige Informationen verstehen**
1. Die TN bearbeiten die Aufgabe in Stillarbeit.
2. Abschlusskontrolle im Plenum: Bei Schwierigkeiten spielen Sie die entsprechende Passage der Geschichte noch einmal vor. Stoppen Sie ggf. an den Schlüsselstellen.
Lösung: a) richtig; b) falsch; c) richtig; d) falsch

__5__ **Nach dem Hören: Schlüsselwörter verstehen**
1. Ein TN liest Beispiel a) mit der Lösung vor.
2. Je ein TN beantwortet die Beispiele b) bis d) im Plenum.
3. Abschlusskontrolle im Plenum.
Lösung: b) Wann bist du in die neue Wohnung eingezogen? c) Verheiratet oder ledig. d) Männlich oder weiblich, also Mann oder Frau.
4. *fakultativ:* Zeigen Sie schon jetzt ein Meldeformular. In Lernschritt D in dieser Lektion wird dieses Thema dann vertieft.

27 LEKTION 9

9 | A | Da **muss** man doch ein Formular **ausfüllen**, oder?

Das Modalverb *müssen*; das Pronomen *man*
Lernziel: Die TN können ausdrücken, was sie notwendigerweise tun müssen.

Materialien
A1 Plakat mit Sätzen; Formen von „müssen" auf Kärtchen, Tesastreifen
A2 Kopiervorlage L9/A2
A3 das Foto auf Folie

A1 Präsentation des Modalverbs *müssen*

1. *fakultativ:* Die TN hören als Vorübung noch einmal die Foto-Hörgeschichte. Die Bücher bleiben geschlossen. Stoppen Sie die Foto-Hörgeschichte bei neuen Ausdrücken, z.B. bei „ein Formular ausfüllen", „unterschreiben", „eine Nummer ziehen" etc. Schreiben Sie diese an die Tafel. TN, die die Wörter verstehen, versuchen, sie den anderen TN – ggf. auch mit kleinen Zeichnungen/Gesten – auf Deutsch zu erklären. Geben Sie den TN auch Zeit, die Wörter im Wörterbuch nachzuschlagen.
2. Die TN betrachten die Fotos im Buch und lesen die Zitate in Stillarbeit. Sie ordnen in Partnerarbeit die Fotos den Zitaten zu.
3. Abschlusskontrolle im Plenum.
   Lösung: B Wo muss ich unterschreiben? D Ihr müsst einen Moment draußen warten. E Du musst „W" ankreuzen. F Dann müssen wir eine Nummer ziehen.
4. Bereiten Sie ein Plakat vor, auf dem die Zitate der Aufgabe ohne Modalverb stehen. Lassen Sie aber bitte genug Platz für das Modalverb. Schreiben Sie die konjugierten Formen von „müssen" mit einer anderen Farbe auf Kärtchen und verteilen Sie diese an sechs TN. Diese kleben ihre Kärtchen mit vorbereiteten Tesastreifen in die Lücke des passenden Satzes auf das Plakat. Unterstreichen Sie in den Sätzen die Personalpronomen ebenfalls farbig und markieren Sie in einem nächsten Schritt auch die Verben am Satzende. Erinnern Sie die TN an die Satzklammer (*Schritte plus 1,* Lektion 5 und Lektion 7) und verweisen Sie auch auf die Grammatikspots. Die TN schreiben die Zitate in ihr Heft oder Lerntagebuch und markieren die Satzteile wie auf dem Plakat. Hängen Sie das Plakat im Kursraum auf. Die TN haben dadurch in der anschließenden Übungsphase eine Hilfestellung bzw. auch Sie können bei Fehlern auf das Plakat verweisen, anstatt selbst zu korrigieren.

Arbeitsbuch 1: als Hausaufgabe

A2 Anwendungsaufgabe zu *müssen*

1. Die TN betrachten die linke Zeichnung. Fragen Sie die TN, wo diese Situation stattfindet und wer hier spricht. Was möchte der Junge wohl auf dem Amt?
2. Die TN lesen die Beispiele a) bis c). Klären Sie die Bedeutung von „leise", indem Sie den Finger auf die Lippen legen und leise „Pst" machen.
3. Ein TN liest das Beispiel in der Sprechblase vor. Die TN bilden analog dazu die Beispiele b) und c). Erinnern Sie sie ggf. daran, dass der Beamte „du" sagt, weil er mit einem Kind spricht.
4. Verfahren Sie ebenso mit den Beispielen d) bis f). Klären Sie vorab die Bedeutung von „ein Formular abgeben" und erinnern Sie die TN daran, dass man eine unbekannte erwachsene Person mit „Sie" anspricht.
   Lösung: b) Du musst einen Moment warten. c) Du musst leise sein. d) Sie müssen ein Formular ausfüllen. e) Sie müssen das Formular unterschreiben. f) Sie müssen das Formular abgeben.
5. *fakultativ:* Die TN wählen zu zweit oder zu dritt eine Situation von Kopiervorlage L9/A2 aus und spielen diese miteinander durch. Gehen Sie herum und helfen Sie bei Schwierigkeien.

Arbeitsbuch 2: als Hausaufgabe; **3:** im Kurs

A3 Präsentation des Pronomens *man*

1. Die Bücher bleiben geschlossen. Legen Sie die Folie auf und fragen Sie die TN, wer im Hörtext wohl spricht, wo die beiden Personen sich befinden und was sie wohl sagen.
2. Die TN hören den Text und überprüfen ihre Vermutungen.
3. Ein TN liest die Sätze im Buch vor. Fragen Sie, was man nacheinander am Fahrkartenautomat machen muss. Die TN hören noch einmal und nummerieren die Reihenfolge.
   Lösung: 2 Erwachsener/Kind auswählen; 3 bezahlen; 4 die Fahrkarte und das Wechselgeld nehmen; 5 die Fahrkarte stempeln
4. Schreiben Sie den ersten Satz an die Tafel:

> *Zuerst muss man das Ziel wählen.*

   Unterstreichen Sie „man" und verweisen Sie auf den Grammatikspot. Machen Sie deutlich, dass „man" jeder sein kann und nichts mit dem Wort „Mann" zu tun hat.
5. Zeigen Sie mithilfe eines Tafelbildes, wie man einen Text durch Zeitadverbien in eine chronologische Reihenfolge bringen kann. Diese „kleinen Wörter" sind für das flüssige Erzählen von längeren Zusammenhängen sehr wichtig und sollten von den TN unbedingt beherrscht werden.

> *zuerst → dann → danach → ... → zum schluss*

   Ein TN bildet ein Beispiel für den zweiten Satz. Schreiben Sie auch diesen an die Tafel.

LEKTION 9

Materialien
A1 Plakat mit Sätzen; Formen von „müssen" auf Kärtchen, Tesastreifen
A2 Kopiervorlage L9/A2
A3 das Foto auf Folie

Da **muss** man doch ein Formular **ausfüllen**, oder?

Das Modalverb *müssen*; das Pronomen *man*
Lernziel: Die TN können ausdrücken, was sie notwendigerweise tun müssen.

6. Die TN schreiben und sprechen den Text in Partnerarbeit. Geübte TN können zusätzlich eine Art Hinweistafel für TN machen, die zu spät in den Unterricht kommen: „Zuerst muss man eine gute Entschuldigung haben. Dann muss man die Jacke ausziehen. ..."
7. Abschlusskontrolle im Plenum. Die geübten TN präsentieren außerdem ihre Hinweistafeln.
Lösung: Zuerst muss man das Ziel wählen. Dann muss man Erwachsener/Kind auswählen. Danach muss man bezahlen und dann die Fahrkarte und das Wechselgeld nehmen. Zum Schluss muss man die Fahrkarte stempeln.

Arbeitsbuch 4–7: als Hausaufgabe: In Übung 4 machen sich die TN die Verbstellung in Sätzen mit Modalverb noch einmal bewusst.

PHONETIK **Arbeitsbuch 8:** im Kurs: Verdeutlichen Sie anhand dieser Übung, wie eine Aussage mit Modalverb durch die Verschiebung des Satzakzents nuanciert werden kann. Bei neutraler Betonung liegt der Satzakzent auf dem Verb im Infinitiv am Satzende. Will man seine Aussage bekräftigen oder verstärken, kann der Akzent aber auch auf das Modalverb gelegt werden. Die TN hören, markieren die Betonung und sprechen nach. Wenn die TN Lust haben, können sie eigene Mini-Gespräche erfinden und im Kurs mit der passenden Betonung vorspielen.

A4 **Aktivität im Kurs: Über Pflichten in Beruf und Alltag sprechen**
1. Ein TN liest die Beispiele in den Sprechblasen vor.
2. Sagen Sie: „Ich bin Lehrerin" und fragen Sie die TN: „Was ist wichtig für diesen Beruf? Was muss ich tun?" Die TN finden gemeinsam Beispiele für die notwendigen Eigenschaften oder Pflichten eines Lehrers: „Sie müssen die Tafel putzen", „Sie müssen die Grammatik gut kennen" etc. Schreiben Sie die Antworten der TN an die Tafel.
3. Machen Sie mit den TN im Plenum noch ein weiteres Beispiel aus dem Berufsleben eines TN. Finden Sie dann auch gemeinsam Beispiele für Pflichten im Alltag.
4. Die TN überlegen in Stillarbeit, was sie im Privat- oder Berufsleben alles tun müssen, und erzählen in Kleingruppen von 4–5 TN über sich.

9 B Gehen Sie jetzt hier weiter!

Imperativ
Lernziel: Die TN können Aufforderungen und Ratschläge verstehen und selbst einen Ratschlag geben.

Materialien
B3 Plakate
B5 rote/gelbe Papierstreifen, Ball; Kopiervorlage L9/B5

B1 **Präsentation des Imperativs in der 3. Person Plural**
1. Ein TN liest das erste Beispiel vor. Die TN lösen die übrigen Beispiele in Stillarbeit.
2. Sie hören dann die Zitate und vergleichen mit ihrer Lösung. Abschlusskontrolle im Plenum.
   Lösung: b) Ziehen Sie eine Nummer. c) Füllen Sie das Formular aus. d) Geben Sie das Formular ab.
3. Verweisen Sie auf den Grammatikspot. Lesen Sie das Beispiel mit unterschiedlicher Stimme vor. Lesen Sie das Beispiel einmal ohne „bitte", mit harter Stimme und einem strengen Gesichtsausdruck, vor; lesen Sie es dann mit „bitte", mit weicher Stimme und freundlichem Gesichtsausdruck. Zeigen Sie, dass es in beiden Fällen um eine Aufforderung geht, die zweite Variante aber freundlicher ist. Machen Sie deutlich, dass Aufforderungen ohne das Wörtchen „bitte" im Allgemeinen zu hart klingen und an einen Befehlston erinnern. Zur Verdeutlichung können Sie im Stechschritt im Kursraum umhermarschieren und auch die übrigen Beispiele im Befehlston vortragen. Das sorgt meist für allgemeine Erheiterung.

B2 **Anwendungsaufgabe zum Imperativ in der 3. Person Plural**
1. Die TN lösen die Aufgabe in Stillarbeit. Weisen Sie nochmals auf die wichtige Bedeutung des Wörtchens „bitte" hin: „Bitte" macht eine Aufforderung freundlich, ohne „bitte" erscheint eine Aufforderung insbesondere in diesen Kontexten sogar unhöflich!
2. Abschlusskontrolle im Plenum.
   Lösung: B Warten Sie bitte einen Moment. C Bezahlen Sie bitte an der Kasse. D Zeigen Sie bitte den Pass.

PHONETIK **Arbeitsbuch 9–10:** im Kurs: Imperativsätze in der 3. Person Plural sehen genauso aus wie Ja-/Nein-Fragen. Der Unterschied liegt in der Satzmelodie. Bei Ja-/Nein-Fragen geht die Stimme am Ende leicht nach oben, das haben die TN schon geübt (*Schritte plus 1*, Lektion 3). Beim Imperativ geht die Stimme nach unten. Machen Sie die Bewegung mit der Hand mit (siehe *Schritte plus 1*, Lehrerhandbuch, Seite 43).

Arbeitsbuch 11: als Hausaufgabe

B3 **Präsentation des Imperativs in der 2. Person Singular und Plural**
1. Die TN betrachten die Zeichnung. Fragen Sie: „Wer sitzt da im Auto?", „Wohin fährt die Familie?" und „Was wollen sie machen?"
2. Ein TN liest das erste Beispiel vor. Ein anderer TN versucht, das zweite Beispiel im Plenum zu lösen. Die TN ordnen dann in Stillarbeit die Sätze zu. Abschlusskontrolle im Plenum.
   Lösung: b) Immer müssen wir leise sein! c) Dann nimm eine Flasche Wasser. d) Dann esst einen Apfel. e) Warum? Ich fahre doch nur 90. f) Sieh doch im Korb nach.
3. Schreiben Sie die Beispiele des Grammatikspots an die Tafel und zeigen Sie die Bildung des Imperativs auf.

> ~~Du~~ machst das Fenster zu. → Mach das Fenster zu!   ~~Ihr~~ esst einen Apfel. → Esst einen Apfel!
> ~~Du~~ sieh~~st~~ im Korb nach. → Sieh im Korb nach!   ~~Ihr~~ trinkt Tee. → Trinkt Tee!
> ~~Du~~ fähr~~st~~ nicht so schnell. → Fahr nicht so schnell!

4. Verweisen Sie auf die Grammatikspots im Buch und auf die besonderen Formen von „sein" und „nehmen".
5. *fakultativ:* TN, die lieber noch einmal in Ruhe die Formen des Imperativs durchgehen wollen, können die Aufgaben A2 und A3 auf Seite 22 des Kursbuchs in Imperative umformen (z.B. Du musst eine Nummer ziehen. → Zieh (bitte) eine Nummer.) und die Beispiele auf Plakate schreiben, die im Kursraum aufgehängt werden. Spielfreudige TN können in Vierergruppen die Situation aus B3 in der Gruppe nach- und im Plenum später vorspielen.

B4 **Variation: Anwendungsaufgabe zum Imperativ in der 2. Person Singular und Plural**
Gehen Sie vor wie auf Seite 8 beschrieben.

TIPP Modalpartikeln wie „doch", „aber", „etwa" etc. sind von ihrer Bedeutung her auf dem Niveau A1 kaum zu erklären. Durch die häufige Anwendung, z.B. in Variationsaufgaben, und einen festen Kontext können sie sich jedoch sehr gut einschleifen. Achten Sie gezielt darauf, dass die TN bei Aufforderungen und Ratschlägen die Partikeln „doch" und „doch mal" benutzen.

Arbeitsbuch 12: als Hausaufgabe: Hier können sich die TN die Bildung des Imperativs selbstständig erarbeiten. Wenn Sie viele geübte TN im Kurs haben, können Sie die Übung auch statt einer Erklärung an der Tafel (siehe oben) einsetzen. **13–15:** als Hausaufgabe

LEKTION 9

Materialien
B3 Plakate
B5 rote/gelbe Papierstreifen, Ball; Kopiervorlage L9/B5

Gehen Sie jetzt hier weiter!
Imperativ
Lernziel: Die TN können Aufforderungen und Ratschläge verstehen und selbst einen Ratschlag geben.

B5 **Aktivität im Kurs: Probleme nennen und Ratschläge geben**
1. Zwei TN lesen die Beispiele im Buch vor. Schreiben Sie an die Tafel:

> *Problem*   *Ratschlag*
> Ich habe Durst.   Trink <u>doch</u> ein Glas Wasser.

Verweisen Sie auch auf den Infospot.
2. Teilen Sie an die TN Papierstreifen aus. Jeder TN bekommt einen roten und einen gelben. Die TN schreiben auf die roten Papierstreifen ein Problem (z.B. wie im Buch). Gehen Sie herum und helfen Sie bei Schwierigkeiten.
3. Jeweils ein TN liest sein Problem vor und sucht sich mithilfe des Balls eine Person, die ihr/ihm einen Ratschlag geben soll. Dieser TN schreibt einen Ratschlag auf seinen gelben Papierstreifen und hängt beide Streifen an die Pinnwand. Der TN, der den Ratschlag gegeben hat, liest nun „sein" Problem vor und sucht sich einen Partner etc. Wenn Sie wenig Zeit im Kurs haben, verteilen Sie die aus der Kopiervorlage L9/B5 ausgeschnittenen Kärtchen.

PRÜFUNG **Arbeitsbuch 16:** Im Prüfungsteil Sprechen, Teil 3, der Prüfung *Start Deutsch 1* sollen die TN Bitten äußern und darauf reagieren. Dazu stehen ihnen Handlungskarten mit Worten oder Piktogrammen zur Verfügung, die als Impulsgeber für die Bitte dienen. Die TN formulieren in Partnerarbeit abwechselnd Bitten und reagieren darauf. Gehen Sie herum und helfen Sie bei Schwierigkeiten.
In der Prüfung haben die TN keine Hilfen durch vorgegebene Redemittel mehr.

9 C Darf ich Sie etwas fragen?

Das Modalverb *dürfen*
Lernziel: Die TN können sagen, was erlaubt und was verboten ist.

Materialien
C4 Plakate

C1 Präsentation des Modalverbs *dürfen*
1. Die TN betrachten die Fotos. Fragen Sie: „Was möchte die Person? Was möchten die Personen?" (z.B. A: Die Person möchte eine Auskunft. B: Die Kinder möchten fernsehen.).
2. Die TN versuchen, die Fragen dem passenden Foto zuzuordnen. Geben Sie vorerst keine Erklärung zu „dürfen"!
3. Abschlusskontrolle im Plenum. *Lösung* (von oben nach unten): B; A; D
4. Erklären Sie, dass „dürfen" verwendet wird, wenn man um Erlaubnis bittet, und fragen Sie die TN, wie die gefragten Personen auf den Fotos reagieren könnten, mit Ja oder Nein?
5. Notieren Sie die Fragen und die Antworten der TN an der Tafel und schreiben Sie die Antworten als vollständige Sätze:

> *Darf ich Sie etwas fragen?*   ☺ **Erlaubnis**   *Ja. Sie dürfen gern fragen.*
> *Darf Leo auch mitkommen?*   *Ja. Er darf mitkommen.*
>
> *Dürfen wir fernsehen?*   ☹ **Verbot**   *Nein. Ihr dürft jetzt nicht fernsehen.*
> *Darf man hier parken?*   *Nein. Hier darf man nicht parken.*

Hinweis: In einigen Sprachen gibt es keinen Unterschied zwischen „können" und „dürfen" bzw. „nicht müssen" und „nicht dürfen". Sollten die TN Schwierigkeiten bei der adäquaten Verwendung von „dürfen" / „nicht dürfen" haben, geben Sie ihnen als Merkhilfe die Sätze „Es ist erlaubt ..." / „Es ist verboten ..." an die Hand. Diese sollten als Substitutionsform von „dürfen" / „nicht dürfen" immer passen.
6. Weisen Sie die TN, wenn nötig, auch hier auf die unregelmäßigen Formen des Modalverbs im Singular hin.

C2 Variation: Anwendungsaufgabe zu *nicht dürfen*
Mit dieser Aufgabe können die TN sehr gut sehen, dass das verneinende Äquivalent von „müssen" nicht „nicht müssen", sondern „nicht dürfen" ist. Gehen Sie vor wie auf Seite 8 beschrieben. TN, die schneller fertig sind, überlegen sich eine neue Situation und schreiben Mini-Gespräche dazu.

Arbeitsbuch 17: als Hausaufgabe

C3 Anwendungsaufgabe zum Modalverb *dürfen*
1. Die TN betrachten die Schilder. Ein TN liest das Beispiel zu Schild A vor.
2. Die TN machen die Übung mündlich in Partnerarbeit. Wer fertig ist, zeichnet weitere Schilder und schreibt passende Sätze dazu.
3. Abschlusskontrolle im Plenum.
   Lösung: B Hier darf man rauchen. C Hier darf man nicht essen. D Hier darf man nicht fotografieren. E Hier darf man parken. F Hier darf man nicht telefonieren.

Arbeitsbuch 18: in Stillarbeit oder als Hausaufgabe

LERN
TAGEBUCH

Arbeitsbuch 19: als Hausaufgabe: Die bisher bekannten Modalverben werden um das Modalverb „dürfen" erweitert.

C4 Aktivität im Kurs: Über Regeln sprechen
1. Ein TN liest das Beispiel im Buch vor. Fragen Sie weitere TN nach den Konventionen zum Thema „Essen" in ihrem Land: „Was darf man in Ihrem Land essen? Was darf man nicht essen? Was ist verboten? Was muss man beim Essen machen? Darf man mit den Fingern essen?" etc.
2. Die TN sprechen in Kleingruppen von 4–5 Personen über die Konventionen in ihrem Land. Achten Sie darauf, dass möglichst nicht zwei TN aus demselben Land in derselben Gruppe sitzen, damit die kulturellen Unterschiede diskutiert werden können.
   Variante: Die TN setzen sich in nationalen Gruppen zusammen und überlegen sich Stichpunkte zu den einzelnen Themen: Was ist im eigenen Land erlaubt, was verboten? Die nationalen Gruppen berichten dann im Plenum oder gestalten ein Plakat mit ihren Ergebnissen, das dann zur Ansicht für alle im Kursraum aufgehängt wird. Falls Sie nicht alle im Buch vorgeschlagenen Themen diskutieren wollen, können die Gruppen ein Thema auswählen.

LEKTION 9   32

Materialien
D1/D2 Meldeformular(e); Formular auf Folie
Arbeitsbuch 20: vergrößerte Kopien der Bäume, Karteikärtchen

Meldeformular

Meldeformular; Wortfeld „Monate"
Lernziel: Die TN können ein Meldeformular verstehen und ausfüllen.

D1 Leseverstehen: Ein Meldeformular lesen

1. Bringen Sie einige Meldeformulare mit in den Unterricht und zeigen Sie sie den TN. Fragen Sie: „Was für ein Formular ist das?" Einige TN werden das Formular sicher wiedererkennen. Schließlich mussten sie sich ja schon auf dem Einwohnermeldeamt anmelden.
2. Die TN betrachten das Formular im Buch. Fragen Sie: „Wie viele Personen hat Familie Galanis?" (Antwort: Drei.)
3. Ein TN liest Beispiel a) vor. Zeigen Sie die Lösung auch im Formular. Die TN bearbeiten dann die Aufgabe in Partnerarbeit.
4. Abschlusskontrolle im Plenum. Legen Sie dazu eine Folie mit dem Formular auf. Die TN sollten ihre Antwort jeweils begründen, indem sie die entsprechende Stelle im Formular vorlesen oder auf der Folie zeigen.
   Lösung: b) falsch; c) richtig; d) falsch; e) richtig; f) falsch; g) falsch
5. Verweisen Sie auch auf die Infospots.

! Denken Sie bitte daran, dass es ausschließlich darum geht, die Wendungen lexikalisch für die TN bereitzustellen. Die Adjektivdeklination, nach der sich auch die Formen von „Deutscher/Deutsche" richten, sind Stoff der Niveaustufe A2. Da die Präposition „im" bei Jahreszeiten schon aus *Schritte plus 1,* Lektion 6, bekannt ist, kann hier „im" bei Monaten problemlos übertragen werden.

Arbeitsbuch 20: im Kurs: Verteilen Sie an die TN Karteikärtchen. Legen Sie die groß kopierten Bäume auf den Boden oder hängen Sie die Kopien gut sichtbar an die Wand oder die Tafel. Die TN assoziieren Wörter zu den Bildern (Jahreszeiten, Adjektive wie „warm", „kalt" etc.) und schreiben diese in Stillarbeit auf die Kärtchen. Die Kärtchen werden dann rund um den jeweiligen Baum gelegt oder gehängt. Fragen Sie ggf., welche Monate jeweils zu den einzelnen Jahreszeiten (in Europa) gehören. Die TN schreiben auch diese auf Kärtchen und legen sie zum jeweils passenden Baum.

Arbeitsbuch 21: in Stillarbeit oder als Hausaufgabe

D2 Schreiben: Ein Meldeformular ausfüllen

1. Die TN betrachten noch einmal das Formular und überlegen, was „bisherige Wohnung" bzw. „Hauptwohnung/Nebenwohnung" bedeutet. Helfen Sie bei Schwierigkeiten und zeichnen Sie ggf. an die Tafel:

Erklären Sie: „In Haus A hat Herr Galanis gewohnt. Jetzt wohnt er in Haus B." Fragen Sie dann: „Was meinen Sie? Hat Herr Galanis nur eine Wohnung? Das ist dann die Hauptwohnung. Hat er zwei oder mehr Wohnungen, dann hat er auch noch eine Nebenwohnung. Die Hauptwohnung ist da, wo er meistens lebt." Zeichnen Sie ebenfalls ein Tafelbild:

2. Die TN überlegen nun weiter, wer die Personen auf dem Formular sind und ob Herr Galanis z.B. einen Sohn oder eine Tochter hat.
3. Die TN hören das Gespräch einmal ganz, um sich in die Situation einzuhören. Sie hören dann noch einmal. Teilen Sie den Kurs in Gruppen. Ungeübte TN konzentrieren sich auf nur einen Aspekt, z.B. auf die Namen, die genannt werden, oder auf den Geburtsort und die Geburtsländer, die genannt werden, etc. Geübte TN konzentrieren sich auf alle fehlenden Informationen. Stoppen Sie die CD an den Schlüsselstellen, damit die TN Zeit haben, das Formular zu ergänzen.
4. Abschlusskontrolle im Plenum: Die TN tragen die fehlenden Daten auf der Folie ein.
   Lösung: bisherige Wohnung: Blumenstr. 7, Köln; die neue Wohnung ist Hauptwohnung; Familienname bei allen: Galanis; die Tochter heißt Sofia; die Ehefrau Dimitra Elena ist in Athen, Griechenland, geboren; Sofia ist in Köln, Deutschland, geboren; alle haben die griechische Staatsbürgerschaft; berufstätig ist nur Herr Galanis
5. *fakultativ:* Die TN füllen ein Meldeformular im Original bzw. eine Kopie davon in Stillarbeit aus. Sie werden merken, dass sie schon viel mehr verstehen als an dem Tag, als sie das erste Mal dieses Formular in Händen gehalten haben!

PRÜFUNG **Arbeitsbuch 22:** Im Prüfungsteil Schreiben, Teil 1, der Prüfung *Start Deutsch 1* ergänzen die TN ein Formular mit fünf fehlenden persönlichen Daten. Die TN müssen sich die notwendigen Informationen dazu aus einem Begleittext heraussuchen.

33 LEKTION 9

9 E Um Erklärung bitten

Verständnissicherung
Lernziel: Die TN können um Verständnishilfen bitten.

Materialien
E3 Kopiervorlage L9/E3
Test zu Lektion 9
Wiederholung zu Lektion 8 und Lektion 9

E1 Präsentation: Strategien zur Verständnissicherung
1. Wiederholen Sie zunächst mit den TN, welche Möglichkeiten der Verständnissicherung sie kennen. Nuscheln Sie z.B. vor sich hin. Fragen Sie dann die TN: „Wie fragen Sie? Sie haben etwas nicht verstanden. Was sagen Sie?" Schreiben Sie die Antworten der TN an die Tafel.
2. Die TN hören zunächst die Ausschnitte des Gesprächs einmal mit geschlossenen Büchern. Sie lesen die Texte im Buch, hören noch einmal und ergänzen die Lücken. Geben Sie zwischen den einzelnen Abschnitten genug Zeit für die Eintragungen.
3. Abschlusskontrolle im Plenum. *Lösung:* a) verstehe; b) heißt; c) wiederholen; d) bedeutet; e) erklären
4. Schreiben Sie die Redemittel zur Verständnissicherung an die Tafel.
5. Verweisen Sie auch auf den Grammatikspot und die besonderen Formen des Verbs „helfen". Den TN sind inzwischen ja bereits mehrere Verben mit Vokalwechsel bekannt („nehmen", „lesen", „sehen" ...).

E2 Anwendungsaufgabe: Um Erklärung bitten
1. Ein TN liest das erste Beispiel vor. Besprechen Sie die Lösung im Plenum. Ggf. muss das Wort „Antrag" geklärt werden. Sagen Sie: „Ein Antrag ist wie ein Formular. Zum Beispiel brauche ich einen neuen Pass, also muss ich einen Antrag für einen neuen Pass ausfüllen."
2. Gehen Sie mit den TN die Aufgabe durch. Klären Sie, wenn nötig, weitere Wörter wie z.B. „Auskunft" = „Information" usw.
3. Die TN lösen die Aufgabe in Partnerarbeit.
4. Abschlusskontrolle im Plenum.
   Lösung: b) Entschuldigung, was bedeutet „Dokumente"? c) Auskunft? Das Wort habe ich nicht verstanden.
   d) Noch einmal, bitte. Ich kann noch nicht so gut Deutsch.

Arbeitsbuch 23-24: als Hausaufgabe

E3 Aktivität im Kurs: Rollenspiel

1. Die TN lesen die Redemittel hier und auf Seite 27 im Kursbuch unter der Rubrik „Wichtige Wendungen". Diese helfen, die sprachlichen Mittel für eine der vorgegebenen Rollen bereitzustellen.
2. Die TN können in Partnerarbeit eine Rolle auswählen oder Sie verteilen die Rollen. Jedes Paar entscheidet sich für ein Gespräch. Wenn die TN Lust haben, können sie sich auch selbst Situationen ausdenken. Zusätzlich finden Sie Anregungen auf der Kopiervorlage zu L9/E3.
3. Die TN schreiben das Gespräch zu ihrer Situation auf und spielen das Gespräch für sich einmal durch.
4. Lassen Sie die TN richtig „Theater spielen", d.h. lassen Sie sie aufstehen, nach vorne kommen und Tische und Bänke nach Bedarf umstellen/dekorieren. So können die TN sich besser in ihre Rolle einfühlen.

TIPP Lernungewohnten TN bereitet es eventuell Probleme, sich in eine fiktive Rolle hineinzuversetzen. Gehen Sie mit diesen ihre Rolle durch. Soll jemand z.B. die Rolle des Kellners übernehmen, überlegen Sie gemeinsam, wie der Kellner wohl aussieht, woher er kommt, wie er spricht, was er sagt und wie er sich fühlt. Gelenkte Rollenspiele oder kleine nachgesprochene Mini-Gespräche sind für die TN eine gute Vorbereitung, um sich später auf freiere Rollenspiele einzulassen. Auch pantomimische Übungen können als Vorarbeit hilfreich sein, da sich die TN hier auf das Theaterspiel konzentrieren, ohne gleichzeitig auf die Sprache achten zu müssen. Lassen Sie z.B. die Restaurant-Situation zunächst pantomimisch vorspielen.

LERN TAGEBUCH **Arbeitsbuch 25:** im Kurs: Insbesondere für visuelle Lerner kann es hilfreich sein, sich neue Wörter wann immer möglich durch eine Zeichnung zu merken: Die TN zeichnen zu einem bestimmten Wort ein Bild oder eine Situation, die das Wort verdeutlicht. Üben Sie mit den TN anhand schwieriger Wörter aus Lektion 8 und Lektion 9.

Einen Test zu Lektion 9 finden Sie auf den Seiten 131-132. Weisen Sie die TN auf die interaktiven Übungen auf ihrer Arbeitsbuch-CD hin. Die TN können mit diesen Übungen den Stoff der Lektion selbstständig wiederholen und sich ggf. auch auf den Test vorbereiten. Wenn Sie mit den TN den Stoff von Lektion 8 und Lektion 9 wiederholen möchten, verteilen Sie die Kopiervorlage „Wiederholung zu Lektion 8 und Lektion 9" (Seiten 122-123).

LEKTION 9

Materialien
1 ggf. Reisepass, Personalausweis;
Kopiervorlage „Zwischenspiel zu Lektion 9"
2 ggf. Reisepässe

Zwischenspiel 9
„Möchtest du im Sommer ... kommen?"
Wortfeld „Einreisedokumente"

Dieses Zwischenspiel enthält prüfungsrelevanten Wortschatz und sollte daher unbedingt im Unterricht eingesetzt werden.

1 **Leseverstehen 1: Den wesentlichen Inhalt und Schlüsselbegriffe verstehen**
1. Erklären Sie die Begriffe Botschaft, Visum, Reisepass, Personalausweis. Zeigen Sie ggf. Ihren Reisepass und Ihren Personalausweis.
   Variante: Wenn die TN schon Vorkenntnisse haben, schreiben Sie die Wörter an die Tafel. Die TN berichten, was ihnen dazu einfällt, soweit sprachlich möglich.
2. Teilen Sie die Kopiervorlage „Zwischenspiel zu Lektion 9" aus. Die TN lesen die Geschichte von Juliette bis zum ersten Stoppschild.
3. Sie bearbeiten die Aussagen a) bis d) der Kopiervorlage.
4. Abschlusskontrolle im Plenum. *Lösung:* a) falsch; b) richtig; c) richtig; d) falsch
5. Die TN lesen weiter bis zum nächsten Stoppschild und bearbeiten die Aussagen e) bis h) der Kopiervorlage.
6. Abschlusskontrolle im Plenum. *Lösung:* e) richtig; f) falsch; g) richtig; h) falsch
7. Verfahren Sie weiter so, bis die TN den kompletten Text gelesen haben und das Verständnis mithilfe der Richtig-/Falsch-Aufgabe gesichert ist.
   Lösung: i) falsch; j) richtig; k) richtig; l) richtig; m) falsch; n) richtig; o) richtig
8. Die TN lesen die Aufgabe im Kursbuch. Helfen Sie, wenn nötig, bei Wortschatzfragen (z.B. Lohnsteuerkarte).
9. Die TN unterstreichen, welche Dokumente Juliette braucht, um ein Visum zu bekommen.
10. Abschlusskontrolle im Plenum. *Lösung:* eine Reisekrankenversicherung; einen Reisepass

2 **Leseverstehen 2: Einen Text zusammenfassen**
1. Die TN lesen Juliettes Geschichte ggf. noch einmal und ergänzen die Lücken. Schnelle TN überlegen sich weitere Sätze mit Modalverb, die zur Geschichte passen könnten.
2. Abschlusskontrolle im Plenum. Wer weitere Beispiele mit Modalverb gefunden hat, darf seine Sätze vorlesen.
   Lösung: muss; muss; muss; darf
3. *fakultativ:* Die TN haben sicher schon eigene Erfahrungen mit Einreisebestimmungen gemacht, als sie selbst nach Deutschland gekommen sind oder wenn Verwandte sie besuchen wollten. Fragen Sie, welche Dokumente sie vorlegen mussten, wie lange es gedauert hat, bis sie ein Visum bekommen haben, welche Kosten entstanden sind, etc. Vielleicht haben einzelne TN Lust, ihren Reisepass mitzubringen und ihre Visa oder Einreise-/Ausreisestempel zu zeigen.

LANDES KUNDE Angehörige der EU-Staaten benötigen zur Einreise nach Deutschland kein Visum. Alle übrigen Ausländer brauchen für Aufenthalte bis zu drei Monaten pro Halbjahr ein Visum. Es gibt aber Länder, für die die Europäische Gemeinschaft die Visumpflicht aufgehoben hat, z.B. für einige lateinamerikanische Länder. Ausländer, die sich länger als 90 Tage in Deutschland aufhalten wollen, in Deutschland arbeiten oder studieren wollen, benötigen grundsätzlich ein Visum. Ausgenommen hiervon sind wiederum Staatsangehörige der meisten EU-Länder. Für sie gilt nur die allgemeine Meldepflicht beim Einwohnermeldeamt. Weitere und aktuelle Informationen siehe www.auswaertiges-amt.de.

35   LEKTION 9

9

Fokus Alltag 9
Auf dem Amt

Die TN können ein einfaches Gespräch auf dem Amt führen und Beamte bitten, einen Dolmetscher oder Sprachmittler hinzuzuziehen. Sie können mit einfachen Worten widersprechen.

1 **Hörverstehen/Sprechen: Ein Gespräch auf dem Amt**

1. Die TN lesen zunächst die Sprechblase. Stellen Sie einige Verständnisfragen: „Woher kommt Herr Karadeniz wohl? Wie viele Kinder hat er? Wie viele Zimmer hat seine Wohnung?" etc. Fragen Sie auch nach, ob die TN wissen, was eine Sozialwohnung ist und wofür das Wohnungsamt zuständig ist.

2. Die TN lesen die Gespräche, die Herr Karadeniz auf dem Amt führt, und ergänzen allein oder zu zweit die Lücken.

3. Spielen Sie den Hörtext vor. Die TN vergleichen und korrigieren ihre Lösungen.
   Lösung: 1 Wohin muss ich jetzt gehen? 2 Na ja, das sehe ich aber anders. 3 Muss ich Ihnen das sagen? Das ist doch meine private Sache. – Kein Problem. Das ist nicht so schlimm. 4 Das habe ich nicht verstanden. – Ich kann noch nicht so gut Deutsch.

4. Sammeln Sie mit den TN einige Redemittel an der Tafel dazu, wie sie um Hilfestellung bei Formularen bzw. um die Hinzuziehung eines Dolmetschers bitten können: Können Sie mir bitte mit diesem Formular helfen? / Ich verstehe leider nicht alles. Kann ich bitte einen Dolmetscher haben? etc.

5. Machen Sie den TN anhand von Gespräch 3 deutlich, dass sie nicht auf alle Fragen von Beamten antworten müssen. Manches ist privat. Sammeln Sie mit den TN Beispiele für Fragen, die nicht zulässig sind, und Redemittel dazu, wie sich die TN höflich wehren können, z.B.: „Sie entschuldigen, aber auf diese Frage möchte/muss ich nicht antworten. / Das ist aber eine sehr private Frage, meinen Sie nicht?" etc.

6. Die TN sprechen die Gespräche in Partnerarbeit.

7. *fakultativ:* Die TN variieren das Gespräch mit ihren Namen und ihrer Lebenssituation (z.B. Familie mit zwei Kindern wohnt auf 40 qm, möchte 80 qm, etc.).

LANDES KUNDE Sozialwohnungen bieten Städte und Kommunen für Leute an, die wenig Geld verdienen. Für eine Sozialwohnung braucht man einen Berechtigungsschein vom Wohnungsamt. Das Amt kümmert sich auch um Mietzuschüsse (Wohngeld), vermittelt Wohnungen, z.B. auch senioren- und behindertengerechte Wohnungen, oder bietet Finanzierungshilfen beim Eigenheimerwerb. Verweisen Sie noch einmal auf das Gespräch auf dem Amt und machen Sie die TN darauf aufmerksam, dass sie ein Recht auf Hilfe beim Ausfüllen von Formularen haben sowie das Recht auf einen Dolmetscher oder Sprachmittler. Die TN sollten auch wissen, dass es in größeren Ämtern einen Informationsschalter gibt, wo man ihnen Auskunft zu Zuständigkeiten, Raumnummern, erforderlichen Unterlagen etc. geben kann.

LEKTION 9 **36**

Fokus Alltag 9
Am Automaten
Die TN können bei der Bedienung von Automaten die wichtigsten und einfachsten Anweisungen für Eingabeschritte verstehen und Daten eingeben.

1 **Wiederholung: Um Erklärung bitten**
1. Die TN haben wesentlichen Wortschatz zum Thema „Fahrkartenautomaten" bereits in Lernschritt A kennengelernt, die Redemittel zu Worterklärungen sind aus Lernschritt E bekannt. Die Übung sollte den TN daher keine Schwierigkeiten bereiten. Sie lösen sie in Stillarbeit.
2. Die TN hören das Gespräch und korrigieren ggf. ihre Lösungen.
Lösung: 1 Was heißt …? – Das Wort verstehe ich nicht. Können Sie das bitte erklären?

2 **Sprechen 1: Einfache Anweisungen geben**
1. Die TN sehen sich die Fotos an und ordnen die passenden Eingabeschritte zu. Gehen Sie herum und helfen Sie ggf. bei Wortschatzfragen.
2. Abschlusskontrolle im Plenum.
Lösung: B das Geld einwerfen; C die grüne Taste drücken; D den Parkschein nehmen; E den Parkschein ins Auto legen
3. Die TN erklären sich in Partnerarbeit, wie ein Parkscheinautomat funktioniert. Abschließend erklärt ein TN im Plenum die Funktionsweise des Parkscheinautomaten.

3 **Sprechen 2: Die Funktionsweise eines Automaten erklären**
1. Die TN erklären sich in Partnerarbeit, wie ein Getränkeautomat funktioniert. Ein TN erklärt im Plenum die Funktionsweise eines Getränkeautomaten.
2. Die TN wählen eine Situation aus. Ungeübte TN können noch einmal auf den Parkscheinautomaten zurückgreifen, geübtere TN wählen vielleicht den Kaffeeautomaten. Die TN machen Notizen zu den Eingabeschritten und spielen dann zu zweit ein Gespräch ähnlich wie in Übung 1. Sie tauschen die Rollen und spielen das Gespräch noch einmal.
3. *fakultativ:* Wenn im Kurs spielfreudige TN sind, können einige Paare ihr Gespräch vorspielen. Vielleicht gibt es ja in der Schule oder Institution einen Kaffee- oder Getränkeautomaten, an dem sich ein Gespräch authentisch nachstellen lässt.
Lösung: a) Wählen Sie ein Getränk. Tippen Sie die Nummer für das Getränk ein. Werfen Sie dann das Geld ein. Warten Sie kurz, dann kommt die Flasche heraus. b) *Musterlösung:* Kaffee trinken: Ich möchte gern einen Kaffee trinken. Können Sie mir helfen? Wie funktioniert der Kaffeeautomat? – Wählen Sie das Getränk. Drücken Sie auf die Taste für diesen Kaffee. Werfen Sie dann das Geld ein. Warten Sie kurz, der Kaffee wird in einen Becher gefüllt. Parken: Ich möchte gern parken. Können Sie mir helfen? Wie funktioniert der Parkscheinautomat? – Wählen Sie zuerst die Parkzeit und werfen Sie das Geld ein. Dann drücken Sie die grüne Taste. Warten Sie ein bisschen. Dann nehmen Sie den Parkschein. Legen Sie den Parkschein ins Auto.

PROJEKT
1. Fahrkartenautomaten zu bedienen ist nicht so einfach, wie es aussieht, da es in jeder Stadt unterschiedliche Fahrkartenangebote und Tarife gibt und die Automaten entsprechend unterschiedliche Eingaben erfordern. Die TN überlegen im Kurs, wohin sie mit öffentlichen Verkehrsmitteln fahren könnten: von der Sprachschule nach Hause, ins Stadtzentrum, in eine andere Stadt etc. Der Kurs einigt sich auf eine Situation.
   ! Begnügen Sie sich mit Stichpunkten. Es geht nicht um Wegbeschreibungen oder Verkehrsmittel. Diese sind Thema in Lektion 11.
2. Gehen Sie mit den TN zum Bahnhof oder zur nächstgelegenen Bus-/Straßenbahnhaltestelle. Der Kurs versucht gemeinsam, herauszufinden, welches Ticket sie für die gewählte Situation benötigen und welche Eingabeschritte am Automaten nötig sind. Die TN lösen ein „Musterticket".

37 LEKTION 9

10 GESUNDHEIT UND KRANKHEIT

Folge 10: *Sabine*
Einstieg in das Thema: Besuch beim Arzt

Materialien
1 ggf. Foto-Hörgeschichte als Bildkarten
2 Verband, Versichertenkarte
5 Salbe, Krankmeldung, zwei Spielzeugautos, Zweig

1 Vor dem Hören: Die Geschichte situieren
1. Die TN betrachten die Fotos im Buch. Fragen Sie: „Wo ist Niko?" und „Was sagt Niko?" Die TN kreuzen die richtigen Antworten an. *Lösung:* a) Beim Arzt. b) Mein Bein tut weh.
2. Stellen Sie weitere Fragen zu den Fotos, z.B.: „Wer ist die Frau?" Deuten Sie dabei auf eines der Fotos, z.B. Foto 2.
Variante: Kopieren Sie die Foto-Hörgeschichte für Kleingruppen von je drei TN und schneiden Sie die Fotos als Kärtchen aus. Die TN versuchen, die Fotos in die richtige Reihenfolge zu bringen. Einige Gruppen erzählen kurz ihre Variante der Geschichte, bevor sie sie mit dem Buch oder später mit dem Hörtext vergleichen. Die Bücher bleiben dabei geschlossen.

2 Vor dem Hören: Schlüsselwörter verstehen
1. Deuten Sie willkürlich auf einige Fotos der Foto-Hörgeschichte und fragen Sie: „Wo sehen Sie einen Verband? Wo sehen Sie einen Knochen? Wo sehen Sie eine Versichertenkarte?" Wenn die TN keines der Wörter kennen, können Sie auf die entsprechenden Fotos zeigen. Anschaulicher ist es aber, wenn Sie zur Klärung der Wortbedeutung einen Verband und Ihre eigene Versichertenkarte mitbringen und zeigen. Einen Knochen können Sie an die Tafel zeichnen.
2. Die TN sehen sich noch einmal alle Fotos an und deuten auf die entsprechenden Fotos.
Lösung: ein Verband: Foto 6; ein Knochen: Foto 3 und Foto 5; eine Versichertenkarte: Foto 2

3 Vor dem Hören: Vermutungen äußern
1. Die TN konzentrieren sich auf Foto 7. Fragen Sie: „Warum lacht Niko?"
2. Fragen Sie auch: „Ist Niko noch krank? Was denken Sie? Wie geht es Niko jetzt?" Notieren Sie als Hilfestellung für die Antwort einige Redemittel an der Tafel.
3. Die TN stellen mithilfe der Redemittel Vermutungen an.

4 Beim ersten Hören
Die TN hören die Foto-Hörgeschichte durchgehend und verfolgen dabei die Geschichte im Buch. Weitere Vorschläge zum Umgang mit der Foto-Hörgeschichte finden Sie auf Seite 6 f.
Variante: Wenn die TN vor dem Hören mit den Bildkärtchen eine eigene Geschichte gelegt haben, können sie diese nun mit dem Original vergleichen und die Reihenfolge ggf. selbst korrigieren.

5 Nach dem ersten Hören: Die Geschichte rekonstruieren
1. Die TN lesen die vorgegebenen Beispiele. Fragen Sie: „Wie geht die Geschichte weiter?"
2. Die TN lesen die übrigen Sätze in Stillarbeit. Warten Sie, bis alle mit dem Lesen fertig sind, und klären Sie, wenn nötig, die neuen Wörter „Unfall", „Salbe", „Krankmeldung" und „gebrochen". Notieren Sie die vier Begriffe an der Tafel und zeigen Sie die mitgebrachte Salbe. Fragen Sie: „Was ist das?" Erfahrungsgemäß können einige TN aufgrund ihrer Alltagserfahrung die Salbe dem richtigen Begriff zuordnen. Um „Unfall" zu erklären, zeigen Sie zwei Spielzeugautos und spielen Sie einen Zusammenstoß vor. Fragen Sie: „Was passiert?" Wenn Sie eine Krankmeldung zur Hand haben, können Sie auch diese zeigen und dem entsprechenden Begriff an der Tafel zuordnen lassen. Um das Wort „gebrochen" zu semantisieren, können Sie z.B. einen kleinen Zweig mitbringen und diesen demonstrativ brechen. Fragen Sie dann: „Zuerst war der Zweig ganz. Wie ist er jetzt?" Fragen Sie weiter: „Hat sich Niko das Bein gebrochen?"

3. Fragen Sie noch einmal: „Wie geht die Geschichte weiter?" Gehen Sie die Aufgabe gemeinsam mit den ungeübten TN durch. Geübte TN bringen die Aussagen in Partnerarbeit in die richtige Reihenfolge.
4. Spielen Sie die Foto-Hörgeschichte noch einmal vor. Die TN korrigieren die Reihenfolge selbst. Insbesondere wenn Sie viele ungeübte TN im Kurs haben, sollten Sie die Zusammenfassung der Geschichte auch in der richtigen Reihenfolge abschreiben lassen. Beim Schreiben wird der Textzusammenhang noch einmal bewusst. *Lösung:* 3 Der Arzt sieht Nikos Bein an. Es ist nicht gebrochen. 4 Dann sagt der Arzt: Niko kann eine Woche nicht arbeiten. Er gibt Niko eine Krankmeldung. 5 Niko bekommt einen Verband und Salbe. 6 Die Arzthelferin sagt: Niko braucht jeden Tag einen neuen Verband.

6 Nach dem Hören: Schlüsselwörter definieren
1. Schreiben Sie die Begriffe „Arbeitgeber" und „Krankenversicherung" an die Tafel und fragen Sie: „Was ist das?" Die TN erklären die Begriffe, wenn möglich, selbst. Andernfalls machen Sie einige Beispiele. Sie können z.B. auf Lektion 8 verweisen und den TN die Firma WAFAG als Nikos neuen Arbeitgeber in Erinnerung rufen. Zur Erläuterung des Begriffs „Krankenversicherung" zeigen Sie noch einmal Ihre Versichertenkarte und weisen auf das Emblem der Krankenversicherung hin. Erklären Sie, dass in Deutschland jeder Arbeitnehmer krankenversichert sein muss und man deshalb jeden Monat einen festen Beitrag an die Krankenversicherung zahlt. Die Krankenversicherung bezahlt dafür im Gegenzug Arztbesuche, Krankenhausaufenthalte etc.

LANDES KUNDE

2. Die TN lesen die Aufgabe in Stillarbeit und ergänzen die Lücken.
3. Abschlusskontrolle im Plenum. *Lösung:* a) Krankmeldung; b) Versichertenkarte

LANDES KUNDE

Erklären Sie den TN, dass sie das Recht haben, frei einen Arzt zu wählen. Der Arzt hat Schweigepflicht.

LEKTION 10   **38**

Materialien
A1 Ball
Tipp: Kärtchen, Teebeutelschachteln

Oh je, Ihr Bein!

Wortfeld „Körperteile", Possessivartikel *dein*, *Ihr*
Lernziel: Die TN können Körperteile benennen, über Schmerzen sprechen und einfache Ratschläge geben.

A1 Präsentation des Wortfeldes „Körperteile"; Anwendungsaufgabe: Über Schmerzen sprechen

1. Werfen Sie einem TN den Ball zu und fragen Sie: „Wie heißt das auf Deutsch?", während Sie z.B. auf Ihre Nase deuten. Erfahrungsgemäß können die TN bereits einige Körperteile auf Deutsch benennen.
2. Der befragte TN setzt die Fragerunde mit dem Ball fort. Notieren Sie alle Körperteile, die von den TN genannt werden, mit dem bestimmten Artikel an der Tafel.
3. Die TN sehen sich die Zeichnung im Buch an. Ergänzen Sie dabei die Körperteile an der Tafel, die die TN womöglich noch nicht genannt haben.
4. Deuten Sie auf Foto A und fragen Sie: „Was sagt Niko?" Ein TN liest die Sprechblase vor.
5. Verfahren Sie mit den übrigen Fotos genauso. Die TN antworten jeweils: „Mein/e ... tut weh." Korrigieren Sie dabei, wenn nötig, die Form des Possessivartikels „mein-", der den TN bereits aus *Schritte plus 1*, Lektion 2, bekannt ist.
   Lösung: B Mein Kopf tut weh. C Mein Fuß tut weh. D Meine Hand tut weh. E Mein Bauch tut weh. F Mein Rücken tut weh.
6. Damit sich die Wörter mit korrektem Artikel einschleifen, stehen die TN nacheinander auf, zeigen auf ein Körperteil und sprechen dazu, z.B.: „Meine Hand."
7. *fakultativ:* Die TN üben die Wörter in einem Hördiktat: Dazu diktieren sie sich in Partnerarbeit gegenseitig die Wörter. Die Partnerin / Der Partner zeichnet das diktierte Wort.

TIPP

Zeigen Sie den TN, wie man mit Vokabelkärtchen Wortschatz lernen kann. Bringen Sie dazu einige Karten als Beispiel mit und zeichnen Sie z.B. auf die Vorderseite ein Auge und schreiben Sie auf die Rückseite „das Auge, -n". Oder schreiben Sie auf eine Seite das jeweilige Körperteil und auf die Rückseite z.B. das englische Wort. Die TN notieren später die muttersprachliche Entsprechung auf der Rückseite. Sie können auch auf der Vorderseite das Wort im Singular und auf der Rückseite im Plural notieren. Oder Sie notieren auf der Vorderseite ein Nomen, beispielsweise „das Auge", und auf der Rückseite passende Verben, hier z.B. sehen, ansehen, fernsehen, lesen etc. Die TN fertigen anschließend in Kleingruppen selbst Lernkarten für das Wortfeld „Körper" an und üben damit in der Gruppe, indem sie sich gegenseitig abfragen. Legen Sie für den Kurs z.B. aus Teebeutelschachteln kleine Karteikästen an. Die TN basteln zukünftig für jedes neue Wortfeld selbst Karten und legen sie in einer Schachtel im Kursraum ab. Wer einmal mit einer Aufgabe schneller fertig ist als die anderen, kann sich dann in die „Vokabelecke" begeben und mithilfe der Kärtchen selbstständig Wortschatz wiederholen.

Arbeitsbuch 1–2: als Hausaufgabe

A2 Variation: Präsentation der Possessivartikel *dein* und *Ihr*

1. Die TN sehen sich die Zeichnung zu Gespräch a) an. Fragen Sie: „Was tut der Frau weh?"
2. Die TN hören das erste Gespräch und lesen mit.
3. Sehen Sie sich mit den TN die Wörter an, die variiert werden sollen, und notieren Sie, wenn nötig, die Wörter noch einmal mit dem Artikel an der Tafel oder verweisen Sie auf die Abbildung in A1. Es ist wichtig, dass die TN den richtigen Artikel kennen, um bei der Variation die richtige Form bilden zu können.
4. Machen Sie mit einem geübten TN die erste Variante mit „Ihr Bein" vor. Achten Sie dabei auf die korrekte Verwendung des Possessivartikels. Verweisen Sie auch auf den Grammatikspot.
5. Die TN variieren das Gespräch in Partnerarbeit.
6. Verfahren Sie mit Gespräch b) genauso.

Arbeitsbuch 3: in Stillarbeit; **4–5:** als Hausaufgabe

A3 Aktivität im Kurs: Kettenspiel

1. Die TN sehen sich das Beispiel im Buch an. Stellen Sie sicher, dass alle die Spielregel verstanden haben.
2. Die TN bilden einen Kreis und spielen das Spiel. In großen Kursen sollten Sie zwei oder drei Gruppen bilden.

10 B Sein Bein ist nicht gebrochen.

Possessivartikel *sein, ihr, unser* und *euer*
Lernziel: Die TN können über das körperliche Befinden anderer sprechen.

B1 Präsentation der Possessivartikel *sein* und *ihr*
1. Lesen Sie gemeinsam mit den TN, welche Possessivartikel in die Lücken eingesetzt werden können. Geben Sie an dieser Stelle noch keine Erklärungen.
2. Die TN hören die beiden Gespräche jeweils so oft wie nötig und ergänzen die Lücken.
3. Abschlusskontrolle im Plenum. Die TN lesen die beiden Gespräche mit verteilten Rollen. *Lösung:* a) Sein – sein; b) Meine – ihre
4. Schreiben Sie an die Tafel:

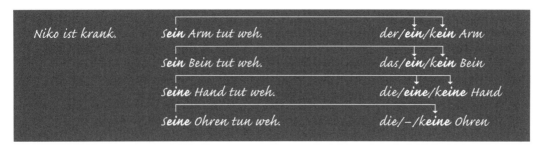

Machen Sie anhand des Tafelbildes noch einmal deutlich, dass sich die Possessivartikel genauso wie „ein-" bzw. „kein-" nach dem Wort richten, vor dem sie stehen. Gehen Sie dann mithilfe eines zweiten Tafelbildes darauf ein, dass sich die Possessivartikel auch im Hinblick auf die Bezugsperson verändern. Verweisen Sie auch auf den Grammatikspot.

Ich bin krank.	Mein Bein tut weh.	ich – mein
Niko ist krank.	Sein Bein tut weh.	er – sein
Sara ist krank.	Ihr Bein tut weh.	sie – ihr

B2 Anwendungsaufgabe zu den Possessivartikeln *sein* und *ihr*

1. Die TN sehen sich in Stillarbeit Beispiel A an. Fragen Sie: „Ist das ein Mann oder eine Frau?", damit vorab klar wird, ob „sein" oder „ihr" passt.
2. Wenn Sie viele ungeübte TN im Kurs haben, können Sie die TN auch bei den übrigen drei Bildern fragen, ob es sich um eine Frau oder einen Mann handelt, um sie für die Verwendung von „sein" und „ihr" zu sensibilisieren. Anschließend notieren die TN in Partnerarbeit passende Sätze zu den Bildern C bis E. Gehen Sie herum und helfen Sie bei Schwierigkeiten.
3. Abschlusskontrolle im Plenum.
Lösung: B Ihr Rücken tut weh. C Ihre Ohren tun weh. D Seine Hand tut weh. E Ihr Bein tut weh.

Arbeitsbuch 6: in Stillarbeit: Die TN verdeutlichen sich selbstständig den Bezug des Possessivartikels „sein" und „ihr". **7–9:** als Hausaufgabe

B3 Erweiterung der Possessivartikel: *unser, euer*
1. Die TN sehen sich die Zeichnungen an.
2. Spielen Sie die drei Mini-Gespräche vor. Die TN ordnen diese den Zeichnungen zu. *Lösung:* 1 C; 2 A; 3 B
3. Verweisen Sie an dieser Stelle auf den Grammatikspot. Schreiben Sie die Beispiele und den jeweiligen Artikel (der/das/die) an die Tafel. Weisen Sie die TN darauf hin, dass bei „euer" sowohl bei der femininen Form als auch bei der Pluralform „-e" wegfällt. Zusätzlich können Sie die Bedeutung von „euer" und „unser" veranschaulichen, indem Sie jeweils ein Beispiel an die Tafel schreiben:

| Ilhan und ich | = wir | Wir haben ein Auto. Das ist **unser** Auto. |
| Yusuf und du | = ihr | Ihr habt ein Auto. Das ist **euer** Auto. |

LEKTION 10   40

Sein Bein ist nicht gebrochen.

Possessivartikel *sein, ihr, unser* und *euer*
Lernziel: Die TN können über das körperliche Befinden anderer sprechen.

B **10**

B4 **Anwendungsaufgabe zu den Possessivartikeln *unser* und *euer***
1. Die TN hören die Gespräche. Stoppen Sie die CD nach jedem Gespräch, damit die TN Zeit haben, die Lücken zu ergänzen.
2. Anschließend hören die TN die drei Gespräche noch einmal durchgehend und korrigieren ihre Lösungen selbstständig.
Lösung: A Ihre; B Unsere; C Euer

LERN
TAGEBUCH

Arbeitsbuch 10: im Kurs: Erarbeiten Sie zusammen mit den TN den Eintrag ins Lerntagebuch. Dazu ergänzen Sie zunächst gemeinsam die Possessivartikel und fordern die TN anschließend auf, zu jedem Beispiel einen Satz zu bilden.

Arbeitsbuch 11: als Hausaufgabe; **12–13:** im Kurs, da hier die Possessivartikel im Akkusativ erarbeitet werden

B5 **Aktivität im Kurs: Monsterspiel**
1. Zeigen Sie die Beispiele im Buch. Die TN zeichnen ein eigenes, möglichst verrücktes Monster. Sie achten darauf, dass ihre Partnerin / ihr Partner das Monster nicht sehen kann.
Hinweis: Wenn die TN Hemmungen beim Zeichnen haben, weisen Sie sie darauf hin, dass es hier nicht auf zeichnerische Fähigkeiten ankommt. Die Zeichnungen können sehr einfach sein.
2. Die TN beschreiben sich gegenseitig ihr Monster. Der andere zeichnet das Monster nach der Beschreibung.
3. Die Partner vergleichen ihre Zeichnungen: Sind die Zeichnungen ähnlich?
4. *fakultativ:* Wenn die TN mögen, können sie die Zeichnungen im Kursraum aufhängen.

Arbeitsbuch 14: als Hausaufgabe

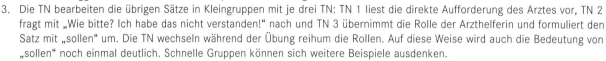

C1 Präsentation des Modalverbs *sollen*

1. Die TN hören das Beispiel und lesen mit. Verweisen Sie an dieser Stelle auf den Grammatikspot und machen Sie den Zusammenhang zwischen den Sätzen „Bleiben Sie zu Hause!" (direkte Aufforderung) und „Der Doktor sagt: Sie sollen zu Hause bleiben." (Wiedergabe einer Aufforderung durch Dritte) deutlich. Die Satzklammer ist den TN von den anderen Modalverben und dem Perfekt bereits bekannt (siehe *Schritte plus 1*, Lektion 7, und *Schritte plus 2*, Lektion 9).
2. Machen Sie ggf. ein oder zwei weitere Beispiele mit den TN gemeinsam.
3. Die TN bearbeiten die übrigen Sätze in Kleingruppen mit je drei TN: TN 1 liest die direkte Aufforderung des Arztes vor, TN 2 fragt mit „Wie bitte? Ich habe das nicht verstanden!" nach und TN 3 übernimmt die Rolle der Arzthelferin und formuliert den Satz mit „sollen" um. Die TN wechseln während der Übung reihum die Rollen. Auf diese Weise wird auch die Bedeutung von „sollen" noch einmal deutlich. Schnelle Gruppen können sich weitere Beispiele ausdenken.
4. Abschlusskontrolle im Plenum.
   Lösung: a) Der Doktor sagt, Sie sollen in die Apotheke gehen. b) ..., Sie sollen das Rezept abgeben. c) ..., Sie sollen die Salbe kaufen. d) ..., Sie sollen morgen wiederkommen. e) ..., Sie sollen den Verband neu machen.

C2 Variation: Anwendungsaufgabe zum Modalverb *sollen*

1. Die TN sehen sich die Zeichnung an. Klären Sie gemeinsam die Situation, indem Sie z.B. fragen: „Wo sind die Personen?", „Wie geht es dem Jungen/ihm?" und „Was macht die Frau?"
2. Gehen Sie weiter vor wie auf Seite 8 beschrieben. Weisen Sie auch auf den Grammatikspot hin, insbesondere auf die endungslosen Formen in der 1. und 3. Person Singular, einem Charakteristikum der Modalverben. Machen Sie die TN außerdem darauf aufmerksam, dass die Formen der 1. und 3. Person Singular von „sollen" – wie bei den anderen Modalverben (siehe *Schritte plus 1*, Lektion 7, und *Schritte plus 2*, Lektion 9) – identisch sind.

Arbeitsbuch 15: in Stillarbeit; **16–18:** in Stillarbeit oder als Hausaufgabe

C3 Hörverstehen: Gesundheitsprobleme und Ratschläge verstehen

1. Sehen Sie mit den TN gemeinsam die Tabelle an und klären Sie, wenn nötig, die Begriffe „Anrufer", „Gesundheitsproblem" und „Rat" anhand des ersten Beispiels. Fragen Sie: „Wer ruft an?", „Was ist sein Problem?" und „Was soll Herr Lex tun?"
2. Die TN hören das erste Gespräch und vergleichen noch einmal mit den Vorgaben im Buch.
3. Die TN hören die anderen beiden Gespräche so oft wie nötig und machen Notizen.
4. Abschlusskontrolle im Plenum.
   Lösung: Herr Lex: viel Obst und Gemüse essen; Christine: Kopfschmerzen, Pausen machen, jede Stunde das Fenster öffnen; Herr Maier: nervös, schlecht schlafen, keinen Hunger haben, Urlaub machen, Sport machen

C4 Schreiben: Anwendungsaufgabe zu *sollen*

1. Lesen Sie gemeinsam mit den TN noch einmal die beiden Ratschläge, die Herr Lex in C3 bekommt. Die TN sehen sich auch das vorgegebene Beispiel an.
2. Die TN bilden die anderen Sätze nach demselben Muster in Stillarbeit. Wer fertig ist, versucht, weitere Tipps zu finden, und schreibt sie auf.
3. Abschlusskontrolle im Plenum.
   Lösung: ... spazieren gehen und viel Obst und Gemüse essen. Christine soll mehr Pausen machen. Sie soll auch jede Stunde das Fenster öffnen. Herr Maier soll Urlaub machen. Er soll auch Sport machen.

C5 Aktivität im Kurs: Gesundheits-Tipps geben

1. Die TN lesen in Stillarbeit die Beispiele. Klären Sie ggf. unbekannten Wortschatz.
2. Lesen Sie gemeinsam mit den TN das Beispiel und machen Sie zusammen ein oder zwei weitere Beispiele.
3. Die TN finden sich in Kleingruppen von 3–4 Personen zusammen und geben sich gegenseitig Ratschläge. Ungeübte TN konzentrieren sich auf die Beispiele im Buch und wiederholen diese ggf. in der Gruppe. Wenn Sie den TN weitere Beispiele für Ratschläge an die Hand geben möchten, kopieren Sie die Kopiervorlage L10/C5 und verteilen Sie die „Problemkärtchen" sowie die Liste der Tipps. Geübte TN können sich selbstständig weitere Gesundheitsprobleme ausdenken. Gehen Sie herum und helfen Sie bei Schwierigkeiten.
   Variante: Sie können die Aufgabe auch im Plenum bearbeiten. Dazu kopieren Sie die Kopiervorlage L10/C5 mehrmals. Teilen Sie den Kurs in zwei Gruppen. Die TN der einen Gruppe erhalten jeweils unterschiedliche Karten mit Gesundheitsproblemen. Die TN der anderen Gruppe bekommen die Liste mit Ratschlägen. Ein TN mit Kärtchen sagt, welches Problem sie/er oder seine Freundin hat, jemand aus der anderen Gruppe gibt einen passenden Rat.

LEKTION 10

Materialien
D3 Kärtchen mit Wortschatz, Brief vergrößert
D5 Kopiervorlage L10/D5, auch auf Folie

Krankmeldung

Telefonische und schriftliche Krankmeldungen
Lernziel: Die TN können eine schriftliche Krankmeldung verstehen und sich oder eine andere Person (schriftlich) krankmelden.

D **10**

D1 **Hörverstehen 1: Ein Telefongespräch global verstehen**
1. Die TN sehen sich in Stillarbeit die beiden Formulare an. Erklären Sie, dass „Arbeitsunfähigkeitsbescheinigung" ein offizieller Begriff für Krankmeldung ist. Dieses Wort kennen die TN bereits aus der Foto-Hörgeschichte.
2. Fragen Sie: „Welche Krankmeldung passt?" Die TN hören das Telefongespräch so oft wie nötig und kreuzen die passende Krankmeldung an. *Lösung:* A

D2 **Hörverstehen 2: Sich selbstständig über den Kursfortschritt informieren**
1. Die TN ordnen in Partnerarbeit das Gespräch.
2. *fakultativ:* Ungeübte TN können das Gespräch in der richtigen Reihenfolge abschreiben.
3. Spielen Sie die CD vor. Die TN hören und korrigieren sich selbstständig. *Lösung:* vgl. Hörtext
4. Die TN lesen das Gespräch in Partnerarbeit.
5. Erinnern Sie die TN daran, dass sie sich eigenständig darum kümmern müssen, bei Krankheit Versäumtes nachzuholen (vgl. *Schritte plus 1,* Lektion 5, Fokus Alltag.)

LANDES KUNDE Die TN sollten wissen, dass man sich am ersten Tag krankmelden muss und spätestens am dritten Krankheitstag in Folge ein ärztliches Attest vorlegen muss.

D3 **Präsentation: Formalia eines Briefes im formellen Register**
1. Geben Sie den TN zunächst Gelegenheit, den Brief im Buch zu lesen. Erklären Sie an dieser Stelle keinen Wortschatz.
2. Während die TN lesen, hängen Sie die vorbereiteten Kärtchen mit den Wörtern aus der Spalte links neben dem Brief und den vergrößerten Brief an der Tafel oder einer Pinnwand auf.
3. Die TN lesen die Begriffe auf den Kärtchen. Sie kommen nacheinander nach vorne, nehmen einen Begriff und heften ihn an die passende Stelle. Lassen Sie die TN selbst entscheiden, welchen Begriff sie nehmen, und helfen Sie am Ende bei den unbekannten, übrig gebliebenen Begriffen.
4. Die TN haben jetzt ein vollständiges Muster und die richtige Reihenfolge von den Bausteinen eines formellen Briefes. Machen Sie deutlich, dass in einem formellen Brief diese Formalia eingehalten werden sollten.
Lösung: die Postleitzahl: 96049 oder 96052; die Hausnummer: 1 oder 11; der Ort: Bamberg; die Straße: Hohenzollernstraße oder Heiliggrabstraße; der Empfänger: Intersprach-Schule; der Betreff: Krankmeldung; die Anrede: Sehr geehrte Frau Wilms; das Datum: 8. November 20..; die Unterschrift: Maria Kerner (handschriftlich); der Gruß: Mit freundlichen Grüßen

D4 **Leseverstehen: Eine schriftliche Krankmeldung verstehen**
1. Fragen Sie: „Warum kommt Frau Kerner nicht in den Kurs?", „Wie lange kommt sie nicht?" und „Was soll die Lehrerin tun?"
2. Die TN lesen den Brief noch einmal und unterstreichen die Passagen im Text, die die Antworten enthalten. Gehen Sie herum und helfen Sie bei Schwierigkeiten.
3. Abschlusskontrolle im Plenum. Die TN antworten frei auf die Fragen zum Text oder lesen die entsprechenden Passagen im Brief vor.
Lösung: Frau Kerner ist krank. Sie kommt zwei Wochen nicht in den Kurs. Die Lehrerin soll Frau Piwon Arbeitsblätter (für die nächsten Stunden) mitgeben.

D5 **Eine Krankmeldung schreiben**
1. Die TN lesen die Aufgabe im Buch. Teilen Sie die Kopiervorlage L10/D5 aus und legen Sie die Kopiervorlage auch als Folie auf.
2. Fragen Sie: „Wohin schreiben Sie Ihren Namen?" Notieren Sie dann exemplarisch den Absender eines TN an der entsprechenden Stelle auf der Folie. Stellen Sie ggf. weitere Fragen wie: „Wie ist die Adresse von unserer Schule?" oder „Warum können Sie nicht in den Kurs kommen?" und ergänzen Sie die Informationen zusammen mit den TN an der jeweiligen Stelle im Brief.
3. Die TN ergänzen die übrige Vorlage allein oder in Partnerarbeit. Verweisen Sie an dieser Stelle explizit auf den Musterbrief im Buch, an dem sie sich orientieren können. Ungeübte TN konzentrieren sich auf das Arbeitsblatt. Geübte TN können, wenn sie schneller fertig sind, ein Gespräch zwischen Frau Mattei und der Lehrerin schreiben.
4. Sammeln Sie alle Briefe ein und korrigieren Sie sie. Am nächsten Tag sehen sich die TN die Korrekturen an und schreiben ihre Briefe noch einmal richtig. Sie können sie zunächst im Kursraum aufhängen und später im Lerntagebuch abheften. So haben sie immer einen Musterbrief zur Hand, an dem sie sich im Alltag orientieren können.
5. *fakultativ:* TN, die ein Gespräch zwischen Frau Mattei und der Lehrerin geschrieben haben, können das Gespräch dem Kurs vorspielen.

43 LEKTION 10

10 **E** Terminvereinbarung

Telefongespräche
Lernziel: Die TN können telefonisch einen Termin vereinbaren.

Materialien
E3 farbiger Karton, Kopiervorlage L10/E3
Projekt: alte Telefon- oder Branchenbücher,
Kärtchen
Test zu Lektion 10

E1 **Hörverstehen: Anruf beim Arzt**
1. Fragen Sie: „Wo ruft der Mann an?" und „Was möchte der Mann?" Die TN lesen zuerst die Antworten bei a) und b).
2. Die TN hören das Telefongespräch so oft wie nötig und kreuzen ihre Lösungen an. Anschließend vergleichen sie mit ihrer Partnerin / ihrem Partner.
3. Abschlusskontrolle im Plenum. *Lösung:* a) In der Arztpraxis. b) Einen Termin bekommen.

E2 **Hörverstehen: Telefonische Terminvereinbarung**
1. Die TN lesen die Zeitadverbien im Schüttelkasten.
2. Die TN hören das Telefongespräch aus E1 noch einmal und ergänzen es.
   Variante: Die TN ergänzen zuerst das Gespräch und vergleichen beim zweiten Hören mit dem Hörtext.
   Lösung: sofort – morgen – heute – später – gleich
3. Die TN lesen und/oder spielen das Gespräch mehrmals mit verteilten Rollen, damit das Muster memoriert wird. Den TN werden hier wesentliche Redemittel an die Hand gegeben, die sie für Telefonate mit einer Arztpraxis benötigen.

E3 **Aktivität im Kurs: Rollenspiel**
1. Kopieren Sie die zwei Gesprächssituationen mehrmals auf farbigen Karton. Zerschneiden Sie die Kopien so, dass jedes Paar die Karten zu einer Situation erhält. Zusätzlich können Sie die Gesprächssituationen der Kopiervorlage L10/E3 verteilen. Dann gibt es nicht zu oft dasselbe Telefongespräch und die Präsentation, bei der dann ggf. auch alle Paare ihre Telefonate vorspielen können, bleibt für alle bis zum Schluss interessant.
2. Die TN spielen in Anlehnung an das Modell in E2 ein Telefongespräch. Gehen Sie herum und helfen Sie bei Schwierigkeiten. Wer fertig ist, schreibt sein Gespräch auf.
3. Wer möchte, kann sein Gespräch im Plenum vorspielen.
   Hinweis: Damit die Situation möglichst authentisch wird, bitten Sie die TN, zwei ausgeschaltete Handys für die Präsentation zur Verfügung zu stellen. Die Benutzung von Requisiten macht den TN erfahrungsgemäß nicht nur Spaß, sondern nimmt ihnen auch ein bisschen die Nervosität vor dem Spiel.

PHONETIK **Arbeitsbuch 19:** im Kurs: Hier können Sie mit den TN den Laut „h" üben, falls dieser in der Sprache der TN nicht vorkommt. Bitten Sie die TN, sich vorzustellen, sie würden joggen und dabei stark ausatmen: „Hhhuuhh". Die TN atmen aus. Atmen Sie wieder und lassen Sie den Atem in das Wort „Haus" übergehen. Die TN machen es Ihnen nach. Eine andere Möglichkeit ist, dass die TN sich ein Blatt Papier vor den Mund halten und „aus" sagen. Das Papier sollte sich nicht bewegen. Dann atmen die TN aus „Hhhhaus", das Papier bewegt sich. Die TN hören die Beispiele auf der CD und sprechen nach.
Den Vokalneueinsatz sollten die TN üben, wenn in ihrer Sprache die Wörter verbunden werden (z.B. Französisch, Italienisch). Dazu hören die TN die CD und machen an allen Stellen, wo eine kurze Sprechpause zu hören ist, einen Schrägstrich. Sie hören noch einmal und sprechen nach. Dabei machen sie ganz bewusst Sprechpausen zwischen den Wörtern. Um das zu trainieren, können sie auch zwischen den Wörtern einmal in die Hände klatschen, also: am – Klatschen – Abend etc.

PRÜFUNG **Arbeitsbuch 20:** Diese Übungsform entspricht dem Prüfungsteil Hören, Teil 1, der Prüfung *Start Deutsch 1:* Die TN hören sechs kurze Gespräche und lösen zu jedem Gespräch eine Aufgabe.

Arbeitsbuch 21: in Stillarbeit

PROJEKT **Arbeitsbuch 22:** Wenn Sie das Projekt im Unterricht machen wollen, bringen Sie einige alte Telefon- und/oder Branchenbücher mit in den Unterricht. Die TN erstellen dann in Kleingruppen eine Liste zu Fachärzten. Sie können dazu einige Kärtchen mit Fachärzten wie Gynäkologe, Orthopäde etc. vorbereiten und die Gruppen jeweils ein Kärtchen ziehen lassen. Helfen Sie den TN beim Einstieg, indem Sie ihnen im Telefon- oder Branchenbuch die Ärzteseite zeigen.
Variante: Wenn Sie im Unterricht wenig Zeit haben oder Ihre TN gern selbstständig arbeiten, können Sie die Listen auch als Hausaufgabe erstellen lassen. Die TN wählen dann selbst eine Ärztegruppe aus, die für sie von Interesse ist.
Den zweiten Teil des Projekts, einen „praktischen Arzt" und einen Zahnarzt in der Nähe der eigenen Wohnung zu finden und sich nach Sprechstundenzeiten etc. zu erkundigen, bearbeiten die TN als Hausaufgabe. Wenn mehrere TN im selben Stadtteil wohnen oder einfach gern zusammenarbeiten wollen, können sie die Aufgabe selbstverständlich gemeinsam lösen. Auf diese Weise können auch etwas schüchterne TN, die sich vielleicht nicht trauen, selbst beim Arzt anzurufen, in der Gruppe zur Aufgabenlösung beitragen, indem sie z.B. die Adresse bzw. die Telefonnummer heraussuchen. Die TN wenden bei dieser Aufgabe das im Kurs Gelernte in der Praxis an und können dann am folgenden Kurstag über ihre Erfahrungen berichten. Die Präsentation der Ergebnisse ist somit auch mit einem kleinen Erfolgserlebnis verbunden, was die TN vielleicht auch ermutigt, in Zukunft selbst telefonische Terminvereinbarungen zu treffen oder andere offizielle Telefonate zu führen.

Einen Test zu Lektion 10 finden Sie auf den Seiten 132–133. Weisen Sie die TN auf die interaktiven Übungen auf ihrer Arbeitsbuch-CD hin. Die TN können mit diesen Übungen den Stoff der Lektion selbstständig wiederholen und sich ggf. auch auf den Test vorbereiten.

LEKTION 10

Materialien
1 Kopiervorlage „Zwischenspiel zu Lektion 10"
2 Handys

Zwischenspiel 10
Hilfe!
Einen ärztlichen Notdienst oder die Notrufzentrale kontaktieren

Dieses Zwischenspiel enthält prüfungsrelevanten Wortschatz und sollte daher unbedingt im Unterricht eingesetzt werden.

1 **Leseverstehen: Den wesentlichen Inhalt und Schlüsselbegriffe verstehen**
1. Die TN betrachten die Notrufsäule in ihrem Buch. Stellen Sie Fragen, um das Vorwissen der TN zu aktivieren: „Wo haben Sie Notrufsäulen schon gesehen? Wen können Sie dort anrufen? Haben Sie eine Notrufsäule schon einmal benutzt?"
   Variante: Wenn die TN noch sprachliche Hilfestellung benötigen, teilen Sie die Kopiervorlage „Zwischenspiel zu Lektion 10" aus. Die TN sprechen in Partnerarbeit über die Fragen (Übung 1). Stellen Sie die Fragen dann noch einmal im Plenum.
2. Die TN lesen die Texte in Stillarbeit. Gehen Sie herum und helfen Sie bei Wortschatzfragen.
3. Zur Verständniskontrolle bearbeiten die TN Übung 2 der Kopiervorlage. *Lösung:* Telefonnummer, Namen, Problem, Nacht, Wochenende, Krankenhaus, Ambulanz, Apotheken, Tag, Notfälle
   Variante: Sie können die Übung auch zur Nachbearbeitung des Textes als Hausaufgabe geben.
4. Die TN lesen die Sätze a) bis c) der Aufgabe 1 im Kursbuch. Fragen Sie, was richtig ist.
   Lösung: a) Die Notdienst-Apotheke(n) findet man im Regionalteil einer Tageszeitung, im Internet, auf einem Schild am Eingang oder im Fenster der Apotheken. b) Der Anruf ist kostenlos. c) (Zahn-)Ärztliche Notdienste haben unterschiedliche Telefonnummern. Sie stehen im Telefonbuch, im Internet, in Tageszeitungen.
5. *fakultativ:* Die TN bearbeiten in Stillarbeit oder als Hausaufgabe Übung 3 der Kopiervorlage. Geübte TN überlegen sich weitere Situationen und wie sie dann handeln würden.
   Lösung: a) Ich suche im Telefonbuch nach der Nummer vom zahnärztlichen Notdienst und rufe dort an. b) Ich gehe zur Apotheke. Im Fenster ist ein Schild. Dort steht: Diese Apotheke hat heute geöffnet. c) Ich gehe zur Notrufsäule und bitte um Hilfe. d) Ich habe zum Glück mein Handy dabei und wähle die Notrufnummer 112.

LANDES KUNDE Informieren Sie die TN darüber, dass sie mit der Notrufnummer 112 und über Notrufsäulen auch Hilfe rufen können, wenn es brennt, wenn ihr Kind giftige Chemikalien geschluckt hat, wenn sie eine Panne auf der Autobahn haben etc. Erklären Sie ggf., dass der Missbrauch des Notrufs strafbar ist. Wer also aus Spaß oder ohne wirkliche Not den Notruf alarmiert, muss eine Strafe zahlen sowie Schadensersatz an die Organe, die aufgrund des Notrufs eingesetzt wurden. Andererseits ist man zur Hilfe in einem Notfall verpflichtet, sonst ist es unterlassene Hilfeleistung.

2 **Sprechen: Bei der Notrufzentrale anrufen**
1. Die TN betrachten die Zeichnung und beschreiben die Situation, soweit sprachlich möglich. Klären Sie ggf. neue Wörter wie „Motorrad".
2. Die TN lesen die Begriffe und dann das Gespräch. Sie ergänzen das Gespräch in Partnerarbeit.
3. Abschlusskontrolle im Plenum. *Lösung:* Motorradunfall, Ein Mann, Bein
4. Die TN lesen das Gespräch in Partnerarbeit. Dann tauschen sie die Rollen und lesen noch einmal. Spielfreudige TN können das Gespräch dem Plenum vorspielen. Benutzen Sie Handys als Requisiten und lassen Sie auch den verletzten Mann von einem TN darstellen.
5. *fakultativ:* Die TN überlegen sich in kleinen Gruppen von 3–4 TN weitere Situationen und schreiben kurze Notruf-Gespräche dazu, die sie dem Kurs vorspielen.
   Variante: Die TN schreiben zu den Situationen aus Übung 3 der Kopiervorlage Notruf-Gespräche.

45   LEKTION 10

Fokus Alltag 10
Einen Beipackzettel verstehen
Die TN können die wichtigsten Informationen auf Beipackzetteln verstehen.

Materialien
1 Blutdruckmessgerät, Beipackzettel
Projekt: Beipackzettel

1

Leseverstehen 1: Die Textsorte erkennen

1. Klären Sie mithilfe der Zeichnungen in Übung 2 zuerst wichtige Wörter wie Husten, Heiserkeit, schwanger, ein Baby stillen. Erklären Sie auch die Begriffe (ärztliches) Rezept und Bluthochdruck, indem Sie ein Blutdruckmessgerät mitbringen. Ein solches Gerät können Sie in vielen Apotheken ausleihen.
2. Die TN sehen sich den Beipackzettel an und kreuzen ihre Lösung an.
3. Abschlusskontrolle im Plenum. *Lösung:* Eine Information für den Kranken
4. Zeigen Sie verschiedene Beipackzettel aus Ihrer Hausapotheke und erklären Sie, dass es zu jedem Medikament diese wichtigen Informationen gibt und man diese lesen sollte. Da Original-Beipackzettel auf dem Sprachniveau A1 sehr schwer zu verstehen sind, sollten sich die TN bei deutschen Freunden und Bekannten oder bei ihrem Arzt Rat holen, bevor sie ein Medikament einnehmen.

2

Leseverstehen 2: Wichtige Informationen auf Beipackzetteln verstehen

1. Die TN lesen den Beipackzettel in Stillarbeit. Helfen Sie bei Wortschatzfragen.
2. Die TN sehen sich die Zeichnungen noch einmal genau an. Stellen Sie Fragen, z.B.: „Wie alt ist das Kind auf Bild F? Was hat der Mann auf Bild D?" etc.
3. Die TN lesen den Beipackzettel noch einmal und kreuzen an, ob diese Personen die Tabletten nehmen dürfen.
4. Abschlusskontrolle im Plenum. *Lösung:* A ja; B nein; C nein; D ja; E ja; F nein

3

Leseverstehen 3: Hinweise zur Einnahme eines Medikaments verstehen

1. Die TN lesen den Beipackzettel ggf. noch einmal. Sie kreuzen an, wie und wie oft die Tabletten eingenommen werden sollen.
2. Abschlusskontrolle im Plenum. *Lösung:* c

PROJEKT

1. Bitten Sie die TN, in der kommenden Unterrichtsstunde Medikamente aus ihrer Hausapotheke mit den dazugehörigen Beipackzetteln mitzubringen. Sicher haben einige TN Kopfschmerz- oder Grippetabletten o.Ä. zu Hause.
2. Schreiben Sie an die Tafel ein paar Leitfragen, damit die TN sich beim Lesen auf diese Informationen konzentrieren: Wer darf dieses Medikament (nicht) nehmen? Wie oft soll man dieses Medikament nehmen? Wie lange darf man dieses Medikament nehmen? Soll man das Medikament mit oder ohne Wasser nehmen?
3. Die TN bearbeiten in Kleingruppen von drei TN einen Beipackzettel und schlagen im Wörterbuch wichtige Begriffe nach. Gehen Sie herum und helfen Sie nach Bedarf.
4. Jede Gruppe stellt dem Plenum die wesentlichen Informationen ihres Beipackzettels vor. Dabei sollten auch Schlüsselbegriffe, die den anderen Gruppen vielleicht nicht bekannt sind, erklärt werden.

LEKTION 10 **46**

Fokus Beruf 10
Informationen zu Sicherheitsmaßnahmen verstehen

Die TN können die wichtigsten Informationen aus den Sicherheitsvorschriften am Arbeitsplatz verstehen, wenn diese illustriert sind, z.B. auf Schildern oder Aufklebern.

Da dieser Fokus möglicherweise nur für einen Teil der TN von Interesse ist, können die Übungen auch als Hausaufgabe gegeben werden.

1 Sicherheitsvorschriften verstehen

1. Die TN sehen sich die Zeichnungen A bis E an und beschreiben, was sie sehen, z.B. bei Zeichnung A: „Das ist ein Schulbus. Der Busfahrer telefoniert."
2. Weisen Sie auf das Beispiel hin. Die TN bearbeiten die restlichen Beispiele in Stillarbeit oder Partnerarbeit.
3. Abschlusskontrolle im Plenum. *Lösung:* B Illustration Haube: Man muss in einer Küche einen Haarschutz tragen. C Illustration Zigarette: Man darf im Lager nicht rauchen. D Illustration Kopfhörer: Man soll einen Gehörschutz tragen. E Illustration Helm: Auf einer Baustelle muss man spezielle Kleidung tragen.
4. *fakultativ:* Führen Sie zu den Begriffen Haarschutz und Gehörschutz die gängigen Wörter Haube/Kochmütze sowie Kopfhörer und Ohrstöpsel ein. Wenn Sie TN haben, die auf dem Bau tätig sind, kennen diese sicher die Begriffe Helm und Sicherheitsschuhe.

2 Sprechen: Über Vorschriften am Arbeitsplatz sprechen

In Kursen mit überwiegend ungeübten TN schreiben die TN Sätze zu Vorschriften und Verboten an ihrem Arbeitsplatz. Sie lesen ihre Sätze vor. Kurse mit überwiegend geübten TN berichten frei von Vorschriften und Verboten an ihrem Arbeitsplatz.
Variante: Wenn Sie die Seite als Hausaufgabe geben, bitten Sie die TN, einen kurzen Text zu schreiben. Sammeln Sie diesen zur Korrektur ein.

3 Hinweisschilder verstehen

1. Geben Sie den TN ein Beispiel, indem Sie an die Tafel das Wort „Fluchtweg" schreiben, „Feuer" rufen und aus dem Kursraum laufen.
2. Die TN versuchen zu zweit oder dritt, sich die Bedeutung der anderen Schilder klarzumachen, und überlegen sich, wie sie dem Kurs die Bedeutung vermitteln können.
3. Die TN spielen kleine Situationen vor, die zum jeweiligen Schild passen, oder erklären das Schild mit Worten oder Pantomime. *Lösungsvorschlag:* B Dort gibt es einen Kasten mit Verbänden und Pflastern. C Dort gibt es ein Notruftelefon. D Dort findet man einen Feuerlöscher. E Vorsicht, glatt! F Hier ist der Zutritt für Unbefugte verboten; nur, wer hier arbeitet, darf in den Raum.
4. Gehen Sie mit den TN im Gebäude Ihrer Sprachschule oder Institution herum und suchen Sie gemeinsam nach Hinweisschildern, die über Fluchtwege, Verbandkästen oder Feuerlöscher informieren. Vielleicht finden Sie noch andere Schilder, deren Bedeutung Sie dann an Ort und Stelle mit den TN klären können.

47 LEKTION 10

IN DER STADT UNTERWEGS

Folge 11: *Gustav Heinemann*
Einstieg in das Thema: Wegbeschreibung und Orientierung in der Stadt

Materialien
1 Poster der Foto-Hörgeschichte

1 Vor dem Hören: Vermutungen äußern
1. Schneiden Sie vorab ein Poster der Foto-Hörgeschichte in zwei Teile oder klappen Sie den unteren Teil nach hinten um. Die TN sehen sich zunächst nur die Fotos 1–5 an. Die Bücher bleiben geschlossen. Fragen Sie: „Wen sucht Niko?" und „Warum hat Niko Blumen dabei?" Geben Sie, wenn nötig, an der Tafel „Ich glaube, Niko …" als Redemittel vor.
2. Fragen Sie dann: „Was meinen Sie? Wie geht die Geschichte weiter?" Die TN stellen Vermutungen über den Fortgang der Geschichte an. Wahrscheinlich erkennen sie, auch ohne die Geschichte gehört zu haben, dass Niko Sabine sucht und Blumen für sie hat.
3. *fakultativ:* Fragen Sie auch, wie Niko emotional zu Sabine steht. Wiederholen Sie dazu die Frage: „Warum hat Niko Blumen für Sabine dabei?" Die TN vermuten vielleicht schon, dass sich Niko verliebt hat oder dass er sich bei Sabine bedanken möchte.

2 Vor dem Hören: Präsentation des Wortfelds „Verkehrsmittel"
1. Die TN sehen sich die Zeichnungen an. Fragen Sie: „Wie fährt Niko zu …?"
   Lösung: Niko nimmt die U-Bahn.
2. An dieser Stelle können Sie kurz nachfragen: „Woher wissen Sie, dass Niko die U-Bahn nimmt?" So können die TN ihr im Alltag erworbenes Wissen einbringen. Sie werden vermutlich auf das U-Bahn-Schild in Foto 4 deuten. Das blaue Hinweisschild mit weißem „U" kennen sicherlich alle TN, die in einer deutschen Großstadt leben oder gelebt haben. Wenn es dieses Verkehrsmittel an Ihrem Kursort nicht gibt, verweisen Sie auf das Foto.

3 Beim ersten Hören
1. Schreiben Sie einige Fragen an die Tafel, auf die sich die TN beim ersten Hören konzentrieren sollen: „Ist Sabine zu Hause?", „Wer spricht mit Niko?" und „Warum war Sabine beim Arzt? Was ist passiert?"
2. Die TN öffnen ihr Buch und hören die Foto-Hörgeschichte mindestens einmal durchgehend. Sie sollten mithilfe der Fotos verstehen, dass Niko Sabines Wohnung erst nach einer Odyssee von A nach B findet und sie nicht zu Hause ist, als er bei ihr klingelt. Als Niko enttäuscht wieder gehen will, trifft er Sabine auf der Straße vor ihrem Haus. Weitere Vorschläge zum Umgang mit der Foto-Hörgeschichte finden Sie auf Seite 6 f.

4 Nach dem ersten Hören: Zusammenfassung der Geschichte
1. Die TN lesen die Vorgaben, bevor sie den Lückentext ergänzen, der den Inhalt der Foto-Hörgeschichte zusammenfasst. Spielen Sie die Geschichte noch weitere Male vor, wenn die TN nicht alle Lücken nach dem ersten Hören ergänzen können.
2. Abschlusskontrolle im Plenum. *Lösung:* Sabine – U-Bahn – Straße – Sohn – Arzt – Bein
3. *fakultativ:* Die TN lesen die Zusammenfassung noch einmal und ordnen zu, welche Sätze sich auf welches Foto bzw. welche Fotos beziehen.

LEKTION 11

Materialien
A1 auf Folie
A2/A3 Stadtplan auf Folie
A4 Ball
A6 Kärtchen, Kopiervorlage L11/A6

Wo ist die Gustav-Heinemann-Straße?

Die Präpositionen *mit* und *zu*
Lernziel: Die TN können nach dem Weg fragen und einfache Wegbeschreibungen verstehen. Sie können sagen, welche Verkehrsmittel sie benutzen.

A1 Präsentation von Redemitteln zur Wegbeschreibung: *geradeaus, links, rechts …*

1. Lesen Sie zusammen mit den TN den Gesprächsanfang und das Beispiel a). Klären Sie die Bedeutung von „geradeaus", „links" und „rechts" mithilfe der Pfeile im Buch. Verweisen Sie dann auf den Infospot und erklären Sie die Bedeutung von „die erste, zweite, dritte Straße" anhand einer einfachen Skizze an der Tafel. Sie können z.B. eine Hauptstraße skizzieren, von der drei Straßen abzweigen, und diese nummerieren.

! An dieser Stelle ist es nicht wichtig, dass die TN die Bildung der Ordinalzahlen (Lektion 14) kennenlernen. Es genügt, wenn sie die drei Formen zunächst als Formel lernen.

2. Kommen Sie zurück zu Beispiel a) und fragen Sie: „Welches Bild passt?" Zeichnen Sie dann auf dem entsprechenden Bild den Weg auf der Folie ein.
3. Die TN lösen die beiden anderen Beispiele in Stillarbeit.
4. Abschlusskontrolle mithilfe der Folie im Plenum. Je ein TN kann den beschriebenen Weg in der jeweiligen Skizze einzeichnen. *Lösung:* 1 c); 2 b); 3 a)

A2 Hörverstehen: Wegbeschreibung

1. Zeigen Sie den TN den Stadtplan zunächst auf Folie und weisen Sie sie auf den mit einem Punkt markierten Standort hin. Es ist wichtig, dass die TN vor dem ersten Hören wissen, wo die Wegbeschreibung ansetzt.
2. Die TN schlagen das Buch auf und betrachten den Stadtplan, um sich vor dem Hören grob zu orientieren. Wenn Sie im Kurs viele TN haben, die in ihrem Alltag vermutlich keine Stadtpläne lesen, können Sie vorab explizit nach einigen Orientierungspunkten fragen, die später für das Verständnis wichtig sind. Klären Sie z.B. die Frage: „Wo ist der Karolinenplatz?" oder „Wo ist das Kino?" Die TN zeigen die Orte auf der Folie.
3. Die TN hören die Wegbeschreibung so oft wie nötig und markieren in ihrem Buch den Weg. Geben Sie einem geübten TN die Folie und lassen Sie den Weg darauf einzeichnen.
4. Abschlusskontrolle mithilfe der Folie im Plenum. *Lösung:* vgl. Hörtext

A3 Sprechen: Nach dem Weg fragen und den Weg beschreiben

1. Lesen Sie zusammen mit den TN die Redemittel. Erklären Sie das Wort „fremd", indem Sie z.B. sagen: „Ich komme aus Polen. Ich wohne seit einer Woche in Berlin. Ich bin noch fremd hier." Zur Erklärung von „in der Nähe" wählen Sie einfache Orientierungspunkte in der Nähe Ihrer Institution/Schule.
2. Bitten Sie einen geübten TN, mit Ihnen ein Beispiel zu machen. Fragen Sie beispielsweise: „Entschuldigung, wo ist hier der Kindergarten?" Während der TN Ihnen den Weg zum Kindergarten beschreibt, können Sie den Weg zur Veranschaulichung auf der Folie einzeichnen.
3. Die TN finden sich paarweise zusammen und fragen sich gegenseitig nach dem Weg. Der Ausgangspunkt bleibt dabei immer derselbe. Gehen Sie herum und helfen Sie bei Schwierigkeiten.

Arbeitsbuch 1–2: im Kurs; **3–4:** in Stillarbeit oder als Hausaufgabe

A4 Variation: Präsentation der Präpositionen *mit* und *zu*

1. Gehen Sie vor wie auf Seite 8 beschrieben.
2. Lenken Sie die Aufmerksamkeit der TN auf die Verwendung der Präposition „zu". Zeigen Sie an der Tafel, dass sich die Artikel nach der Präposition „zu" ändern: Aus „der" und „das" wird „dem", aus „die" wird „der". Verweisen Sie auch auf die Grammatikspots.

3. Gehen Sie analog bei der Präposition „mit" vor und weisen Sie die TN auf die Ausnahme „zu Fuß" hin, die sie als Formel lernen sollten.
4. Machen Sie zur Automatisierung des Lernstoffs eine schnelle Fragerunde mit den TN, indem Sie einem TN einen Ball zuwerfen und sagen: „Ich fahre mit dem Fahrrad zur Sprachschule. Wie kommen Sie zur Sprachschule?" Der TN antwortet und wirft den Ball einem anderen TN zu etc.

49 LEKTION 11

11 A Wo ist die Gustav-Heinemann-Straße?

Die Präpositionen *mit* und *zu*
Lernziel: Die TN können nach dem Weg fragen und einfache Wegbeschreibungen verstehen.
Sie können sagen, welche Verkehrsmittel sie benutzen.

Materialien
A6 Kärtchen, Kopiervorlage L11/A6

A5 Hörverstehen: Ortsangaben verstehen
1. Fragen Sie: „Wohin möchte die Frau? Die TN finden die Antwort bereits in ihrem Buch und lesen sie ab. Sie hören das Gespräch zum Vergleich.
2. Fragen Sie nun: „Wie kommt die Frau zum Karolinenplatz?" Vielleicht können die TN bereits antworten. Spielen Sie in jedem Fall das Gespräch noch einmal vor. Die TN tragen die Lösung ein.
   Lösung: mit der U-Bahn
3. Die TN hören die anderen Gespräche so oft wie nötig und tragen ihre Lösungen ein.
4. Abschlusskontrolle im Plenum.
   Lösung: b) zum (Film-)Museum, mit der Straßenbahn; c) zum Fußballplatz, mit dem Fahrrad; d) zur Schule, mit dem Bus

Arbeitsbuch 5–7: als Hausaufgabe

A6 Aktivität im Kurs: Spiel
1. Die TN schreiben in Partnerarbeit alle Ziele und Verkehrsmittel auf Kärtchen, die ihnen einfallen. Gehen Sie herum und achten Sie darauf, dass die TN nur Ziele notieren, bei denen die Richtungsangabe mit „zu" erfolgt. Weitere lokale Präpositionen auf die Frage „Wohin?" werden erst in Lernschritt C behandelt. Wenn Sie wenig Zeit im Kurs haben, können Sie die Kopiervorlage L11/A6 verwenden.
2. Die TN legen die Wohin- und die Wie-Kärtchen in zwei Stapeln auf den Tisch. Einer der Spieler beginnt und nimmt eine Karte vom Wohin-Stapel. Die Frage ist: „Wie komme ich zum/zur ...?" Die Partnerin / Der Partner nimmt eine Karte vom Wie-Stapel und sagt, mit welchem Verkehrsmittel das Ziel erreicht werden kann. Danach werden die Rollen getauscht.
3. Paare, die alle Karten ihres Wohin-Stapels bearbeitet haben, können sich zusätzlich Rätselaufgaben stellen, indem sie sich gegenseitig einen Weg von der Sprachschule beschreiben. Die Partnerin / Der Partner rät das Ziel.

PHONETIK **Arbeitsbuch 8:** im Kurs: Wenn die TN Probleme mit der Artikulation des Lautes „z" haben, üben Sie mit ihnen zunächst das scharfe „s". Zischen Sie wie eine Schlange „sssssss", die TN machen mit. Im nächsten Schritt setzen die TN ein „t" vor „s": „tttsssss". Sie üben mit „Wie geht´s?". Die TN hören die Beispiele auf der CD und sprechen nach.

TIPP
> Zungenbrecher eignen sich sehr gut, um die Aussprache von Lauten und Lautkombinationen zu üben. Sie finden Zungenbrecher für verschiedene Laute im Internet. Um die TN nicht zu überfordern, sollte der Zungenbrecher zunächst immer langsam gelesen werden und auch inhaltlich verstanden werden, z.B. mithilfe einer Zeichnung. Nach und nach kann das Sprechtempo erhöht werden. Regen Sie die TN zu einem Wettbewerb an: Wer kann den Zungenbrecher fehlerfrei und am schnellsten sprechen?
> Beispiele für den Laut „z" sind: „Zehn zahme Ziegen zogen zehn Zentner Zucker zum Zoo". Oder schwieriger: „Zwölf Zipfelmützenzwerge, die auf zwölf Tannenzapfen saßen, aßen zweihundertzweiundzwanzig blaue Zwetschgen. Als sie die zweihundertzweiundzwanzig Zwetschgen gegessen hatten, sagte Zwerg Zwuckel zu Zwerg Zwockel: ‚Mich zwickt's im Bauch.' Darauf antwortete Zwerg Zwockel dem Zwerg Zwuckel: ‚Mich auch.'" Oder aktuell zum Thema: „Zügige Zungenbrecher bringen zappelnde Zungen zum Zwitschern."

LEKTION 11 50

Materialien
B2 Stift oder Plüschtier; auf Folie
B3 Kopiervorlage L11/B3

Da! **An der Ampel** links.
Lokale Präpositionen auf die Frage „Wo?"
Lernziel: Die TN können Ortsangaben verstehen und selbst formulieren.

B

B1 **Variation: Präsentation der Präposition** *an*
1. Fragen Sie: „Wo ist die Gustav-Heinemann-Straße?" Die TN hören die Passage aus der Foto-Hörgeschichte noch einmal. Die Bücher bleiben dabei geschlossen. Sie versuchen, die Antwort herauszuhören.
2. Gehen Sie weiter vor wie auf Seite 8 beschrieben.
3. Sehen Sie sich anschließend zusammen mit den TN im Buch den Grammatikspot an. Weisen Sie die TN darauf hin, dass sich die Artikel „der", „das", „die" nach „an" ändern: „der" und „das" werden zu „dem", „die" zu „der". Machen Sie anhand des Grammatikspots deutlich, dass die Präposition „an" – im Unterschied zu „mit" – mit „der" und „das" meist zu „am" verschmilzt.

B2 **Erweiterung: Präsentation von weiteren lokalen Präpositionen auf die Frage** *Wo?*
1. Führen Sie vorab die Präpositionen „an", „auf", „unter", „über", „hinter", „vor", „neben", „in" und „zwischen" ein, indem Sie z.B. einen Stift oder ein Plüschtier an unterschiedliche Orte im Raum legen und dabei die jeweils passende Präposition nennen. Legen Sie den Stift beispielsweise unter den Stuhl und sagen Sie mit starker Betonung auf „unter": „Der Stift ist unter dem Stuhl." Verweisen Sie an dieser Stelle auch auf den Grammatikspot.
2. Die TN sehen sich die Zeichnung im Buch an. Fragen Sie: „Wo ist die Bank?" Ein TN liest das Beispiel vor. Zusätzlich können Sie die Lage der Bank und der Post noch einmal mithilfe der Folie veranschaulichen.
3. Machen Sie, wenn nötig, ein oder zwei weitere Beispiele mit den TN gemeinsam, bevor diese die übrigen Beispiele in Partnerarbeit bearbeiten.
4. Abschlusskontrolle im Plenum. Zur Verdeutlichung können Sie die Positionen der Gebäude, Personen und Gegenstände jeweils auf der Folie zeigen lassen.
   Lösung: 2 h); 3 a); 4 f); 5 d); 6 b); 7 c); 8 i); 9 g)
5. Notieren Sie einige Beispiele aus der Aufgabe an der Tafel und zeigen Sie, wie sich die Artikel „der", „das" und „die" nach den Präpositionen „auf", „neben" etc. ändern. Am Beispiel von „mit" und „an" haben die TN dieses Grammatikphänomen bereits kennengelernt.

! Die TN sollten sich an dieser Stelle lediglich merken, dass „an", „auf", „hinter" etc. auf die Frage „Wo?" die bestimmten Artikel „dem", „dem", „der" und „den" brauchen. Dass diese Präpositionen auf die Frage „Wohin?" den Akkusativ erfordern, lernen die TN in *Schritte plus 3*, Lektion 2.

Arbeitsbuch 9–13: in Stillarbeit oder als Hausaufgabe: Mit Übung 13 können sich die TN das Muster von „Wo?" mit Dativ bewusst machen.

B3 **Anwendungsaufgabe zu den lokalen Präpositionen**
1. Die TN sehen sich noch einmal die Zeichnung aus B2 an. Legen Sie als Standort die untere Bildmitte fest, damit die Perspektive für alle einheitlich ist, und fragen Sie: „Wo ist der Parkplatz?" Machen Sie ggf. noch einige weitere Beispiele mit den TN im Plenum.
2. Die TN finden sich paarweise zusammen und fragen sich gegenseitig. Gehen Sie herum und helfen Sie bei Schwierigkeiten.
3. *fakultativ:* Kopieren Sie die Kopiervorlage L11/B3 einmal auf Folie und so oft als Arbeitsblatt, dass Sie für jedes Paar eine Kopie haben. Zerschneiden Sie die Vorlage dann so, dass Sie jeweils zwei Arbeitsblätter (A und B) erhalten. Zeigen Sie auf der Folie, dass ein TN nur die Information A und ein TN nur die Information B hat. Die TN erfragen die fehlenden Informationen von ihrer Partnerin / ihrem Partner und beschriften die leeren Schilder auf ihrem Blatt. Ggf. können Sie mit einem geübten TN ein Beispiel vormachen. Gehen Sie während der Partnerarbeit herum und helfen Sie bei Schwierigkeiten. Wer alle Gebäude lokalisiert und beschriftet hat, kann mit der Partnerin / dem Partner vergleichen.

B4 **Aktivität im Kurs: Rätsel**
1. Die TN sehen sich noch einmal die Zeichnung aus B2 an. Fragen Sie: „Ich bin in C. Wo bin ich?" Überlegen Sie sich, wo genau im Bildausschnitt C Sie sich befinden.
2. Die TN raten, wo Sie sein könnten. Sagen Sie: „Richtig!", wenn ein TN Ihren fiktiven Standort erraten hat. Machen Sie, wenn nötig, noch weitere Beispiele im Plenum.
3. Die TN finden sich zu Kleingruppen von drei TN zusammen und denken sich abwechselnd einen Standort im Bild aus. Die anderen TN der Gruppe versuchen, diesen zu erraten.

Arbeitsbuch 14–17: als Hausaufgabe

11 C Sie ist **beim Arzt.**
Orts- und Richtungsangaben
Lernziel: Die TN können Orte und Richtungen angeben.

Materialien
C1 Zeichnungen der Aufgabe in Kopie (vergrößert), ggf. Plakat
C4 ggf. Ball
C5 Kopiervorlage L11/C5

C1 **Präsentation von Ortsangaben**
1. Zwei TN lesen das Beispiel vor.
2. Die TN betrachten die Zeichnungen und ordnen ihnen die passenden Ortsangaben zu.
3. Abschlusskontrolle im Plenum. *Lösung:* 2 in der Bücherei; 3 in Köln; 4 im Supermarkt
4. Kopieren Sie vorab die Zeichnungen der Aufgabe und vergrößern Sie sie. Systematisieren Sie den Gebrauch der Präpositionen anhand eines Tafelbildes und hängen Sie die Zeichnungen mit auf, um den TN die Unterschiede in der Verwendung visuell zu veranschaulichen. Alternativ können Sie das Tafelbild auf einem großen Plakat erstellen und dieses im Kursraum aufhängen, sodass die TN auch bei späteren Übungen immer wieder einmal „spicken" können. Weisen Sie die TN darauf hin, dass Ortsangaben bei Ländern mit einem festen Artikel immer mit „in" und Artikel erfolgen. „Zu Hause" sollten sich die TN als feste Formel merken.

C2 **Variation: Anwendungsaufgabe zu Ortsangaben**
Gehen Sie vor wie auf Seite 8 beschrieben. Geübte TN versuchen, weitere Beispiele zu finden.

C3 **Erweiterung: Richtungsangaben**
1. Die TN konzentrieren sich zunächst ausschließlich auf das inhaltliche Verständnis der Beispiele und ordnen zu.
2. Abschlusskontrolle im Plenum.
   Lösung: b) Gern. Dort gibt es eine tolle Fußgängerzone. ... c) Warum? Hast du Schmerzen? d) Gute Idee. Wir haben schon lange keinen Film mehr angesehen. e) Okay, aber mach schnell. ...
3. Schreiben Sie die Sätze der linken Spalte in dieser Reihenfolge an die Tafel:

> Ich muss mal wieder zum Zahnarzt.
> Ich muss noch zur Bank gehen.
> Ich möchte mal wieder ins Kino gehen.
> Ich möchte in die Schweiz fliegen.
> Wollen wir am Samstag nach Nürnberg fahren?

4. Den TN ist schon die Richtungsangabe mit „zu" bekannt (Lernschritt A). Bitten Sie einen TN, die Richtungsangaben in den Beispielen an der Tafel zu markieren.
5. Erklären Sie anhand der Beispiele, dass Richtungsangaben bei einer Person (Zahnarzt) und bei einem Geschäft oder Platz mit „zu" gemacht werden. Ausnahme: Richtungsangaben in ein Gebäude hinein erfordern „in". Richtungsangaben bei Städten und Ländern werden mit Ausnahme der Ländernamen mit einem festen Artikel mit „nach" gemacht. Verweisen Sie auch auf den Grammatikspot.

Arbeitsbuch 18: in Stillarbeit: Führen Sie visuelle Hilfen zur Unterscheidung von Orts- und Richtungsangaben ein.

LEKTION 11   52

Materialien
C1 Zeichnungen der Aufgabe in Kopie (vergrößert), ggf. Plakat
C4 ggf. Ball
C5 Kopiervorlage L11/C5

Sie ist **beim Arzt**.
Orts- und Richtungsangaben
Lernziel: Die TN können Orte und Richtungen angeben.

C4 Anwendungsaufgabe zu Richtungsangaben

1. Die TN fragen und antworten in Partnerarbeit. Geübte TN finden auch eigene Beispiele.
2. *fakultativ:* Machen Sie eine schnelle Fragerunde mit dem Ball: Werfen Sie einem TN den Ball zu und fragen Sie: „Wohin fahren/gehen Sie heute Nachmittag / nach dem Unterricht?" o.Ä. Der TN, der den Ball gefangen hat, antwortet und wirft den Ball einem anderen TN zu etc.

C5 Anwendungsaufgabe zu Orts- und Richtungsangaben
1. Die TN bearbeiten die Aufgabe in Stillarbeit.
2. Abschlusskontrolle im Plenum. *Lösung:* 1 nach; 2 beim; 3 zur; 4 zu; 5 ins; 6 im; 7 nach; 9 ins

3. *fakultativ:* Die TN finden sich in Kleingruppen von je drei Personen zusammen. Jede Gruppe erhält einen Satz Dominokarten von Kopiervorlage L11/C5. Die TN sehen sich die Zeichnungen an, lesen die Sätze und legen passende Zeichnungen und Sätze aneinander. Wenn Sie die Übung für geübte TN schwieriger machen möchten, löschen Sie die Präpositionen samt Artikel mit Tippex.

Arbeitsbuch 19–20: in Stillarbeit oder als Hausaufgabe

LERN TAGEBUCH **Arbeitsbuch 21:** im Kurs: Die TN machen sich den Unterschied von „Wo?" und „Wohin?" noch einmal bewusst. Sie tragen zunächst ein, welche weiteren Präpositionen auf diese Fragen stehen können, und ergänzen die Lücken. Lesen Sie die beiden Beispiele zur Präposition „in" vor und machen Sie noch einmal explizit darauf aufmerksam, dass „in" sowohl auf die Frage „Wo?" als auch auf die Frage „Wohin?" antworten kann, man aber unterschiedliche Artikel verwendet.
fakultativ: Die TN bilden in Partnerarbeit Beispielsätze zu allen bekannten lokalen Präpositionen, möglichst auch mit unterschiedlichen Nomen. Machen Sie den TN Vorschläge, wenn sie selbst keine geeigneten Beispiele finden.

C6 Aktivität im Kurs: Ratespiel: Eine Person beschreiben
1. Die TN schreiben allein oder zu zweit einen kurzen Text über eine der drei Personen auf den Zeichnungen. Sie überlegen sich – analog zu Aufgabe C5 – Orte, an denen ihre Person sich aufhält, und was sie macht. TN, die schnell fertig mit ihrem Text sind, können zusätzlich einen Tag aus ihrem Leben beschreiben. Sie können diese Übung aber auch als Hausaufgabe aufgeben.
2. Die TN lesen ihren Text vor. Die anderen raten, um welche Person es sich handelt.
Variante: Sammeln Sie die Texte ein und verteilen Sie sie an andere TN. Die TN lesen den Text, den sie bekommen haben, und schreiben auf das Papier ihren Lösungsvorschlag zur Person. Das können Sie nach Bedarf einige Male wiederholen. Am Ende sollten alle TN ihren eigenen Text zurückerhalten.
3. *fakultativ:* Sammeln Sie alle Texte zur Korrektur ein.

53 LEKTION 11

11 D Fahrpläne und Durchsagen

Fahrpläne und Durchsagen am Bahnhof und am Flughafen
Lernziel: Die TN können Fahrpläne und Durchsagen verstehen.

D1 **Vor dem Lesen: Textsorten identifizieren**
1. Die TN sehen sich die Abbildungen A bis D an. Fragen Sie: „Wo finden Sie A?" Die TN erkennen sicherlich, dass es sich um eine Ankunftstafel am Flughafen handelt.
2. Die TN ordnen die übrigen Pläne in Stillarbeit zu.
3. Abschlusskontrolle im Plenum.
   Lösung: A Am Flughafen. B Am Flughafen oder im Reisebüro. C Am Bahnhof (Ausdruck der Deutschen Bahn). D An der Bushaltestelle.

D2 **Leseverstehen 1: Schlüsselinformationen entnehmen**
1. Fragen Sie: „Welche Informationen finden Sie auf der Ankunftstafel?" Verweisen Sie dabei auf Foto A aus D1 und vergleichen Sie gemeinsam mit dem Beispiel im Buch. Fragen Sie weiter: „Zeigt die Ankunftstafel auch, wann das Flugzeug abfliegt?" und erläutern Sie ggf., dass diese Antwort falsch ist, denn Abflugs- und Ankunftszeiten sind normalerweise auf getrennten Tafeln angezeigt.
2. Die TN sehen sich die Abfahrts- und Ankunftspläne B bis D aus D1 noch einmal an und entscheiden sich dann in Partnerarbeit für jeweils eine der beiden möglichen Lösungen.
3. Abschlusskontrolle im Plenum.
   Lösung: B Welche Flugnummer ist es? C Wo muss man umsteigen? D Wie oft fährt der Bus?

D3 **Leseverstehen 2: Fahrplänen und Anzeigen gezielt Informationen entnehmen**
1. Ein TN liest Situation A vor. Fragen Sie: „Wo finde ich die Information?" Verweisen Sie dabei ggf. noch einmal auf Abbildung A aus D1. Fragen Sie weiter: „Wie ist die Flugnummer?" Die TN suchen diese aus der Ankunftstafel heraus und notieren sie im Buch oder auf einem Zettel.
2. Die TN verfahren mit den Beispielen B bis D genauso.
3. Abschlusskontrolle im Plenum.
   Lösung: A Flugnummer: LH 3927; B Abflug: 10.45, Ankunft: 16.50, Flugnummer: LH 0564; C Abfahrt: 10.05, Ankunft: 12.05, Umsteigen in: Stuttgart; D Abfahrt: 20.43, Ankunft: 20.48

TIPP

Regen Sie die TN zu einer Internetrecherche an: Sie sollen herausfinden, wann sie vom Kursort aus z.B. nach Ulm und/ oder an andere vorgegebene Orte im In- und Ausland fahren/fliegen können, wie lange die Fahrt bzw. der Flug dauert und wann sie wo umsteigen müssen. Wenn Ihre TN keine Möglichkeit zur Internetrecherche haben oder mit diesem Medium noch nicht vertraut sind, können Sie sie auch in Kleingruppen zum Bahnhof oder ins Reisebüro schicken. Die Recherche-Ergebnisse werden am Folgetag im Kurs präsentiert.

Arbeitsbuch 22: als Hausaufgabe

D4 **Hörverstehen: Durchsagen in der U-Bahn, am Bahnhof und am Flughafen**
1. Lesen Sie Beispiel a) vor und fragen Sie: „Ist das richtig oder falsch?" Die TN hören die erste Durchsage so oft wie nötig. Verweisen Sie die TN zur Kontrolle auch auf das Buch.
2. Die TN lesen die Aussagen b) bis e). Erklären Sie, wenn nötig, das Wort „Ausgang". Skizzieren Sie dazu zwei einfache Häuser mit Tür an der Tafel. Notieren Sie über der einen Tür „Eingang" und malen Sie zur Verdeutlichung ein Strichmännchen, das gerade auf das Haus zugeht, über der anderen Tür notieren Sie „Ausgang" und veranschaulichen die Bedeutung ebenfalls durch ein Strichmännchen, das gerade das Haus verlässt bzw. sich vom Haus entfernt. Auch das Wort „Schalter" kennen vielleicht noch nicht alle TN. Erklären Sie: „Schalter gibt es zum Beispiel am Bahnhof oder am Flughafen. Dort kaufen wir eine Fahrkarte oder ein Ticket." Das Wort „Gepäck" können Sie erklären, indem Sie einige Taschen und Rucksäcke der TN nehmen und sagen: „Ich mache eine Reise. Ich habe zwei Taschen und einen Rucksack dabei. Das ist mein Gepäck."
3. Spielen Sie die Durchsagen mehrmals vor. Die TN vergleichen ihre Ergebnisse mit ihrer Partnerin / ihrem Partner.
4. Abschlusskontrolle im Plenum.
   Lösung: b) falsch; c) richtig; d) falsch; e) richtig

Arbeitsbuch 23: als Hausaufgabe

LEKTION 11 **54**

Materialien
E4 Kärtchen
Projekt: Fahrpläne, Fahrkarten ..., Wandplakate
Test zu Lektion 11
Wiederholung zu Lektion 10 und Lektion 11

Auskunft am Bahnhof
Um Auskunft bitten
Lernziel: Die TN können am Bahnhof Fahrplanauskünfte einholen und Fahrkarten kaufen.

E 11

E1 Präsentation: *da oben, da unten, da vorne, da hinten* und *da drüben*
1. Die TN hören die Mini-Gespräche und lesen im Buch mit. Sie ordnen die Gespräche in Partnerarbeit den Zeichnungen zu. Das Auto-Schaubild hilft ihnen dabei.
2. Abschlusskontrolle im Plenum. Weisen Sie die TN an dieser Stelle darauf hin, dass man mit „da vorne", „da drüben" etc. ungefähre Ortsangaben machen kann, die im Allgemeinen mit einem deutlichen Zeigen verbunden sind. Machen Sie einige Beispiele: „Der Schrank steht da drüben." oder „Die Tafel ist da vorne." und zeigen Sie dabei mit der Hand in die entsprechende Richtung. *Lösung:* 2 C; 3 B; 4 D
3. *fakultativ:* Die TN lesen und spielen die Gespräche. Achten Sie darauf, dass die TN dabei deutlich in die jeweilige Richtung zeigen.

E2 Anwendungsaufgabe: *da hinten, da vorne ...*
1. Die TN sehen sich Zeichnung a) an. Lesen Sie die Fragen vor. Ein TN liest die Antwort aus der Sprechblase vor.
2. Die TN bearbeiten die übrigen Beispiele in Partnerarbeit. Geübte TN denken sich darüber hinaus eigene Situationen aus. Gehen Sie herum und helfen Sie bei Schwierigkeiten.
3. Abschlusskontrolle im Plenum. *Lösung:* b) Da hinten. c) Da unten. d) Da drüben / Da vorne.

E3 Hörverstehen: Auskünfte am Bahnhof
1. Die TN lesen die Sätze in Stillarbeit und entscheiden sich dann zusammen mit ihrer Partnerin / ihrem Partner für eine Antwort.
2. Die TN hören die Mini-Gespräche und korrigieren sich selbst.
   Lösung: a) Um 16 Uhr 17. b) Auf Gleis 17. c) Er ist direkt am Bahnsteig. e) Einfach oder hin und zurück? f) Ja. Sie haben Anschluss um 10.30 Uhr mit dem RE 1563.

LERN TAGEBUCH

Arbeitsbuch 24: im Kurs: Insbesondere für TN mit wenig Lernerfahrung ist es wichtig, Wörter nicht isoliert zu memorieren, sondern sich neue Wörter im Kontext zu merken. Notieren Sie die drei Rubriken „Fahrkartenkauf", „um eine Auskunft bitten" und „um Verständnishilfe bitten" an der Tafel. Machen Sie ein oder zwei Beispiele im Plenum. Die TN legen in ihrem Lerntagebuch ebenfalls drei Rubriken an und ordnen die angegebenen Redemittel in Partnerarbeit zu. Geübte TN können diese zusätzlich um weitere passende Sätze ergänzen. Wer schon fertig ist, kann die Ergebnisse in die Rubriken an der Tafel übertragen. Fordern Sie die TN auf, neue Sätze, die zu diesen Themen passen, selbstständig kontinuierlich zu ergänzen.

E4 Aktivität im Kurs: Auskünfte am Bahnhof
1. Diese Aufgabe ist an die mündliche Prüfung, Teil 2, der Prüfung *Start Deutsch 1* angelehnt, sodass die TN schrittweise an die Aufgabenstellung herangeführt werden können. Die TN bekommen in der mündlichen Prüfung ein Kärtchen als Impuls und sollen dazu selbstständig eine Frage stellen oder eine Aussage formulieren. Ein anderer TN soll darauf reagieren. Wenn Sie die TN möglichst authentisch auf diese Prüfung vorbereiten wollen, können Sie die Beispiele im Buch auf Kärtchen kopieren.
2. Zeigen Sie das Kärtchen „Fahrkarte" und fragen Sie: „Was können Sie sagen?" Sammeln Sie die Beispiele der TN an der Tafel. Im nächsten Schritt finden die TN dann gemeinsam Antworten/Reaktionen auf die Fragen/Aussagen an der Tafel.
3. Die TN finden sich in Kleingruppen von 3-4 TN zusammen. Sie überlegen sich in der Gruppe gemeinsam passende Fragen bzw. Aussagen zu den vier Impulskarten im Buch und schreiben sie auf Satzkarten.
4. Anschließend werden alle Karten gemischt und der Kartenstapel wird in die Mitte gelegt. Jeder TN zieht jetzt reihum eine Karte und versucht, sie zu beantworten. Die anderen TN der Gruppe können helfen. Gehen Sie herum und helfen Sie bei Schwierigkeiten.

Arbeitsbuch 25–26: im Kurs; **27:** in Stillarbeit

PROJEKT

Arbeitsbuch 28: Sammeln Sie zunächst im Kurs, welche öffentlichen Verkehrsmittel es am Kursort gibt. Erfahrungsgemäß fühlen sich die TN sicherer, wenn sie vor der Recherche einige Fragen vorbereiten können. Sammeln Sie daher zunächst einige Fragen: „Wann fährt der Bus Nummer 58 am Bahnhof ab?", „Wann kommt er am Goetheplatz an?", „Wie lange dauert die Fahrt?" etc. Ggf. können sich die TN für ein Verkehrsmittel entscheiden und sich zu entsprechenden Gruppen zusammenfinden. Bitten Sie die TN auch, Fahrpläne, (alte) Fahrkarten, Netzpläne und anderes authentisches Material mitzubringen. Am nächsten Tag erstellen die TN mithilfe der mitgebrachten Materialien eine Wandzeitung. Jede Gruppe stellt dann ihre Ergebnisse vor. Gibt es am Kursort z.B. nur Busse, teilen sich die Gruppen die Recherche inhaltlich auf (unterschiedliche Linien, Fahrpläne werktags/ am Wochenende etc.).

Einen Test zu Lektion 11 finden Sie auf den Seiten 134–135. Weisen Sie die TN auf die interaktiven Übungen auf ihrer Arbeitsbuch-CD hin. Die TN können mit diesen Übungen den Stoff der Lektion selbstständig wiederholen und sich ggf. auch auf den Test vorbereiten. Wenn Sie mit den TN den Stoff von Lektion 10 und Lektion 11 wiederholen möchten, verteilen Sie die Kopiervorlage „Wiederholung zu Lektion 10 und Lektion11" (Seiten 124–125).

55 LEKTION 11

11

Zwischenspiel 11
Entschuldigen Sie ...?
Wegbeschreibungen verstehen

Materialien
1 Wortkärtchen, Kopiervorlage „Zwischenspiel zu Lektion 11"
2 ggf. Stadtpläne

1   Einen Rap verstehen: Eine Wegbeschreibung

1. Die Bücher sind geschlossen. Fragen Sie die TN: „Was ist das Thema des Lieds?" Spielen Sie den Anfang des Raps vor.
   Lösung: Eine Wegbeschreibung.
2. Nicht so lernerfahrene TN bekommen Wortkärtchen zu „Universität", „Kiosk", „Bäckerei", „Buchhandlung", „Parkplatz" „Apotheke" sowie „Bahnhof", „Kindergarten", „Gemüseladen" und „Müllerstraße". Spielen Sie den Rap ganz vor. Beim Hören ordnen die TN die Begriffe, wie sie in der Wegbeschreibung vorkommen. Dabei werden sie feststellen, dass manche Orte nicht vorkommen. Geübte TN erhalten keine Kärtchen. Sie notieren beim Hören die Orte, die sie hören.
3. Die TN öffnen ihr Buch. Sie hören den Rap noch einmal und lesen mit. Spielen Sie den Rap ein weiteres Mal vor. Die TN ergänzen die Nummern zu den Orten in der Zeichnung.
   Lösung: 2 Bäckerei; 3 Universität; 4 Parkplatz; 5 Buchhandlung; 6 Apotheke
   Variante: Die Bücher bleiben weiter geschlossen. Verteilen Sie die Kopiervorlage „Zwischenspiel zu Lektion 11". Die TN hören den Rap und zeichnen den Weg ein. Anschließend vergleichen sie mit der Zeichnung in ihrem Buch.

2   Einen Rap singen

1. Die TN hören das Lied, lesen mit und singen jeweils den Refrain.
   Variante: Nicht alle TN haben Mut oder Lust zu singen. Teilen Sie den Kurs in diesem Fall in mehrere Gruppen: Es gibt Sänger, eine Combo, die mit den Fingern schnippt, mit Stiften auf die Tische klopft o.Ä., und drei TN, die den Verlauf des Liedes pantomimisch spielt. Weitere Möglichkeiten zum Einsatz von Liedern im Unterricht finden Sie in *Schritte plus 1*, Lehrerhandbuch, Seite 31.
2. *fakultativ:* Machen Sie die TN auf die umgangssprachliche Sprechweise der Rap-Sänger aufmerksam: Im Deutschen wird im Präsens, 1. Person Singular, häufig die Endung „-e" weggelassen. Das sogenannte stumme „e" in Infinitiven ist meist überhaupt nicht hörbar (geh'n, seh'n etc.). Wenn die TN sich bereits für solche Feinheiten der Sprache interessieren, können Sie sie auch auf die verkürzte Form von „eine" zu „'ne" aufmerksam machen. Auch das ist üblich im mündlichen Sprachgebrauch.

   ❗ Vertiefen Sie das Thema nicht zu sehr. Es genügt, wenn die TN einen ersten Eindruck von den Besonderheiten der Umgangssprache erhalten. In schriftlichen Texten sollten die TN diese Formen nicht nachahmen. Hier sind sie falsch.
3. *fakultativ:* Wenn die TN Freude an diesem Rap haben, können sie sich eigene Wegbeschreibungen in Liedform ausdenken. Dazu ersetzen sie die Orte aus dem Lied durch eigene Ideen.
   Variante: Falls Sie Stadtpläne Ihrer eigenen Stadt oder einer deutschen Großstadt haben, können die TN sich in Kleingruppen von 3–4 TN eine Wegbeschreibung nach dem Stadtplan ausdenken. Sie geben den Stadtplan dann einer anderen Gruppe, singen ihren Rap. Die andere Gruppe muss den Weg auf dem Stadtplan einzeichnen.

LANDESKUNDE   Den TN ist vielleicht aufgefallen, dass die Personen in der Lektion immer sehr deutlich den Weg zeigen, oft auch mit ausgestrecktem Zeigefinger. In den deutschsprachigen Ländern ist das kein Problem. Machen Sie die TN ggf. darauf aufmerksam, falls sie aus einer Kultur stammen, wo das anders ist. Besprechen Sie, wenn nötig, auch, wen man ansprechen darf, um nach dem Weg zu fragen (Männer? Frauen? Kinder? Alle?). In den deutschsprachigen Ländern gibt es hier keine Tabus. Man kann fragen, wen man sympathisch findet oder wer nicht allzu sehr in Eile wirkt.

Materialien
Projekt: Wandplakate

Fokus Familie 11
Nach Betreuungseinrichtungen fragen

Die TN können sich bei Eltern/Bekannten mit einfachen Worten nach Betreuungseinrichtungen erkundigen, z.B. nach in Frage kommenden Kindergärten/Krippen.

Da dieser Fokus möglicherweise nur für einen Teil der TN von Interesse ist, können die Übungen auch als Hausaufgabe gegeben werden, sofern die TN über die Arbeitsbuch-CD verfügen.

1   Wiederholung: Wortfeld „Betreuungseinrichtungen"
1. Betreuungseinrichtungen waren bereits Thema in *Schritte plus 1*, Lektion 5 (Fokus Familie). Die TN sollten daher die Altersangaben ohne Schwierigkeiten zuordnen können.
   Variante: Wenn Sie viele Quereinsteiger im Kurs haben und die TN keine Erfahrungen mit Betreuungseinrichtungen haben, verteilen Sie vorab Kopien aus *Schritte plus 1*, Seite 169.
2. Abschlusskontrolle im Plenum. *Lösung:* die Krippe: 9 Wochen bis ca. 3 Jahre; der Kindergarten: 3 bis ca. 6 Jahre; der Hort: 6 bis ca. 14 Jahre
3. *fakultativ:* Die TN gehen herum und befragen sich gegenseitig nach dem Alter ihrer Kinder. Sie fragen auch, ob diese eine Betreuungseinrichtung besuchen. Wenn ja, welche?

2   Hörverstehen 1: Den wesentlichen Inhalt verstehen
1. Die TN hören Gespräch A so oft wie nötig und notieren die Antworten zu den beiden Fragen.
2. Sie hören Gespräch B so oft wie nötig und notieren ebenfalls die Antworten.
3. Abschlusskontrolle im Plenum. *Lösung:* A Am Vormittag und am Nachmittag (von 8 bis 17 Uhr geöffnet); B Hort

3   Hörverstehen 2: Wichtige Redehilfen ergänzen
1. Die TN ergänzen die beiden Gespräche in Stillarbeit. Gehen Sie herum und helfen Sie nach Bedarf bei Wortschatzfragen.
2. Abschlusskontrolle im Plenum. Spielen Sie dazu die Gespräche noch einmal vor. Die TN vergleichen und korrigieren sich ggf. selbstständig.
3. Die TN lesen die Gespräche mit verteilten Rollen in Partnerarbeit.

4   Rollenspiel: Sich nach einer geeigneten Betreuungseinrichtung erkundigen
1. Schreiben Sie zwei Spalten an die Tafel: „Um Rat fragen" und „Einen Rat geben". Die TN lesen die Redehilfen im Buch und ergänzen die Auslassungen mit einem Beispiel. Schreiben Sie die Redehilfen mit Beispiel in die passende Spalte an der Tafel. Sammeln Sie weitere Redehilfen mit den TN.
2. Die TN wählen in Partnerarbeit eine der drei Situationen aus und und schreiben ein Gespräch dazu, das sie dann mit verteilten Rollen lesen. Geübte TN sprechen frei und können auch zwei oder mehr Situationen bearbeiten oder sich eigene Situationen überlegen.
3. Spielfreudige TN spielen ihr Gespräch dem Plenum vor.
   Variante: Wenn Sie den Fokus einzelnen TN als Hausaufgabe gegeben haben, schreiben die TN zu Hause ein Gespräch. Sammeln Sie die Texte zur Korrektur ein.

PROJEKT
1. Verteilen Sie Aufgaben: TN, deren Kinder eine Betreuungseinrichtung besuchen, erstellen ein Plakat mit Informationen zur Betreuungseinrichtung (z.B. Name und Adresse der Einrichtung, Öffnungszeiten, Gruppenstärke, besondere Angebote für die Kinder, Name der Kindergärtnerin/Betreuerin etc.). TN, die ihre Kinder zu Hause betreuen, erkundigen sich, wo es in ihrer Nähe eine passende Betreuungsmöglichkeit gibt. Sie notieren Informationen wie Name und Adresse, Öffnungszeiten etc.
2. Die TN stellen ihre Ergebnisse in Kleingruppen von 4–6 TN vor. Gehen Sie herum und motivieren Sie die TN zu gezielten Nachfragen: „Geht dein Kind gern in diese Einrichtung?", „Möchtest du später wieder arbeiten und dein Kind in den Hort bringen?" etc.

57   LEKTION 11

Fokus Alltag 11
Nach wichtigen Einrichtungen fragen

Die TN können fragen, ob es in der Nähe einen Deutschkurs gibt. Sie können mit einfachen Worten nach Informationsstellen fragen, z.B. Bibliothek, Internetcafé.

1 **Präsentation des Wortfelds „Wichtige Einrichtungen"**

1. Die TN lesen die Begriffe und ordnen sie in Partnerarbeit den Zeichnungen zu. Geübte TN notieren die korrekte Antwort auf die Frage „Wo?", also mit der passenden Präposition.
2. Abschlusskontrolle im Plenum. *Lösung:* A In der Bücherei. C Im Internetcafé. D Am Zeitungskiosk. E In der Sprachschule. F Im Bürgerbüro.
3. Stellen Sie vertiefende Fragen zu den einzelnen Einrichtungen, um das Vorwissen der TN zu aktivieren: „Was können Sie in einem Internetcafé machen?", „Welchen Service bietet ein Bürgerbüro an?" etc.

LANDES KUNDE Die TN sollten wissen, welchen Service öffentliche Bibliotheken anbieten. Erklären Sie ggf., dass man dort nicht nur Bücher, sondern auch Zeitschriften, CDs, Videos und häufig auch Spiele ausleihen kann. Oft werden auch Lesungen angeboten. Der Verleih ist kostenlos, man benötigt aber einen Büchereiausweis.

2 **Redehilfen: Sich nach wichtigen Einrichtungen erkundigen**
1. Die TN lesen die Fragen und suchen die passende Antwort dazu.
2. Abschlusskontrolle im Plenum.
   Lösung: b) In der Stadtbücherei. Die ist leicht zu finden. c) Nein. Die nächste Agentur für Arbeit ist in Weilheim. d) Es gibt eine Sprachschule in der Karlstraße. Geh doch einfach mal hin! e) Im Bürgerbüro. Das ist im Rathaus. f) Am Bahnhof ist ein Kiosk. Dort bekommst du Zeitungen aus verschiedenen Ländern.

3 **Sprechen: Sich nach wichtigen Einrichtungen erkundigen**
1. *fakultativ:* Die TN ordnen die Tätigkeiten den passenden Einrichtungen zu. Wenn die TN Mühe haben, sich Fantasie-Orte für die Einrichtungen zu überlegen, fragen Sie, wo es diese am Kursort bzw. in der Umgebung der Sprachschule gibt, und notieren Sie die Straße oder eine Ortsangabe dazu an der Tafel.
2. Die TN lesen das Beispiel und die Redehilfen und spielen in Partnerarbeit kurze Gespräche.
3. *fakultativ:* Gibt es weitere Einrichtungen und Informationsstellen, die im Alltag der TN eine Rolle spielen? Sammeln Sie mit den TN und lassen Sie ggf. auch dazu kurze Gespräche spielen.

Materialien
2 eine Gebrauchsanweisung

KUNDENSERVICE
Folge 12: *Super Service!*
Einstieg in das Thema: Reklamation und Kundenservice

1 Vor dem Hören: Vermutungen äußern
1. Deuten Sie auf die Foto-Hörgeschichte und fragen Sie: „Was ist passiert?" oder „Was ist das Problem?"
2. Die TN sehen sich die Fotos in Stillarbeit an und stellen zusammen mit ihrer Partnerin / ihrem Partner Vermutungen an.
3. Sammeln Sie die Ergebnisse im Plenum.
4. Fragen Sie weiter: „Möchte Niko eine Waschmaschine kaufen oder funktioniert seine Waschmaschine nicht? Was ist richtig?" Die TN lesen die beiden Aussagen im Buch und kreuzen eine der beiden Lösungen an.
5. Abschlusskontrolle im Plenum. *Lösung:* Nikos Waschmaschine funktioniert nicht.

2 Vor dem Hören: Schlüsselwörter verstehen
1. Deuten Sie willkürlich auf einige Fotos der Foto-Hörgeschichte und fragen Sie: „Wo sehen Sie eine Gebrauchsanweisung?", „Wo sehen Sie einen Stecker?" und „Wo sehen Sie eine Steckdose?" Wenn keiner der TN die Wörter kennt, können Sie zur Erklärung der Begriffe selbst auf die entsprechenden Fotos zeigen und eine Gebrauchsanweisung mit in den Kurs bringen. Einen Stecker sowie eine Steckdose können Sie im Kursraum zeigen.
2. Die TN sehen sich die Fotos noch einmal an und deuten auf die passenden Fotos.
   Lösung: Gebrauchsanweisung auf Foto 1 und 4; Stecker auf den Fotos 5–8; Steckdose auf den Fotos 5–8
3. *fakultativ:* Wenn sich Ihre TN gern handwerklich betätigen bzw. zu Hause auch manchmal etwas reparieren, können Sie mit ihnen anhand der Fotos weitere Wörter erarbeiten, z.B. das Kabel, die Mehrfachsteckdose, der Schalter usw.

3 Beim ersten Hören
1. Schreiben Sie die Frage „Warum funktioniert die Waschmaschine nicht?" an die Tafel. Die TN stellen Vermutungen an und vergleichen ihre Hypothesen beim ersten Hören mit dem Hörtext. Weitere Vorschläge zum Umgang mit der Foto-Hörgeschichte finden Sie auf Seite 6 f.
2. Die TN hören die Foto-Hörgeschichte und beantworten die Frage. *Lösung:* Niko hat den Stecker vergessen.

4 Nach dem ersten Hören: Den Inhalt global verstehen
1. Die TN lesen die Aussagen in Stillarbeit. Ungeübte TN hören die Foto-Hörgeschichte noch einmal und kreuzen dann an, welche Aussagen richtig oder falsch sind. Stoppen Sie an den Schlüsselstellen. Geübte TN können bereits vor dem zweiten Hören entscheiden, was richtig oder falsch ist, und dann während des Hörens vergleichen.
2. Abschlusskontrolle im Plenum. *Lösung:* b) falsch; c) richtig; d) richtig

5 Nach dem Hören: Zusammenfassung der Geschichte
1. Fragen Sie: „Wer kommt zu Niko und möchte helfen?" Die TN sehen sich noch einmal die Fotos an und nennen sicherlich Bruno und Sara.
2. Die TN lesen den Lückentext in Stillarbeit und ergänzen die Namen.
3. Abschlusskontrolle im Plenum. *Lösung:* Bruno – Sara – Sara

TIPP

Die Inhaltsangabe hilft insbesondere den TN, die den Hörtext nicht ganz verstanden haben. Da manchen TN der Textzusammenhang oft erst bewusst wird, wenn sie sich selbst schreibend damit auseinandersetzen, können Sie die kurze Zusammenfassung zum Abschluss diktieren. Lesen Sie dazu jeden Satz zweimal langsam und deutlich vor: beim ersten Mal komplett und dann in kleinen Sinneinheiten, die sich die TN gut merken und aufschreiben können. Lesen Sie den Text abschließend noch einmal im Ganzen vor, bevor die TN ihren Text mit ihrer Partnerin / ihrem Partner austauschen und dann den Text der/des anderen mithilfe des zuvor ausgefüllten Lückentextes korrigieren. Wer mehr als drei Fehler hat, schreibt den Text als Hausaufgabe noch einmal vollständig ab.

59 LEKTION 12

12 A Gleich **nach der Arbeit** komme ich vorbei.

Zeitangaben mit *vor, nach, bei*
Lernziel: Die TN können Informationen zur zeitlichen Abfolge von Tätigkeiten verstehen/geben.

Materialien
A2 auf Folie
A3 Kopiervorlage L12/A3

A1 **Präsentation: Zeitangaben mit den Präpositionen *vor*, *nach* und *bei***
1. Die TN sehen die drei Zeichnungen nacheinander an. Fragen Sie jeweils: „Wer ist das?", „Wo ist er?" und „Was macht er?"
2. Deuten Sie dann auf Zeichnung a) und fragen Sie: „Wann steht Bruno auf?" Die TN geben vermutlich eine Uhrzeit oder Tageszeit an. Fragen Sie weiter: „Was macht Bruno zuerst? Steht er zuerst auf oder geht er zuerst zur Arbeit?" Die TN werden sicher erkennen, dass Bruno zuerst aufsteht. Sagen Sie betont deutlich: „Das ist Bruno vor der Arbeit." Die TN ergänzen im Buch.
3. Die TN sehen sich Zeichnung b) an. Lesen Sie den unvollständigen Satz bis zur Lücke vor und machen Sie eine kleine Pause. Kommt keiner der TN auf die richtige Lösung, helfen Sie.
4. Verfahren Sie mit Zeichnung c) wie unter 3. beschrieben. Verweisen Sie auch auf den Grammatikspot.
   Hinweis: Die TN kennen die Präpositionen „vor" und „nach" im Zusammenhang mit der Uhrzeit (vgl. *Schritte plus 1*, Lektion 5) schon in ihrer temporalen Bedeutung und „bei" als lokale Angabe (vgl. Lektion 11). Weisen Sie die TN darauf hin, dass „bei" in diesem Fall anzeigt, wann jemand etwas tut.
   Lösung: a) vor; b) bei; c) nach

Arbeitsbuch 1–2: in Stillarbeit oder als Hausaufgabe

A2 **Anwendungsaufgabe zu den Zeitangaben mit *vor*, *nach* und *bei***
1. Die TN sehen die Zeichnung an und hören den Text. Fragen Sie nach der Situation.
   Lösungsvorschlag: Eine Schulklasse ist auf Klassenfahrt. Die Lehrerin möchte den Schülern das Reiseprogramm vorstellen.
2. Die TN lesen die Programmpunkte. Klären Sie bei Bedarf Wortschatzfragen.
3. Die TN hören noch einmal und ordnen Zeitangabe und Programmpunkt zu. Geübte TN tragen gleichzeitig die passenden Artikel zu den Präpositionen ein.
4. Abschlusskontrolle mithilfe einer Folie im Plenum. Dabei tragen ein oder mehrere geübte TN die fehlenden Artikel der Zeitangaben auf der Folie ein.
   Lösung: Beim Frühstück; Nach dem Frühstück eine Stadtrundfahrt mit dem Bus machen; Nach der Stadtrundfahrt zwei Stunden Freizeit haben; Beim Mittagessen Konzertkarten für den Abend bekommen; Nach dem Mittagessen einen Ausflug machen; Nach dem Ausflug einen Spaziergang durch die Innenstadt machen; Nach dem Abendessen ins Konzert gehen; Nach dem Konzert wieder ins Hotel fahren
5. Die TN sprechen in Partnerarbeit, wie in Aufgabe b) angegeben. Gehen Sie herum und helfen Sie bei Schwierigkeiten.

Arbeitsbuch 3–4: als Hausaufgabe: Die TN erstellen selbstständig eine tabellarische Übersicht. **5–6:** in Stillarbeit oder als Hausaufgabe: Lassen Sie die TN selbst wählen, welche der beiden Übungen sie sich zutrauen und selbstständig lösen wollen. Wer viel üben möchte, kann selbstverständlich auch beide Übungen bearbeiten.

A3 **Aktivität im Kurs: Über den Zeitpunkt verschiedener Tätigkeiten sprechen**
1. Sammeln Sie an der Tafel zunächst die bereits bekannten temporalen Präpositionen „um", „am" und „von ... bis" (*Schritte plus 1*, Lektion 5) sowie die neuen Präpositionen „bei", „von" und „nach". Die TN bilden Beispielsätze dazu. So werden bereits bekannte temporale Präpositionen wiederholt und TN, die später in den Kurs gekommen sind, lernen die Bedeutungen im Kontext kennen, falls sie ihnen noch nicht bekannt sind.
2. Fragen Sie einen geübten TN: „Wann machen Sie die Hausaufgaben?" Fragen Sie noch zwei oder drei weitere TN.
3. Die TN lesen die Beispiele im Buch und formulieren Interviewfragen. Dazu können Sie als Hilfestellung die Kopiervorlage L12/A3 austeilen. Die TN füllen den Fragebogen zuerst für sich aus und wählen selbstständig Fragen aus, die ihnen sinnvoll scheinen, und stellen sie ihrer Partnerin / ihrem Partner. Geübte TN interviewen ihre Partnerin / ihren Partner nur anhand der Vorgaben im Buch und machen sich Notizen. Gehen Sie herum und helfen Sie bei Schwierigkeiten. Wer schon fertig ist, schreibt fünf Sätze über seinen Tag, von denen einer nicht richtig ist. Die Partnerin / Der Partner rät, welcher der Sätze gelogen ist.

! Hier geht es nicht darum, die neuen Präpositionen zu „trainieren". Die TN sollen vielmehr authentisch antworten und dazu die passende Präposition benutzen, auch wenn ggf. einige häufiger gebraucht werden als andere.

4. *fakultativ:* Die TN berichten über die Aktivitäten ihrer Partnerin / ihres Partners im Plenum.

Arbeitsbuch 7–10: als Hausaufgabe: In Übung 9 machen sich die TN die Dativformen nach den Präpositionen „nach", „vor", „seit" bewusst.

LEKTION 12

Materialien
B2 Pappuhr aus *Schritte plus 1*, Lehrerhandbuch, oder Wanduhr
B3 Zeichnungen auf Folie vergrößert

Ab 8 Uhr ist der Techniker da.
Zeitangaben mit den Präpositionen *in*, *ab* und *bis*
Lernziel: Die TN können telefonisch einen Termin mit dem Kundendienst vereinbaren. Sie können nachfragen, wie lange die Reparatur dauern wird.

B **12**

B1 **Präsentation: Die Präposition *ab***
1. Die TN lesen die beiden Aussagen in Stillarbeit. Fragen Sie: „Wann soll Niko wieder anrufen?" Vielleicht erinnern sich einige TN noch an die Foto-Hörgeschichte und können sofort die richtige Antwort geben. Andere äußern zunächst Vermutungen.
2. Die TN hören den Gesprächsausschnitt und kreuzen eine Lösung an.
3. Abschlusskontrolle im Plenum. *Lösung:* Morgen, ab 8 Uhr.

B2 **Erweiterung: Die Präpositionen *in*, *ab* und *bis***
1. Fragen Sie: „Wann soll Frau Klaner wieder anrufen?" Die TN hören das erste Gespräch und kreuzen eine Lösung an.
2. Die TN lesen die beiden anderen Beispiele und entscheiden sich beim Hören für jeweils eine der Lösungen.
3. Abschlusskontrolle im Plenum. *Lösung:* a) In einer Stunde. b) Bis achtzehn Uhr. c) Ab acht Uhr.
4. Fragen Sie dann: „Wie spät ist es jetzt?" Die TN nennen die Uhrzeit. Nehmen Sie die Pappuhr aus *Schritte plus 1*, Lehrerhandbuch, Kopiervorlage L5/A1, oder eine alte Wanduhr zur Hand und drehen Sie die Zeiger um eine Stunde weiter, bevor Sie fragen: „Wie spät ist es in einer Stunde?" Variieren Sie anschließend Ihre Frage, indem Sie die Uhr um zwei, drei, vier Stunden vorstellen und weiter fragen.
5. Die Bedeutung von „bis" und „ab" sollte anhand der Beispielsätze bereits klar geworden sein. Halten Sie die Bedeutungen der temporalen Präpositionen „in", „ab" und „bei" an der Tafel fest und verweisen Sie auch auf den Grammatikspot:

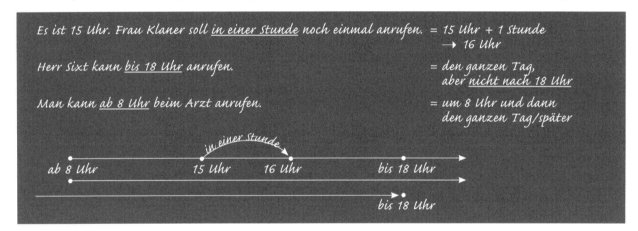

B3 **Variation: Anwendungsaufgabe zu den Präpositionen *in*, *ab* und *bis***
1. Sehen Sie sich gemeinsam mit den TN Zeichnung a) auf der Folie an und fragen Sie: „Wo ist die Frau?", „Was ist passiert?", „Was ist das Problem?", „Was macht sie jetzt?" und „Was sagt die Frau am Telefon?" Die TN stellen Vermutungen an.
2. Fragen Sie vor dem Hören auch: „Was funktioniert nicht?" und „Wann kann der Techniker kommen?" Die TN hören das Telefongespräch und beantworten die Fragen.
Lösung: Der Herd funktioniert nicht. Der Techniker kann in einer Stunde kommen.
3. Gehen Sie weiter vor wie auf Seite 8 beschrieben.
4. Verfahren Sie mit Gespräch b) genauso, indem Sie vor dem Hören die Frage stellen: „Wie lange braucht der Service?" und „Wann kann die Frau den Drucker wieder abholen?"
Lösung: Bis morgen. Ab 17 Uhr.
5. Verweisen Sie auf den Grammatikspot und zeigen Sie, dass sich der unbestimmte Artikel „ein" nach der Präposition „in" verändert:

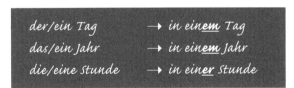

Arbeitsbuch 11–14: in Stillarbeit oder als Hausaufgabe

61 LEKTION 12

12 B Ab 8 Uhr ist der Techniker da.
Zeitangaben mit den Präpositionen *in*, *ab* und *bis*
Lernziel: Die TN können telefonisch einen Termin mit dem Kundendienst vereinbaren. Sie können nachfragen, wie lange die Reparatur dauern wird.

B4 Aktivität im Kurs: Rollenspiel: Mit dem Kundendienst telefonieren

1. Notieren Sie an der Tafel folgende Fragen: „Was funktioniert nicht?", „Welches Modell haben wir?" und „Wie alt ist das Gerät?" Die TN lesen den Einleitungstext und beantworten die Fragen.
   Lösung: der Fernseher; ein Rotpunkt 3000; 6 Monate
2. Fordern Sie zwei geübtere TN auf, das Mustergespräch vorzulesen und mit den Informationen aus dem Einleitungstext zu ergänzen.
3. Die TN finden sich paarweise zusammen. Ungeübte TN entscheiden sich für den Drucker oder den Computer und ergänzen das Telefonat mit ihrer Partnerin / ihrem Partner zunächst schriftlich. Wenn genug Zeit ist, können sie ihr Telefonat auch auswendig lernen und später im Plenum frei vortragen. Geübte TN üben mit ihrer Partnerin / ihrem Partner zunächst beide Telefongespräche mündlich. Wenn genug Zeit ist, können sie auch ein weiteres Gespräch frei erfinden und später vortragen.
4. *fakultativ:* In diesem Kontext können Sie die TN nach ihren bisherigen Erfahrungen mit defekten Geräten fragen: „Wie lange hat man in Deutschland ab Kaufdatum Garantie?", „Ist Ihnen schon einmal etwas kaputtgegangen?", „Was haben Sie dann gemacht?" etc. Die TN berichten von persönlichen Erfahrungen, soweit sprachlich möglich.

Arbeitsbuch 15–17: in Stillarbeit oder als Hausaufgabe

LERN
TAGEBUCH

Arbeitsbuch 18: im Kurs: Die TN betrachten die Skizze und finden allein oder zu zweit Beispielsätze zu den Präpositionen „ab", „seit", „bis". Lassen Sie einige Beispiele exemplarisch vorlesen und sammeln Sie die Sätze der TN zur Korrektur ein. Die TN schreiben in der nächsten Unterrichtsstunde die korrigierten Sätze noch einmal sauber in ihr Heft oder Lerntagebuch.

Materialien
C2 Briefumschläge, Stifte, Papier, Telefon/Handy
C4 Kopiervorlage L12/C4

Könnten Sie mir bitte helfen?

Konjunktiv II: *könnte, würde*
Lernziel: Die TN können höfliche Fragen, Aufforderungen und Bitten formulieren.

C **12**

C1 Präsentation: Konjunktiv II

1. Klären Sie vorab die Bedeutung von „freundlich" bzw. „unfreundlich", indem Sie z.B. „unfreundlich" an die Tafel schreiben und dann in einem unfreundlichen Ton in die Runde rufen: „Machen Sie das Fenster auf! Es ist kalt hier!" Mit „freundlich" verfahren Sie analog. Fragen Sie die TN dann vor dem Hören: „Ist die Anruferin / der Anrufer freundlich?" Die TN hören den ersten Text, lesen im Buch mit und kreuzen aufgrund des Tonfalls an, ob sie die Personen als freundlich oder unfreundlich empfinden.
2. Verfahren Sie mit b) und c) genauso. *Lösung:* a) freundlich; b) freundlich; c) unfreundlich
3. Verweisen Sie auf den Infospot. Hier wird der Imperativ dem Konjunktiv II gegenübergestellt. Die TN wissen bereits aus Lektion 9, dass man mit dem Imperativ Aufforderungen formulieren kann. Erklären Sie den TN an dieser Stelle, dass Aufforderungen im Imperativ häufig als eher unfreundlich empfunden werden, Aufforderungen im Konjunktiv dagegen als freundlich.
4. Verweisen Sie auch auf den Grammatikspot und erklären Sie, dass in höflichen Fragen der Konjunktiv II mit „könnte" bzw. „würde" synonym ist.

! Gehen Sie auf dieser Kursstufe aber nicht detaillierter auf den Konjunktiv II in seinen weiteren Funktionen ein. Es genügt, wenn die TN zunächst lernen, mit dem Konjunktiv II höfliche Aufforderungen und Bitten zu formulieren.

C2 Anwendungsaufgabe: Höfliche Bitten formulieren und beantworten

1. Die TN betrachten die Zeichnung und lesen das Beispiel.
2. Die TN sprechen in Partnerarbeit Gespräche zwischen Chef und Sekretärin. Geübte TN können sich über die Beispiele des Kastens hinausgehende Gespräche ausdenken.
3. *fakultativ:* Wenn die TN Freude an Rollenspielen haben, können sie ein Gespräch zwischen Chef und Sekretärin als kurzes Theaterstück einüben. Stellen Sie in diesem Fall einige Requisiten wie Briefumschläge, Papier, Stifte und ein Spielzeugtelefon oder Handy zur Verfügung.

Arbeitsbuch 19: in Stillarbeit oder als Hausaufgabe

C3 Anwendungsaufgabe: Höfliche Aufforderungen formulieren

1. Verweisen Sie die TN zunächst auf die trennbaren Verben im Infospot und klären Sie, wenn nötig, ihre Bedeutung, indem Sie die Tür des Kursraums auf- und zumachen bzw. das Licht an- und ausschalten.
2. Sehen Sie sich dann zusammen mit den TN Zeichnung A an. Fordern Sie einen TN auf, den Text in der Sprechblase vorzulesen und zu vervollständigen.
3. Verfahren Sie mit den übrigen Zeichnungen ebenso.

Arbeitsbuch 20–22: als Hausaufgabe

C4 Aktivität im Kurs: Ein Spiel

1. Kopieren Sie die Kopiervorlage L12/C4 so oft auf bunten Karton, dass jeweils 3–4 TN einen Kartensatz A oder B erhalten, und schneiden Sie die Karten aus.
2. Teilen Sie den Kurs in ungeübtere und geübtere TN. Innerhalb beider Gruppen bilden sich Kleingruppen von jeweils 3–4 TN. Verteilen Sie pro Gruppe einen Kartensatz. Ungeübte TN erhalten Variante A, geübte TN bekommen Variante B.
3. Jede Gruppe legt ihren Kartenstapel verdeckt in die Tischmitte. Nehmen Sie exemplarisch eine Karte, lesen Sie sie vor (kalt – das Fenster) und richten Sie dann an einen TN die höfliche Aufforderung: „Entschuldigung, mir ist kalt. Könnten Sie bitte das Fenster zumachen?" Antwortet sie/er adäquat, darf sie/er die nächste Karte vom Stapel nehmen und selbst eine Bitte formulieren. Ist die Antwort falsch, nehmen Sie eine weitere Karte und bitten einen anderen TN.
4. Wenn die Spielregeln allen klar sind, spielen die TN in den Kleingruppen. Gehen Sie herum und helfen Sie bei Schwierigkeiten.

PHONETIK **Arbeitsbuch 23–24:** im Kurs: Üben Sie in Übung 23 mit den TN den Satzakzent in höflichen Aufforderungen, indem Sie die CD vorspielen. Die TN markieren den Satzakzent. Zeigen Sie auf, wie stark die Betonung von einer Emotion (Genervtsein, Empörung) abhängt. Die TN sprechen in Partnerarbeit die Mini-Gespräche. Gehen Sie herum und achten Sie darauf, dass die TN die Gespräche möglichst ausdrucksstark sprechen. Vielleicht haben einige TN Lust, ein Gespräch zwischen einem Ehepaar einzuüben und vorzuspielen.
Die Lautverbindung „ng" wird nicht als zwei Einzellaute gesprochen, sondern als Nasallaut. Sprechen Sie z.B. im Wort „Rechnung" die Laute „n" und „g" betont deutlich und einzeln aus. Halten Sie dann die Nase zu, tun Sie sehr verschnupft und sprechen Sie noch einmal: „ng". Spielen Sie die CD vor. Die TN hören und sprechen nach. Sie notieren weitere ihnen bekannte Wörter mit „ng" und lesen sie vor.

63 LEKTION 12

12		**D**	**Serviceleistungen**	**Materialien**

Serviceleistungen

Gebrauchsanweisung, Telefonat mit dem Service-Team
Lernziel: Die TN können einfache Informationstexte verstehen und Gespräche mit dem Kundenservice führen.

Materialien
D1 Handy, SIM-Karte, Rechnung, Gebrauchsanweisung
D3 Handys
D4 Transkription
Projekt: Gelbe Seiten

D1   **Vor dem Lesen: Schlüsselwörter verstehen**

1. Die TN sehen sich das Beispiel an. Fragen Sie dann: „Was sehen Sie auf Foto A?" und fordern Sie die TN auf, die übrigen Begriffe den Bildern zuzuordnen.
   Variante: Sie können die Realien auch mit in den Kurs bringen und sie anstelle der Fotos zur Erarbeitung des neuen Wortschatzes benutzen. Danach sehen sich die TN die Fotos an und nehmen die Zuordnung vor.
2. Abschlusskontrolle im Plenum. *Lösung:* A die Rechnung; C die SIM-Karte; D die Gebrauchsanweisung
3. Lesen Sie anschließend Beispiel c) vor. Erklären Sie den TN, dass es sich beim „festen Anschluss" um das Telefon zu Hause handelt. Der Apparat ist fest, d.h. durch ein Kabel und einen Stecker mit der Telefondose verbunden. Man kann ihn nicht mitnehmen. Das Handy dagegen kann man mitnehmen, es ist „mobil".
4. Die TN kombinieren die übrigen Satzteile in Stillarbeit.
5. Abschlusskontrolle im Plenum. *Lösung:* a) Die SIM-Karte trägt Informationen, z.B. die Geheimnummer. b) Die Gebrauchsanweisung informiert, wie ein Gerät funktioniert. d) Die Rechnung informiert, was ich bezahlen muss.

D2   **Leseverstehen 1: Die Textsorte erkennen**

1. Deuten Sie auf den Text und fragen Sie: „Was ist das?" Die TN kreuzen eine Lösung an und vergleichen dann mit ihrer Partnerin / ihrem Partner.
2. Abschlusskontrolle im Plenum. *Lösung:* eine Gebrauchsanweisung

---

D3   **Leseverstehen 2: Eine einfache Gebrauchsanweisung verstehen**

1. Bringen Sie ein Handy mit in den Kurs oder fragen Sie einen TN, ob Sie seins benutzen dürfen. Nehmen Sie den Akku und die SIM-Karte heraus und erklären Sie mithilfe des Handys die Begriffe „Akku", „Rückseite", „SIM-Kartenhalter".
2. *fakultativ:* Lassen Sie als weitere Vorbereitung auf das Lesen einen TN die SIM-Karte und den Akku in Ihr Handy einsetzen und begleiten Sie die einzelnen Schritte sprachlich, indem Sie z.B. sagen: „Ömer öffnet den SIM-Kartenhalter. Er setzt die SIM-Karte ein." usw.
3. Die TN lesen die Gebrauchsanweisung in Stillarbeit und bringen die Zeichnungen in die richtige Reihenfolge. Sie vergleichen mit ihrer Partnerin / ihrem Partner.
4. Abschlusskontrolle im Plenum. *Lösung:* A 2; C 1; D 6; E 5; F 4; G 7
5. *fakultativ:* Die TN üben in Partnerarbeit, indem die/der eine mit seinem Handy die einzelnen Schritte nachvollzieht, die/der andere die Anweisungen dazu gibt. Danach werden die Rollen getauscht.
   Hinweis: Diese Übung funktioniert natürlich nur, wenn die TN vorher die SIM-Karten aus ihrem Handy genommen haben.

D4   **Hörverstehen: Ein Telefonat mit dem Kundenservice**

1. Bereiten Sie die TN auf das Telefongespräch vor und notieren Sie folgende Fragen vor dem ersten Hören an der Tafel: „Wie viele Personen sprechen?", „Wer spricht (hier)?" und „Wo ruft die Person an?" Die TN hören das Telefonat ein erstes Mal und beantworten die Fragen.
2. Die TN lesen die Aussagen im Buch, hören den Text so oft wie nötig und kreuzen ihre Lösungen an.
3. Abschlusskontrolle im Plenum. *Lösung:* b) Kunde; c) Service-Mitarbeiterin; d) Kunde; e) Service-Mitarbeiterin; f) Service-Mitarbeiterin; g) Service-Mitarbeiterin
4. *fakultativ:* Teilen Sie die Transkription des Hörtextes (siehe Seite 151) aus. Die TN lesen das Gespräch in Stillarbeit. Gehen Sie ggf. auf Fragen zum Wortschatz ein, bevor die TN das Gespräch paarweise einüben. Wer Lust hat, kann das Gespräch dann mit seiner Partnerin / seinem Partner im Plenum vorspielen.

PRÜFUNG   **Arbeitsbuch 25:** Diese Übung bereitet auf den Prüfungsteil Lesen, Teil 2, der Prüfung *Start Deutsch 1* vor. Sie eignet sich auch als Vorübung zum *Deutsch-Test für Zuwanderer*, Lesen 1.

Arbeitsbuch 26–27: als Hausaufgabe; **Arbeitsbuch 28–29:** in Kleingruppen im Kurs

PROJEKT   **Arbeitsbuch 30:** Bringen Sie ein Exemplar der Gelben Seiten mit. Kopieren Sie daraus das Suchwortregister und verteilen Sie dieses an Kleingruppen von je drei TN. Notieren Sie an der Tafel mehrere Fragen, z.B.: „Wo findet man Telefonnummern von Ärzten?", „Auf welcher Seite stehen Telefonnummern von Schreinern?" etc. Die TN versuchen, die entsprechenden Seiten im Suchwortregister so schnell wie möglich zu finden. Die Gruppe, die zuerst alle Lösungen gefunden hat, hat gewonnen. Die TN sehen sich zu Hause oder auf der Post die Gelben Seiten an und markieren bzw. notieren einige der Informationen zu den Stichpunkten „Computer", „Kundendienst" etc. Da die Liste besonders an großen Kursorten sehr umfangreich ausfallen kann, teilen Sie die Suchbegriffe am besten unter den TN auf. Jede Gruppe ist nur für einen Begriff zuständig, d.h. Gruppe A sucht nach dem Stichwort „Computer", Gruppe B nach „Kundendiensten" etc. Die TN bringen ihre Gelben Seiten, wenn möglich, am nächsten Kurstag mit in den Unterricht. Sammeln Sie die Ergebnisse im Plenum. Wenn die TN so viele Gelbe Seiten mitgebracht haben, dass jeder Kleingruppe mindestens ein Exemplar zur Verfügung steht, fragen Sie die TN, wo sie anrufen können, wenn sie den Wohnungsschlüssel zu Hause vergessen oder irgendwo verloren haben. Die TN suchen im Suchwortregister alle Rubriken zum Thema „Schlüssel" (Schlüssel und Schlösser, Schlüsseldienste, …) heraus und sehen auf den entsprechenden Seiten nach, wo sie Hilfe finden können. Helfen Sie den TN, wenn sie sich in den Gelben Seiten nicht allein zurechtfinden. Sammeln Sie die Vorschläge der TN abschließend im Plenum.

LEKTION 12   **64**

Materialien
E1 Versandhauskatalog
E3 Handy/Spielzeugtelefon; Kopiervorlage L12/E3
E4 ggf. Diktiergerät, Kopiervorlage L12/E4
Test zu Lektion 12

Telefonansagen

Ansagen und Nachrichten auf dem Anrufbeantworter
Lernziel: Die TN können Ansagen auf Anrufbeantwortern verstehen und eine Nachricht hinterlassen.

E1   Hörverstehen 1: Telefonansagen
1. Klären Sie vor dem Hören die Begriffe „Versandhaus", „Autovermietung" und „Privatperson". Bringen Sie einen beliebigen Versandhauskatalog mit und erklären Sie den TN, dass man sich in einem Katalog zu Hause etwas aussuchen und bestellen kann. Das Versandhaus schickt die Waren dann mit der Post. Die TN kennen schon den Mietmarkt und das Wort „Vermieter". Fragen Sie einen TN, was man bei einer Autovermietung leihen bzw. mieten kann. Das Wort „Privatperson" können Sie gemeinsam mit den TN an der Tafel in seine beiden Bestandteile zerlegen. Die Bedeutung sollte so deutlich werden. Sie können die Privatperson aber auch den Begriffen Geschäftsfrau/Geschäftsmann gegenüberstellen.
2. Die TN sehen sich kurz die Tabelle im Buch an. Spielen Sie die Ansagen so oft wie nötig vor. Die TN hören die Ansagen nacheinander und kreuzen eine Lösung an. Wenn nötig, können sie zwischen den einzelnen Durchgängen mit ihrer Partnerin / ihrem Partner vergleichen.
3. Abschlusskontrolle im Plenum. *Lösung:* 2 Reparaturdienst; 3 Privatperson; 4 Versandhaus; 5 Autovermietung

E2   Hörverstehen 2: Den wesentlichen Inhalt verstehen
1. Deuten Sie den TN an, dass sie die Telefonansagen aus E1 noch einmal hören. Fragen Sie: „Was soll der Anrufer tun?" Die TN lesen bei jedem Beispiel zunächst die drei möglichen Antworten und achten beim zweiten Hören auf die Aufforderung an den Anrufer.
2. Die TN hören die erste Ansage und kreuzen eine Lösung an.
3. Gehen Sie bei den übrigen Beispielen analog vor.
4. Abschlusskontrolle im Plenum.
   Lösung: 1 Eine Nachricht auf das Band sprechen. 2 Eine Zahl wählen. 3 Herrn Graf anrufen. 4 Ein anderes Modell nehmen. 5 Ein Auto abholen.

E3   Anwendungsaufgabe: Eine Ansage selbst gestalten
1. Lesen Sie gemeinsam mit den TN die Beispielsätze und klären Sie ggf. neuen Wortschatz wie „Sie sind verbunden mit …".
2. Nehmen Sie ein Handy oder ein Spielzeugtelefon zur Hand, imitieren Sie ein Telefonklingeln und fordern Sie einen geübten TN auf, einen kurzen Ansagetext zu formulieren. Die Beispiele im Buch helfen dabei. Wiederholen Sie dieses Vorgehen ggf.
3. Die TN finden sich paarweise zusammen und schreiben einen eigenen Ansagetext. Teilen Sie als Hilfestellung die Kopiervorlage L12/E3 aus, geübtere TN orientieren sich an den Beispielen im Buch und formulieren selbstständig Ansagetexte. Gehen Sie herum und helfen Sie bei Schwierigkeiten.
4. *fakultativ:* Wer möchte, kann seinen Ansagetext im Plenum vorlesen. Anschließend können die Texte im Kursraum aufgehängt oder im Lerntagebuch der TN abgeheftet werden.

E4   Anwendungsaufgabe: Eine Nachricht hinterlasen
1. Die TN lesen die Situationen und die Redemittel.
2. Die TN entscheiden sich für eine Situation und schreiben eine kurze Nachricht auf. Gehen Sie herum und korrigieren Sie individuell Fehler. Wer fertig ist, denkt sich eine lustige Ansage aus.
3. Die TN lernen ihre Nachricht auswendig und tragen sie im Plenum vor.
   Variante: Bringen Sie ein Diktiergerät in den Kurs mit. Die TN können ihre Nachricht aufsprechen, während die anderen zuhören und Beifall klatschen.
4. *fakultativ:* Kopieren Sie die Kopiervorlage L12/E4 auf buntes Papier und schneiden Sie die Situationskarten aus. Jede Kleingruppe von 3–4 TN erhält einen Kartensatz und legt ihn in die Tischmitte. Ziehen Sie exemplarisch eine Karte, lesen Sie die Situation vor und formulieren Sie eine kurze Nachricht für den Anrufbeantworter. Fordern Sie einen geübten TN auf, ebenfalls eine Karte vom Stapel zu nehmen, die Situation vorzulesen und eine Nachricht zu formulieren. Die TN verfahren anschließend in ihren Gruppen genauso und korrigieren sich gegenseitig. Gehen Sie herum und helfen Sie bei Schwierigkeiten.

Einen Test zu Lektion 12 finden Sie auf den Seiten 136–137. Weisen Sie die TN auf die interaktiven Übungen auf ihrer Arbeitsbuch-CD hin. Die TN können mit diesen Übungen den Stoff der Lektion selbstständig wiederholen und sich ggf. auch auf den Test vorbereiten.

Zwischenspiel 12
Mein UFO ist kaputt
Arbeitsteilung in der Familie

Materialien
2 Kopiervorlage „Zwischenspiel zu Lektion 12"

1 **Leseverstehen: Den wesentlichen Inhalt verstehen**
1. Die TN lesen den erklärenden Text auf Seite 60. Geübte TN lesen außerdem das „Plakat" des MaPa-Superservice.
2. Fragen Sie, wer Hilfe bekommt: die Eltern von den Kindern oder die Kinder von den Eltern. Gleichgültig, welchen Text die TN gelesen haben: Sie können sicher die richtige Antwort geben. *Lösung:* Die Kinder bekommen Hilfe von den Eltern.
3. Gehen Sie mit den TN die Serviceleistungen des MaPa-Superservices nacheinander durch. Die TN versuchen zu erklären, was sich hinter den einzelnen Leistungen verbirgt, z.B. beim „Taxiservice": Die Eltern sind Taxifahrer. / Die Eltern spielen Taxi für die Kinder. Helfen Sie bei Wortschatzfragen.
4. Die TN sehen sich in Partnerarbeit das Foto und die Zeichnungen an und sprechen darüber, welchen Service das Kind jeweils braucht.
5. Fragen Sie im Plenum exemplarisch, welchen Service z.B. die Kinder 5, 7 und 8 brauchen, um das Verständnis zu überprüfen.

2 **Redemittel: Um Hilfe bitten**
1. Die TN lesen die Bitten A bis H allein oder zu zweit und ordnen sie den Aussagen der Kinder zu. Geübte TN schreiben weitere typische Bitten von Kindern auf.
2. Abschlusskontrolle im Plenum. Wer weitere Kinder-Bitten gefunden hat, darf diese ergänzend vorlesen.
Lösung: 2 E; 3 C; 4 F; 5 B; 6 G; 8 H
3. *fakultativ:* Kinder drücken ihre Bitte selten so gewählt aus. Erklären Sie den TN, dass das mit Augenzwinkern zu sehen ist. Zur Automatisierung der verschiedenen Möglichkeiten und Höflichkeitsgraduierung von Bitten formulieren die TN die Bitten um. Verteilen Sie dazu die Kopiervorlage „Zwischenspiel zu Lektion 12". Die Übung kann auch als Hausaufgabe gemacht werden.

3 **Über die Arbeitsteilung in der eigenen Familie sprechen**
Weisen Sie noch einmal auf den erklärenden Einleitungstext hin, den die TN zu Anfang gelesen haben. Fragen Sie, wie die Arbeitsteilung bei den TN zu Hause ist. Wer kümmert sich worum? Helfen die Kinder mit? Welchen „Service" bieten die Eltern? Die TN berichten.
Variante: Wenn Sie viele TN im Kurs haben, die (noch) keine Kinder haben, kann die Übung in Partnerarbeit durchgeführt werden. Wer keine Kinder hat, interviewt eine Partnerin / einen Partner mit Kindern.

LEKTION 12

Materialien
1 Kleingeld, EC-Karte, Überweisungsformular

Fokus Alltag 12
Einem Kontoauszug Informationen entnehmen
Die TN können einem Kontoauszug die wesentlichen Informationen entnehmen.

1 Leseverstehen 1: Schlüsselwörter verstehen
1. Bringen Sie etwas Kleingeld, eine EC-Karte und ein Überweisungsformular mit in den Kurs und erklären Sie damit die verschiedenen Zahlungsmöglichkeiten: bar bezahlen, mit EC-Karte bezahlen, überweisen.
2. Fragen Sie, was die TN üblicherweise bar bezahlen, was mit EC-Karte und was per Überweisung. Notieren Sie einige typische Beispiele der TN an der Tafel, z.B. bar: in der Kneipe, am Parkautomaten; mit EC-Karte: Geld von der Bank holen etc.
3. Die TN lösen die Übung.
4. Abschlusskontrolle im Plenum. *Lösung:* A mit EC-Karte bezahlen; B bar bezahlen; C Geld überweisen
5. *fakultativ:* Erklären Sie ggf. den Begriff „Kontoauszug".
6. Die TN sehen sich den Kontoauszug an und versuchen in Partnerarbeit, das jeweils passende Foto zuzuordnen. Gehen Sie herum und helfen Sie bei Schwierigkeiten.
7. Abschlusskontrolle im Plenum. *Lösung (von oben nach unten):* A; C; C

2 Leseverstehen 2: Den wesentlichen Inhalt verstehen
1. Die TN lesen die Aussagen und suchen im Kontoauszug nach der entsprechenden Information. Gehen Sie herum und helfen Sie individuell.
2. Abschlusskontrolle im Plenum. *Lösung:* a) richtig; b) falsch; c) richtig; d) falsch; e) falsch
3. Stellen Sie weitere Fragen zum Kontoauszug, z.B.: „Wie viel Geld hat Herr Anders am 23. Mai am EC-Automaten geholt?"

12 Fokus Alltag 12
In einer Bank

Materialien
3 ggf. EC-Karte, Formular als Kopie

Die TN können Hinweisschildern in Banken die wichtigsten Informationen entnehmen und wichtige Formulare im Zahlungsverkehr ausfüllen.

1 Sich in einer Bank orientieren
1. Erklären Sie, was Kundenberatung ist. Diese bekommt man nicht nur in einer Bank, sondern z.B. auch beim Kleider- oder Autokauf.
2. Die TN betrachten die Zeichnungen und schreiben die passenden Wörter in die Schilder.
3. Abschlusskontrolle im Plenum. *Lösung:* 1 Kundenberatung; 2 Kasse; 3 Geldautomat
4. Die TN lesen die Aussagen. Klären Sie Wortschatzfragen.
5. Die TN lesen noch einmal und ordnen zu, wohin sie sich in diesen Situationen wenden würden.
6. Abschlusskontrolle im Plenum.
   Lösung: 1 Kasse, Geldautomat; 2 Kasse, Geldautomat; 3 Kundenberatung; 4 Kundenberatung; 5 Kundenberatung
7. Fragen Sie die TN, wie sie üblicherweise Geld einzahlen oder abheben, und notieren Sie, wenn nötig, Redehilfen an der Tafel: „Ich hebe mein Geld an der Kasse ab. Da kann ich auch eine Frage stellen." usw.

2 Hörverstehen 1: Den globalen Inhalt verstehen
1. Die TN lesen die Begriffe. Erklären Sie, was ein Dauerauftrag ist: „Für monatliche Zahlungen wie Miete oder Strom kann man einen Dauerauftrag einrichten. Das heißt: Das Geld für die Miete geht dann jeden Monat automatisch vom Konto weg. Man muss nicht jeden Monat das Geld überweisen." Fragen Sie ggf., ob die TN Daueraufträge haben.
   Variante: In Kursen mit überwiegend fortgeschritteneren TN können Sie auch zuerst den Hörtext vorspielen, in dem erklärt wird, was ein Dauerauftrag ist. Fragen Sie in diesem Fall anschließend, was das ist. Die TN erklären den Begriff in eigenen Worten.
2. Spielen Sie den Hörtext vor. Die TN hören so oft wie nötig und kreuzen ihre Lösung an.
3. Abschlusskontrolle im Plenum. *Lösung:* einen Dauerauftrag einrichten

3 Hörverstehen 2: Ein Formular ausfüllen
1. Die TN sehen sich das Formular an. Wichtige Begriffe wie Kontonummer oder Bankleitzahl waren bereits Thema in *Schritte plus 1*. Stellen Sie das Verständnis dieser Begriffe sicher, indem Sie zur Wiederholung Fragen dazu stellen oder auf Ihrer eigenen EC-Karte Kontonummer, Bankleitzahl etc. zeigen. Erklären Sie dann andere wichtige Begriffe wie Verwendungszweck.
2. Die TN hören den zweiten Teil des Gesprächs so oft wie nötig und füllen das Formular aus.
3. Abschlusskontrolle im Plenum.
   Lösung: Empfänger: Kuhrt; Kontonummer: 4647789; Bankleitzahl: 660 988 80; Betrag: 450 Euro; Verwendungszweck: Miete
4. *fakultativ:* Kopieren Sie das Formular für alle TN. Sie tragen darin Namen, Bankverbindung ihres Vermieters und Höhe der Miete ein.
   Hinweis: Wenn die TN so sensible Daten nicht preisgeben möchten, machen Sie deutlich, dass sie sich ein fiktives Mietverhältnis ausdenken können. Alternativ können Sie auch ein paar Beispiele an der Tafel notieren und die TN füllen das Formular dann mit diesen Angaben aus.

PROJEKT
1. Bereiten Sie mit den TN einen Besuch in einer Bank vor: Die TN notieren Fragen oder Stichworte zu allem, was sie in der Bank finden möchten, z.B.: Wo stehen die Geldautomaten? Gibt es einen Kontoauszugsdrucker? etc.
2. Gehen Sie mit den TN zu einer Bank in der näheren Umgebung. Die TN versuchen, sich zu zweit oder in Kleingruppen in der Bank zu orientieren und herauszufinden, wo sie Geld abheben können, Kontoauszüge drucken können etc.
3. Geben Sie im Kurs Gelegenheit zu einem kurzen Nachgespräch: Haben die TN alles gefunden? Wie leicht oder schwer ist ihnen die Orientierung in der Bank gefallen?

LEKTION 12

NEUE KLEIDER

Folge 13: *Eins, zwei, drei ... alles neu!*
Einstieg in das Thema: Kleiderkauf

1 **Vor dem Hören: Das Wortfeld „Kleidung"**
1. Schreiben Sie als Stichwort „Kleidung" an die Tafel und erarbeiten Sie zusammen mit den TN einen Wortigel, indem Sie z.B. auf Ihre Hose zeigen und fragen: „Wie heißt das auf Deutsch?" Notieren Sie „die Hose" an der Tafel und wiederholen Sie das Vorgehen mit einem anderen Kleidungsstück. Die TN nennen alle Kleidungsstücke, die sie kennen. Ergänzen Sie dabei nach und nach den Wortigel. TN, die bereits viele Wörter ungesteuert gelernt haben, können in dieser Phase ihr Vorwissen einbringen, eventuelle Artikelfehler können korrigiert und fehlende Artikel gemeinsam ergänzt werden.
2. Die TN schreiben den Wortigel von der Tafel ab.
3. Zeigen Sie willkürlich auf einige Fotos der Foto-Hörgeschichte und fragen Sie: „Wo sehen Sie eine Jacke?", „Wo sehen Sie eine Hose?" etc. Die TN zeigen auf die entsprechenden Fotos im Buch.
Lösung: vgl. Fotos

2 **Vor dem Hören: Vermutungen äußern**
1. Deuten Sie auf die Foto-Hörgeschichte und fragen Sie: „Was meinen Sie? Was kauft Niko?"
2. Die TN sehen sich die Fotos an und stellen Vermutungen an. Tragen Sie diese im Plenum mündlich zusammen. Nach dem ersten Hören können die TN ihre Vermutungen überprüfen und mithilfe von Aufgabe 4 (siehe unten) korrigieren. Erklären Sie „zufrieden" anhand eines einfachen Tafelbildes:

3. Deuten Sie auf Foto 8 und fragen Sie: „Was denken Sie? Ist Niko zufrieden?"

3 **Beim ersten Hören**
1. Fragen Sie: „Warum ist Niko nicht zufrieden?" und fordern Sie die TN auf, sich beim ersten Hören auf diese Frage zu konzentrieren.
2. Die TN hören die Foto-Hörgeschichte und sehen sich dabei die Fotos an. Weitere Vorschläge zum Umgang mit der Foto-Hörgeschichte finden Sie auf Seite 6 f.
Lösungsvorschlag: Niko hat viel gekauft. Das war sehr teuer. Sabine sagt, er soll noch eine Jacke und Schuhe kaufen. Niko hat keine Lust mehr. Er will nichts mehr einkaufen.

4 **Nach dem ersten Hören: Den Inhalt zusammenfassen**
1. Fragen Sie noch einmal: „Was kauft Niko?" Die TN nennen aus dem Gedächtnis Nikos Einkäufe, bevor sie den Lückentext im Buch ergänzen.
2. Die TN hören, wenn nötig, die Foto-Hörgeschichte noch einmal und korrigieren ihre Lösungen zunächst selbstständig.
3. Abschlusskontrolle im Plenum. *Lösung:* Hose; Hemd; Pullover; Jacke; Schuhe

5 **Nach dem Hören: Wichtige Details verstehen**
1. Die TN haben die Arzthelferin Sabine bereits in Lektion 10 und 11 kennengelernt. Hier erhalten sie nun weitere Informationen. Zwei TN lesen die Texte a) und b) vor. Fragen Sie: „Was ist richtig?" Sollte einigen TN die Antwort schwerfallen, spielen Sie die Foto-Hörgeschichte noch einmal vor.
2. Abschlusskontrolle im Plenum. *Lösung:* a
3. *fakultativ:* Sabine kann ihren Sohn erst um fünf Uhr abholen. Fragen Sie die TN, warum Sabine erst so spät kommen kann. Die TN sollten verstanden haben, dass Sabine ihren Sohn eigentlich schon um zwei Uhr hätte abholen sollen. Da sie aber für Niko noch eine Jacke und Schuhe suchen möchte, bittet sie ihren Ex-Mann, noch etwas länger auf den Sohn aufzupassen. Die TN hören die Foto-Hörgeschichte ggf. noch einmal.

69 LEKTION 13

13 A Oh, sieh mal, **die Hose**! **Die** ist toll!

Das Wortfeld „Kleidung"; der bestimmte Artikel als Demonstrativpronomen
Lernziel: Die TN können Gefallen und Missfallen ausdrücken.

Materialien
A1 auf Folie; Kopiervorlage L13/A1
Lerntagebuch: Plakate
A3 Versandhauskataloge, Zeitungsprospekte und/
oder Modezeitschriften

A1 Präsentation des Wortfelds „Kleidung"

1. Deuten Sie auf der Folie auf die Zeichnung und fragen Sie: „Was ist das?" Die TN haben durch die Foto-Hörgeschichte bereits einige Wörter zum Thema „Kleidung" gelernt und können die Begriffe daher ohne Schwierigkeiten ergänzen. Notieren Sie die Antworten der TN auf der Folie.
2. Abschlusskontrolle mithilfe der Folie und des Hörtextes.
   Lösung (Lücken von links oben nach rechts unten): das Hemd, der Pullover, die Jacke, der Mantel
3. *fakultativ:* Fragen Sie: „Welche Kleidungsstücke gefallen Sabine?" und „Welche gefallen Niko?" Die TN hören die Foto-Hörgeschichte, wenn nötig, noch einmal.
   Lösung: Sabine: die Hose, der Pullover, das Hemd; Niko: der Gürtel
4. *fakultativ:* Die TN finden sich paarweise zusammen und erhalten jeweils zweimal einen Kartensatz von Kopiervorlage L13/A1. Sie mischen die Karten, legen sie verdeckt auf dem Tisch aus und suchen dann abwechselnd nach zusammengehörenden Karten, indem sie jeweils zwei Karten aufdecken. Passen die Karten zusammen, darf der TN sie behalten, passen sie nicht zusammen, werden sie wieder verdeckt an ihren Platz gelegt, etc. Wer am Schluss die meisten Kartenpaare hat, hat gewonnen. Auf diese Weise wird der neue Wortschatz spielerisch gefestigt. Wer möchte, kann die Wörter anschließend ins Lerntagebuch übertragen.

Arbeitsbuch 1–2: als Hausaufgabe

A2 Variation: Präsentation des bestimmten Artikels als Demonstrativpronomen; Anwendungsaufgabe zum Wortfeld „Kleidung"

1. Erinnern Sie die TN an die Wendung „Wie gefällt Ihnen/dir ...?", die sie bereits aus *Schritte plus 1*, Lektion 4, kennen. Dazu können Sie die Frage sowie einige mögliche Redemittel für die Antwort (Gut / Sehr gut / Nicht so gut ...) an der Tafel notieren. Erklären Sie, dass hier „gefallen" = „finden" ist. Verweisen Sie die TN in diesem Zusammenhang auch auf den Infospot.
2. Die TN sehen sich noch einmal das Schaufenster aus A1 an und lesen die Beispiele. Gehen Sie weiter vor wie auf Seite 8 beschrieben. Weisen Sie die TN ggf. darauf hin, dass sie sich den jeweiligen Artikel der zu variierenden Kleidungsstücke aus Aufgabe A1 heraussuchen können.
3. Notieren Sie dann an der Tafel zwei Beispiele:

Erklären Sie den TN, dass man Gefallen und Missfallen mithilfe von „sein" oder „finden" und „gefallen" ausdrücken kann. Veranschaulichen Sie anhand des Tafelbildes, dass nach „sein" und „gefallen" die bestimmten Artikel „der/das/die/die" folgen, nach „finden" aber „den/das/die/die". Zeigen Sie auch, dass die bestimmten Artikel allein stehen können. Das zugehörige Nomen muss nicht wiederholt werden. Erinnern Sie die TN an dieser Stelle auch an die Pronomen „er/es/sie/sie" und weisen Sie darauf hin, dass in der gesprochenen Sprache häufig die Artikel anstelle der Pronomen benutzt werden. Weisen Sie die TN auch auf die Grammatikspots hin.

Arbeitsbuch 3–7: in Stillarbeit oder als Hausaufgabe

LEKTION 13

Materialien
Lerntagebuch: Plakate
A3 Versandhauskataloge, Zeitungsprospekte und/
oder Modezeitschriften

Oh, sieh mal, **die Hose**! **Die** ist toll!

Das Wortfeld „Kleidung"; der bestimmte Artikel als Demonstrativpronomen
Lernziel: Die TN können Gefallen und Missfallen ausdrücken.

LERN TAGEBUCH

Arbeitsbuch 8: im Kurs: Ergänzen Sie zusammen mit den TN den ersten Wortigel. Die TN sammeln, was man „super", „toll", „klasse" finden kann. Teilen Sie dann den Kurs in Kleingruppen von 3–4 TN auf. Die Gruppen entscheiden sich für eines der vorgegebenen Adjektive und notieren in der Gruppe Assoziationen dazu. Anschließend übertragen Sie diese auf ein Plakat (DIN A3) und hängen es im Kursraum auf.
Hinweis: Hier dienen die Wortigel nicht dazu, sich ein Wortfeld zu erarbeiten. Vielmehr sollen sich die Adjektive mithilfe von Assoziationen besser einprägen. Indem ihre Bedeutung an konkrete und für die TN nachvollziehbare Kontexte/Gegenstände gebunden wird, können sie besser behalten und später wieder abgerufen werden. Die TN können ihre Assoziationen im Kurs vergleichen und dabei sicher feststellen, wie unterschiedlich die Vorstellungen davon sein können, was z.B. günstig ist.
fakultativ: Wer möchte, kann zu Hause in seinem Lerntagebuch weitere Wortigel zu anderen bereits bekannten Adjektiven wie „groß", „klein", „teuer" etc. machen.

A3   **Aktivität im Kurs: Gefallen und Missfallen ausdrücken**
1. Bringen Sie Versandhauskataloge, Zeitungsprospekte oder Modezeitschriften mit und verteilen Sie das Anschauungsmaterial an Kleingruppen von 3–4 TN.
2. Spielen Sie mit einem TN ein Mustergespräch durch. Halten Sie dazu einen Katalog hoch, deuten Sie z.B. auf eine Bluse und sagen Sie: „Die Bluse hier ist schön!" Fragen Sie dann, wie sie/er die Bluse findet. Machen Sie, wenn nötig, noch weitere Beispiele im Plenum, bevor sich die TN in Kleingruppen gegenseitig befragen bzw. sich anhand der Kataloge und Prospekte über ihren Modegeschmack austauschen. Gehen Sie herum und helfen Sie bei Schwierigkeiten.

13 B Die Hose gefällt **mir**! Und **dir**?

Verben mit Dativ; Personalpronomen im Dativ
Lernziel: Die TN können Gefallen und Missfallen ausdrücken.

Materialien
B4 Korb oder große Tasche

B1 Präsentation: Personalpronomen im Dativ
1. Lesen Sie gemeinsam mit den TN das Beispiel. Die TN verbinden die übrigen Sätze miteinander.
2. Abschlusskontrolle im Plenum.
   Lösung: b) Schön, das gefällt mir. c) Nein, die gefallen mir nicht so gut. d) Doch, der gefällt mir gut, aber er ist zu kurz.
3. „Gefallen" sowie die 3. Person Plural der Dativpronomen sind den TN als Wendung bereits aus *Schritte plus 1*, Lektion 4, bekannt. Das Paradigma der Personalpronomen im Dativ wird nun systematisiert und vervollständigt. Zeigen Sie anhand des Tafelbildes, dass die Person („Ihnen", „mir") stets im Dativ steht, die Sache („der Pullover", „der"), um die es geht, aber im Nominativ. Verdeutlichen Sie dies mithilfe von Beispielen, indem Sie z.B. auf Ihre Hose deuten und einen TN fragen: „(Adrian), gefällt <u>Ihnen</u> meine Hose?" Warten Sie die Antwort des TN ab und wiederholen Sie dann: „Aha, meine Hose gefällt <u>Ihnen</u> (nicht)." Fragen Sie dann einen anderen TN: „Gefällt Adrian meine Hose?" Ergänzen Sie bei einer Antwort mit „Ja" oder „Nein": „Meine Hose gefällt <u>ihm</u> (nicht)." Wiederholen Sie diese Vorgehensweise einige Male und vervollständigen Sie dabei an der Tafel nach und nach das Paradigma. Weisen Sie die TN auch auf den Grammatikspot hin.

B2 Variation: Anwendungsaufgabe zu den Personalpronomen im Dativ
1. Die TN sehen sich die Zeichnung an und stellen Vermutungen zur Situation an. Sie sollten erkennen, dass die Kleidungsstücke nicht passen, die Tochter ihre Mutter also „anlügt", um sie nicht zu kränken.
2. Gehen Sie weiter vor wie auf Seite 8 beschrieben.
3. Weisen Sie die TN abschließend darauf hin, dass Sätze mit „passen" genauso gebildet werden wie Sätze mit „gefallen". Schreiben Sie ggf. einige Beispiele an die Tafel.

B3 Aktivität im Kurs: Über Gefallen und Missfallen sprechen
1. Zeichnen Sie analog zum Buch eine Tabelle an die Tafel und fragen Sie einen TN zunächst: „Wie gefällt Ihnen das Wetter in Deutschland?" oder „Gefällt Ihnen das Wetter in Deutschland?" Notieren Sie die Antwort in der Tabelle. Stellen Sie ggf. weitere Fragen, um die Aufgabenstellung deutlich zu machen.
2. Verweisen Sie auf den Infospot und erklären Sie die Bedeutung des Verbs „schmecken", indem Sie sich den Bauch reiben und sagen: „Mmmh, Kuchen schmeckt mir. Und Ihnen?"
   Schreiben Sie auch an die Tafel:

   Erklären Sie, dass man bei Lebensmitteln „schmecken" und nicht „gefallen" benutzt.
   Hinweis: Nicht in allen Sprachen gibt es für „gefallen" und „schmecken" unterschiedliche Wörter. Deshalb ist es wichtig, die TN auf die Unterscheidung im Deutschen aufmerksam zu machen. Weisen Sie die TN anhand des Infospots auch darauf hin, dass „schmecken" wie „gefallen" und „passen" mit Dativ gebraucht wird.
3. Die TN ergänzen in der Tabelle ihre persönliche Meinung zu den Begriffen im Kasten.
4. Die TN finden sich in Kleingruppen von 3–4 TN zusammen und tauschen sich mithilfe der Redemittel im Buch darüber aus, was ihnen in Deutschland gefällt und was ihnen nicht so gut gefällt.
   Hinweis: Wenn Sie in Österreich oder der Schweiz unterrichten, können Sie die Aufgabe natürlich anpassen und fragen: „Wie gefällt Ihnen das Wetter in Österreich / der Schweiz?" etc.

LEKTION 13

Materialien
B4 Korb oder große Tasche

Die Hose gefällt **mir**! Und **dir**?

Verben mit Dativ; Personalpronomen im Dativ
Lernziel: Die TN können Gefallen und Missfallen ausdrücken.

B **13**

B4 **Aktivität im Kurs: Sich nach dem Besitz von Gegenständen erkundigen**
1. Bringen Sie einen Korb oder eine große Tasche mit. Gehen Sie damit reihum und bitten Sie die TN, je einen persönlichen Gegenstand hineinzulegen.
2. Breiten Sie die eingesammelten Gegenstände dann für alle sichtbar auf dem Tisch oder auf dem Boden aus, halten Sie z.B. ein Wörterbuch hoch und fragen Sie einen TN: „Gehört das Wörterbuch Ihnen?" Fragen Sie so lange, bis Sie die Besitzerin / den Besitzer ausfindig gemacht haben, und händigen Sie ihr/ihm den Gegenstand wieder aus. Auf diese Weise wird auch die Bedeutung von „gehören" veranschaulicht. Verweisen Sie zusätzlich auf den Infospot und machen Sie die TN darauf aufmerksam, dass „Die Brille gehört mir nicht." und „Das ist nicht meine Brille." denselben Sachverhalt ausdrücken.
3. Wer gerade den eigenen Gegenstand zurückbekommen hat, darf als Nächster an den Tisch treten und die Fragerunde fortsetzen.

Arbeitsbuch 9–13: in Stillarbeit oder als Hausaufgabe: Mit Übung 10 können sich die TN ein System der Personalpronomen im Dativ erstellen.

PHONETIK **Arbeitsbuch 14:** im Kurs: Die TN haben in Lektion 10 bereits den Vokalneueinsatz kennengelernt und gesehen, dass das Deutsche weniger zwischen den Wörtern verbindet als manche anderen Sprachen (z.B. die romanischen Sprachen). Endet ein Wort aber auf demselben Laut, mit dem das nächste Wort beginnt, werden die Wörter miteinander verbunden. Spielen Sie den Track ab. Die TN sprechen nach. Lassen Sie die TN auch den Neueinsatz markieren, z.B. bei „Maria / und" oder „du / aus".

LEKTION 13

13 C Mit Hemd siehst du gleich viel **besser** aus.

Komparativ und Superlativ von *gut, gern, viel*
Lernziel: Die TN können etwas bewerten und Vorlieben ausdrücken.

C1 **Präsentation: Komparativ und Superlativ von *gut***
1. Klären Sie vorab die Bedeutung von „aussehen", indem Sie sich speziell an die weiblichen TN wenden und fragen: „Wie finden Sie Niko? Gefällt er Ihnen?" Wenn sie Ihre Frage bejahen, können Sie erwidern: „Aha, Niko sieht also gut aus." Auf diese Weise wird klar, dass man mit „aussehen" das Äußere einer Person beschreiben kann. Die TN sehen sich Foto a) an und können jetzt ohne Schwierigkeiten den Satz ergänzen.
2. Ein TN liest Beispiel b) vor. Deuten Sie auf Foto b) und fragen Sie: „Was trägt Niko hier?" und „Sieht Niko jetzt anders aus?" Lesen Sie vor: „Mit Hemd sieht Niko besser aus." Verfahren Sie mit Foto c) ebenso.
Lösung: a) gut; c) am besten
3. Verweisen Sie auch auf den Grammatikspot.

! Auf der Niveaustufe A1 lernen die TN nur die Komparation von „gut", „viel" und „gern" kennen, da diese Formen besonders frequent sind. Verzichten Sie hier auf eine weitergehende Einführung des Komparativs bzw. Superlativs. Diese sind Stoff der Niveaustufe A2 und werden in *Schritte plus 4*, Lektion 9, systematisiert.

C2 **Vor dem Lesen: Vermutungen äußern**
1. Die TN lesen zunächst die drei Aussagen und betrachten dann das Foto in C3. Die Wörter „Geige" und „geigen" sollten sich durch das Foto erschließen. Fragen Sie, wie der Mann auf dem Fahrrad sitzt, und erklären Sie so das Wort „rückwärts" oder benutzen Sie die kleine Illustration. Fordern Sie die TN auf, sich das Foto noch einmal genau anzusehen, und fragen Sie: „Was macht der Mann?"
2. Die TN kreuzen die richtige Antwort an.
3. Abschlusskontrolle im Plenum. *Lösung:* Er kann am besten rückwärts Fahrrad fahren und Geige spielen.

C3 **Leseverstehen: Schlüsselinformationen sammeln; Präsentation des Komparativs und des Superlativs von *gern* und *viel***
1. Fragen Sie vorab: „Was macht Christian Adam in seiner Freizeit gern?", „Was macht er lieber?" und „Was macht er am liebsten?" sowie „Was trainiert er viel?", „Was trainiert er mehr?" und „Was trainiert er am meisten?" Die TN lesen den Text und füllen die Tabelle in Partnerarbeit aus.
2. Abschlusskontrolle im Plenum. Verweisen Sie die TN an dieser Stelle auf den Grammatikspot. Sollte die Bedeutung von „lieber", „am liebsten", „mehr" und „am meisten" nach dem Lesen noch nicht deutlich sein, geben Sie einige weitere Beispiele an der Tafel:

> +　　　　　　　　　++　　　　　　　　　+++
> *Ich esse gern Obst.*　　*Noch lieber esse ich Salat.*　　*Und am liebsten esse ich Fisch.*
> 　　　　　　　　　　　　　　　　　　　　= *Mein Lieblingsessen ist Fisch.*

Lösung: lieber: Geige spielen; am liebsten: Fahrrad fahren und Geige spielen; mehr: Fahrrad fahren; am meisten: beides zusammen / Fahrrad fahren und Geige spielen

Arbeitsbuch 15–17: als Hausaufgabe

C4 **Aktivität im Kurs: Ratespiel**
1. Schreiben Sie die Frage: „Was machen Sie in Ihrer Freizeit?" an die Tafel und sammeln Sie die Antworten. So wird das Wortfeld „Freizeitaktivitäten" wiederholt.
2. Fragen Sie einen der TN: „Was machen Sie in Ihrer Freizeit?" Fragen Sie einen weiteren TN: „Und Sie? Machen Sie das auch gern? Was machen Sie lieber?"
3. Die TN lesen den Notizzettel im Buch und schreiben nach demselben Muster einen eigenen Zettel über einen anderen TN, den sie gut kennen.

Variante: Wenn die TN nur sehr wenig übereinander wissen, können sie vorab mit Block und Stift durch den Kursraum gehen und verschiedene TN befragen, was sie gern, lieber und am liebsten machen. Sie schreiben dann mithilfe ihrer Notizen einen Steckbrief wie im Beispiel. Regen Sie fortgeschrittenere TN dazu an, über das Thema Freizeit hinauszugehen und zu fragen, was die Partnerin / der Partner gern/lieber/am liebsten liest, hört, kocht oder kann.
4. Die TN lesen ihren Zettel vor, die anderen raten, um wen es sich handelt.

LEKTION 13　**74**

Materialien
D1 auf Folie
D4 Kopiervorlage L13/D4
Lerntagebuch: Plakate

Welche? – Diese hier.

Frageartikel *welch-*; Demonstrativpronomen *dies-*
Lernziel: Die TN können über Vorlieben sprechen und unter mehreren Gegenständen eine Auswahl treffen.

D 13

D1 **Präsentation: Frageartikel *welch-* und Demonstrativpronomen *dies-* im Nominativ**
1. Die TN hören die drei Hörbeispiele so oft wie nötig und ergänzen sie.
2. Abschlusskontrolle mithilfe einer Folie im Plenum. *Lösung:* b) Welcher, Dieser; c) Welches, Dieses
3. Bitten Sie dann zur Veranschaulichung der Bedeutung von „welch-" bzw. „dies-" zwei TN um ihre Jacken und halten Sie diese hoch. Spielen Sie jetzt Mini-Gespräch a) noch einmal vor, wobei Sie beide Jacken hochhalten und einen schon geübteren TN fragen: „Gefällt Ihnen die Jacke?" Auf die Frage des TN: „Welche?" deuten Sie auf eine der beiden Jacken und sagen: „Diese."
4. Entwickeln Sie gemeinsam mit den TN ein Tafelbild:

Markieren Sie die Endungen. Die TN stellen sicher fest, dass die Endungen von „welch-" und „dies-" analog zum Artikel des Wortes sind. Verweisen Sie auch auf den Grammatikspot.

D2 **Anwendungsaufgabe zu *welch-* und *dies-***
1. Deuten Sie auf die Zeichnung im Buch und fragen Sie: „Wo sind die Personen?", „Was gibt es da?" etc. Die TN äußern Vermutungen. Fragen Sie dann: „Was ist ein Fundbüro?" Nach Möglichkeit erklären die TN den Begriff selbst. Wenn niemand weiß, was ein Fundbüro ist, machen Sie ein Beispiel, indem Sie sagen: „Mein Schlüssel ist weg." und dabei so tun, als würden Sie Ihren Schlüssel suchen. Fahren Sie fort: „Jemand hat den Schlüssel gefunden und bringt ihn ins Fundbüro. Ich kann meinen Schlüssel im Fundbüro abholen."
2. *fakultativ:* Fragen Sie die TN, ob es am Kursort ein Fundbüro gibt und wo es ist. Ggf. können die TN zu Hause im Telefonbuch nachschlagen oder jemanden fragen.
   Hinweis: Wenn Sie viele kognitive Lerner im Kurs haben, können Sie „Fund̲büro" von „ge̲fund̲en" ableiten.
3. Die TN hören das Gespräch und lesen mit. Ggf. können zwei TN das Gespräch noch einmal vorlesen. Wiederholen Sie dann die letzten beiden Sätze: „Welche Tasche gehört Ihnen denn? – Diese dort!" und unterstreichen Sie die Bedeutung des Demonstrativpronomens, indem Sie im Buch auf eine der Taschen zeigen. Die TN üben weitere Beispiele im Plenum.
4. *fakultativ:* Sammeln Sie von den TN Handys, Schlüssel, Wörterbücher, Stifte etc. ein und spielen Sie Fundbüro. Ein TN beginnt, indem sie/er an den Tisch mit den gesammelten Gegenständen tritt und z.B. nach dem „verlorenen" Handy fragt. Spielen Sie mit ihr/ihm ein Gespräch in Anlehnung an das Beispiel im Buch vor. Anschließend darf sie/er den Angestellten spielen und ein anderer TN fragt nach einem „verlorenen" Gegenstand etc.
   Hinweis: Wenn Ihr Kurs sehr groß ist, sollten Sie sich darauf beschränken, die Situation einige Male exemplarisch vorspielen zu lassen, da es sonst zu lange dauert und langweilig wird.

Arbeitsbuch 18: in Stillarbeit oder als Hausaufgabe

D3 **Präsentation des Frageartikels *welch-* und des Demonstrativpronomens *dies-* im Akkusativ**
1. Sehen Sie sich zusammen mit den TN die Redemittel an und erklären Sie ggf. das Verb „anziehen", indem Sie demonstrativ Ihre Jacke anziehen und sagen: „Ich ziehe meine Jacke an." Die TN sehen sich die Zeichnungen an und lesen das Beispiel. Zeigen Sie mithilfe des Grammatikspots, dass sich die Formen von „welch-" und „dies-" auch im Akkusativ nach dem Genus des nachfolgenden Nomens richten. Notieren Sie zur Verdeutlichung ein Beispiel an der Tafel:

> der Rock
>
> A: Ziehen Sie doch de̲n̲ Rock an!
>   Der passt Ihnen sicher gut.
> B: Welche̲n̲ Rock soll ich anziehen?
> A: Diese̲n̲.

2. Die TN üben in Partnerarbeit Mini-Gespräche zu den Zeichnungen. Gehen Sie herum und helfen Sie bei Schwierigkeiten.

Arbeitsbuch 19–20: in Stillarbeit oder als Hausaufgabe

75 LEKTION 13

13 D Welche? – Diese hier.

Materialien
D4 Kopiervorlage L13/D4
Lerntagebuch: Plakate

Frageartikel *welch-*; Demonstrativpronomen *dies-*
Lernziel: Die TN können über Vorlieben sprechen und unter mehreren Gegenständen eine Auswahl treffen.

D4 Aktivität im Kurs: Partnerinterview

1. Führen Sie zunächst das Verb „mögen" ein und zeigen Sie, dass es hier ähnlich wie „finden" verwendet wird. Notieren Sie dazu ein Beispiel an der Tafel:

> *Ich mag Fußball. Und Sie?*   *Ich auch.* ☺ / *Ich nicht.* ☹
> *= Fußball finde ich gut. Und Sie?*

2. Sagen Sie dann zu einem TN: „Ich mag Fußball. Und Sie?" Machen Sie, wenn nötig, weitere Beispiele.
3. Sehen Sie sich zusammen mit den TN die Beispiele im Buch an und fragen Sie: „Welche Stadt in Deutschland finden Sie gut?" Machen Sie ggf. weitere Beispiele im Plenum.
4. Erstellen Sie mit den TN einen Fragenkatalog oder verteilen Sie die Kopiervorlage L13/D4. Die TN vervollständigen zunächst in Stillarbeit die Lücken und beantworten dann die Fragen schriftlich. Anschließend befragen sie sich in Partnerarbeit gegenseitig. Dabei können sie sich auf ihre Notizen stützen. Geübte TN erstellen selbstständig einen Fragenkatalog für das Interview. Die Beispiele im Buch helfen ihnen dabei. Anschließend befragen sie sich gegenseitig. Gehen Sie herum und helfen Sie bei Schwierigkeiten.

LERN TAGEBUCH

Arbeitsbuch 21: Die TN lesen die Beispiele und ergänzen die Tabelle um weitere Beispiele wie Sportarten, Tiere, Getränke, Personen etc. Anschließend füllen die TN die Tabelle entsprechend ihren persönlichen Vorlieben aus. Gehen Sie herum und helfen Sie bei Schwierigkeiten. Durch diese Übung werden die TN dafür sensibilisiert, in welchen Kontexten man das Verb „mögen" benutzen kann. Wer will, überträgt seine Tabelle zum Abschluss auf ein Plakat, das im Kursraum aufgehängt wird. Später heften die TN die Blätter in ihrem Lerntagebuch ab.

LEKTION 13

Materialien
E1 auf Folie
E2 auf Folie
E3 Kopiervorlage L13/E3
Test zu Lektion 13
Wiederholung zu Lektion 12 und Lektion 13

Im Kaufhaus
Kundengespräche im Kaufhaus
Lernziel: Die TN können sich im Kaufhaus orientieren und um Rat oder Hilfe bitten.

E **13**

E1 Präsentation des Wortfelds „Abteilungen im Kaufhaus"
1. Die TN sehen sich den Plan des Kaufhauses an. Skizzieren Sie an der Tafel ein Gebäude mit drei Etagen (Untergeschoss, Erdgeschoss und Obergeschoss). Fragen Sie: „Wo ist das Erdgeschoss?" Ein TN kommt an die Tafel und zeigt das Erdgeschoss. Tragen Sie „Erdgeschoss" in das Tafelbild ein und fragen Sie weiter nach dem Unter- und Obergeschoss.
2. Deuten Sie auf der Folie auf „Elektro" und fragen Sie: „Was kann man in der Elektroabteilung kaufen?" Sammeln Sie einige Beispiele im Plenum. Fragen Sie noch nach einigen anderen Abteilungen, bis das Wort „Abteilung" klar ist.
3. Die TN sehen sich das Foto von Familie Steinberg an. Fragen Sie: „Was braucht Horst?", „Was möchte Lukas?" etc. Sammeln Sie mit den TN, welche Gegenstände die Familie im Kaufhaus sucht.
4. Deuten Sie auf das Schild und fragen Sie: „Wohin geht Horst?", „Wohin geht Lukas?" etc. Zusätzlich können Sie nach den entsprechenden Abteilungen fragen: „In welche Abteilung geht ...?"
Lösung: Lukas: ins Untergeschoss (in die Sportabteilung); Marie: ins Erdgeschoss (in die Bücherabteilung); Melanie: ins Erdgeschoss (in die Drogerieabteilung); Peter: ins Untergeschoss (in die Video-/TV-Abteilung)

TIPP Wenn es ein Kaufhaus in der Nähe Ihrer Institution/Schule gibt, können Sie die TN bitten, sich in Kleingruppen auf ein paar Gegenstände zu einigen, die sie gern kaufen möchten. Gehen Sie mit den TN ins nächstgelegene Kaufhaus. Die Gruppen überlegen sich anhand des „Wegweisers" am Ort, in welcher Abteilung sie nach den Gegenständen suchen wollen. Helfen Sie den TN ggf., wenn die Abteilungsbezeichnungen nicht mit denen im Buch übereinstimmen. Am nächsten Kurstag präsentieren die Gruppen ihre Ergebnisse im Kurs.

E2 Präsentation: Verkaufs- und Beratungsgespräche
1. Die TN sehen sich Zeichnung A auf der Folie an. Decken Sie die Sätze zunächst ab. Fragen Sie: „Wo ist das?", „Was möchte der Mann?", „Was sagt er?" Die TN stellen Vermutungen an.
2. Decken Sie dann die Redemittel auf und fragen Sie: „Was passt?" Die TN lesen die Sätze in Stillarbeit und ordnen Zeichnung A die passende Frage zu.
3. Die TN ordnen in Partnerarbeit die übrigen Sätze den Zeichnungen zu.
4. Abschlusskontrolle mithilfe der Folie im Plenum. Gehen Sie an dieser Stelle ggf. auf Fragen zum Wortschatz ein. Der Ausdruck „... steht mir gut/besser" ist möglicherweise noch nicht bekannt. Sie können die Bedeutung mit „... passt gut/ besser zu mir" oder „Mit ... sehe ich gut aus" gleichsetzen.
Lösung: A 4; B 2; D 5; E 3; F 6

E3 Aktivität im Kurs: Kundengespräche – ein Spiel
1. Diese Aufgabe führt an den Prüfungsteil Sprechen, Teil 2, der Prüfung *Start Deutsch 1* heran. Die TN können sich am Beispiel von Einkaufssituationen mit der Aufgabenstellung vertraut machen.
2. Die TN finden sich paarweise zusammen und spielen abwechselnd Kundin/Kunde und Verkäuferin/Verkäufer: Ein TN liest still die Situationsbeschreibung und formuliert eine passende Frage, die Partnerin / der Partner antwortet. Wer fertig ist, überlegt, welche Produkte in den anderen Abteilungen (vgl. E1) zu kaufen sind, und macht eine Wörterliste. Diese kann z.B. im Kursraum für alle zur Ansicht aufgehängt werden.
3. *fakultativ:* Kopieren Sie die Kopiervorlage L13/E3 auf etwas stärkeres farbiges Papier und schneiden Sie die Karten aus. Jedes Paar / Jede Kleingruppe erhält einen Kartenstapel. Die TN lesen abwechselnd die Situationen vor und sprechen kurze Gespräche. Gehen Sie während des Spiels herum und helfen Sie bei Schwierigkeiten.

Arbeitsbuch 22: als Hausaufgabe; **23–24:** im Kurs; **25:** als Hausaufgabe

PRÜFUNG **Arbeitsbuch 26:** Im Prüfungsteil Sprechen, Teil 2, der Prüfung *Start Deutsch 1* erhalten die TN Stichwortkarten – hier zum Thema „Einkaufen" – und sollen Fragen stellen bzw. beantworten. Im Kurs können Sie die Stichwörter vergrößern und als Kartensatz an Kleingruppen von 4–5 TN verteilen. Die TN üben in der Gruppe.

Einen Test zu Lektion 13 finden Sie auf den Seiten 138–139. Weisen Sie die TN auf die interaktiven Übungen auf ihrer Arbeitsbuch-CD hin. Die TN können mit diesen Übungen den Stoff der Lektion selbstständig wiederholen und sich ggf. auch auf den Test vorbereiten. Wenn Sie mit den TN den Stoff von Lektion 12 und Lektion 13 wiederholen möchten, verteilen Sie die Kopiervorlage „Wiederholung zu Lektion 12 und Lektion 13" (Seiten 126–127): Kopieren Sie den Spielplan so oft auf DIN A3, dass die TN jeweils zu dritt spielen können. Jede Gruppe erhält ein Spielbrett, drei Spielfiguren und eine Münze. Gespielt wird im Uhrzeigersinn. Der erste TN wirft die Münze. Bei „Kopf" darf sie/er ein Feld vorrücken, bei „Zahl" zwei Felder. Wird die Aufgabe richtig gelöst, darf der TN auf dem Feld stehen bleiben, wenn die Antwort falsch ist, muss der TN ein Feld zurück. Ist das Feld bereits besetzt, darf der Spielstein des Mitspielers ein Feld zurückgesetzt werden, auch wenn dort dann zwei Spielfiguren stehen. Wer zuerst im Ziel ist, hat gewonnen.

77 LEKTION 13

Zwischenspiel 13
Was steht uns am besten?
Komplimente machen

Materialien
1 Kopiervorlage „Zwischenspiel zu Lektion 13",
Modekataloge

1 Eine Anziehpuppe basteln

1. Kopieren Sie die Kopiervorlage „Zwischenspiel zu Lektion 13" für jeden TN, sodass diese daraus ihre Figuren ausschneiden können. Bringen Sie außerdem Modekataloge mit.
2. Die TN geben ihren Figuren eine Haarfarbe und einen Namen und machen aus den Kleidungsstücken der Modekataloge Kleider für die Figuren.

2 Eine Person beschreiben

1. Klären Sie vorab die Haarfarben, indem Sie z.B. auf Ihre eigenen Haare deuten und sagen: „Ich habe blonde/braune/... Haare." Fragen Sie einzelne TN exemplarisch, welche Haarfarbe sie haben.
2. Die TN lesen die Beispiele im Buch.
3. *fakultativ:* Erstellen Sie mit den TN einen Fragenkatalog an der Tafel, damit sie einen Anhaltspunkt haben, welche Informationen sie sich zu ihren Figuren überlegen könnten: Wie heißt die Person? Was ist sie von Beruf? Was sind ihre Hobbys? Was kann sie gut? etc.
4. Die TN stellen ihre Figur in Kleingruppen von 4–5 TN vor. In kleinen Kursen können die Figuren dem Plenum vorgestellt werden.

TIPP

Diese Aufgaben werden insbesondere dem haptischen Lerntyp Freude machen. Sollten Sie TN im Kurs haben, die kreative Aufgaben oder Basteln nicht mögen oder für kindisch halten, können sie diesen TN anbieten, sich ihre Figur nur im Kopf vorzustellen und einen Informationstext mithilfe des Fragenkatalogs zu schreiben. Oder sie stellen sich vor, sie würden einen Roman schreiben, und sollen die Hauptpersonen den Lesern beschreiben: Wie sieht die Protagonistin / der Protagonist aus? Was hat sie/er an? Was mag sie/er? Diese „geistige" Kreativität liegt manchen kognitiven TN möglicherweise eher und so sind auch diese TN eingebunden und klinken sich nicht aus.

3 Sprechen: Komplimente machen 1

Die TN sprechen in den Kleingruppen über die Figuren. Was gefällt ihnen daran? Welche Figur gefällt ihnen am besten? Gehen Sie herum und hören Sie in die Gespräche hinein. Helfen Sie ggf. mit Nachfragen, das Gespräch am Laufen zu halten oder zu vertiefen.

4 Sprechen: Komplimente machen 2

1. Die TN lesen die Beispiele im Buch.
2. Sie machen sich gegenseitig in den Kleingruppen Komplimente zu ihrer Kleidung und bedanken sich dafür.
   Variante: Die TN gehen im Kursraum umher und machen verschiedenen TN Komplimente zu ihrer Kleidung. Spielen Sie auch mit, um unsicheren TN ein Beispiel zu geben und ggf. unauffällig und individuell Fehler zu korrigieren.

LEKTION 13 **78**

Materialien
Projekt: Zeitungen mit Kleinanzeigen, Plakate, Scheren, Klebstoff

Fokus Alltag 13
Einen Preisnachlass aushandeln

Die TN können mit einfachen Worten fragen, ob es bei einer bestimmten Ware einen Preisnachlass gibt.

1 **Leseverstehen 1: Schlüsselwörter verstehen**
1. Die TN lesen die linke Anzeige. Fragen Sie, was die Jogginghose im Moment kostet. Was kosten die Turnschuhe?
   Lösung: Jogginghose: 35 Euro; Turnschuhe: 59,90 Euro
2. Fragen Sie, was die Jogginghose bzw. die Turnschuhe ursprünglich gekostet haben, und erklären Sie anhand der Preisunterschiede den Begriff „Preisnachlass". Schreiben Sie auch an die Tafel: Preisnachlass = Rabatt.
3. Die TN lesen die rechte Anzeige und die Aussagen und kreuzen ihre Lösungen an.
4. Abschlusskontrolle im Plenum. *Lösung:* richtig: b, c

2 **Leseverstehen 2: Den wesentlichen Inhalt verstehen**
1. Die TN lesen die E-Mail an den Kundenservice. Geben Sie Gelegenheit zu Wortschatzfragen.
2. Die TN lesen die Aussagen zum Text und lesen den Text bei Bedarf noch einmal. Sie kreuzen ihre Lösungen an.
3. Abschlusskontrolle im Plenum. *Lösung:* a) richtig; b) falsch; c) falsch; d) richtig
4. Fragen Sie, ob auch Frau Becker einen Preisnachlass für den Helm bekommt, wenn sie mit dem Verkäufer spricht.
   Lösungsvorschlag: Es ist eher unwahrscheinlich, denn ihr Helm hatte keinen Fehler (zumindest erwähnt sie nichts davon).

3 **Landeskunde: Preisnachlass**
1. Die TN sehen sich die Zeichnungen an und überlegen in Partnerarbeit, in welchen Fällen ein Preisnachlass möglich ist. Sie kreuzen ihre Lösungen an.
2. Abschlusskontrolle im Plenum. *Lösung:* A, C, (D)
3. Sprechen Sie mit den TN über ihre Erfahrungen mit Preisnachlässen: Kaufen sie bei Rabattaktionen ein? Haben sie schon einmal versucht, auf Deutsch einen Preisnachlass auszuhandeln? In welchen Fällen glauben sie, auch Anspruch auf einen Preisnachlass zu haben?

LANDESKUNDE Die TN sollten wissen, dass es die Möglichkeit eines Preisnachlasses gibt. Seit das Rabattgesetz 2001 gefallen ist, ist theoretisch jeder Preis (außer für Bücher!) frei verhandelbar. Allerdings entspricht das nicht der deutschen Realität. Im Allgemeinen wird der Preis bezahlt, der auf dem Produkt steht. Nur in wenigen Branchen, z.B. beim Auto- und Möbelkauf, und bei größeren Mengen können Privatkunden richtig handeln. Ansonsten gehen die Rabattangebote eher von Händlerseite aus. Erklären Sie ggf., dass es zu bestimmten Zeiten oft Angebote gibt, z.B. nach Weihnachten oder wenn die Lager geräumt werden müssen, damit Platz für neue Ware ist, etc.

4 **Rollenspiel: Einen Preisnachlass aushandeln**

1. Die TN hören zwei Gespräche und lesen in ihrem Buch mit.
2. Die TN wählen zu zweit eine Situation aus und spielen ein Gespräch nach dem Muster im Buch. Geübte TN können beide Situationen spielen.
3. *fakultativ:* Spielfreudige TN können ihr Gespräch im Kurs vorspielen.

PROJEKT
1. Bringen Sie Stadtteilzeitungen o.Ä. in den Kurs mit. Die TN finden sich in Kleingruppen von vier TN zusammen.
2. Die TN sehen die Zeitungen durch und schneiden Sonderangebote und Rabattaktionen aus. Sie kleben die Angebote als Collage auf ein Plakat und hängen dieses im Kursraum auf.
   Variante: Bitten Sie die TN, in der kommenden Woche bei ihren Einkäufen darauf zu achten, wo es überall Rabattangebote und Preisnachlässe gibt (im Autohaus, im Möbelgeschäft, im Supermarkt etc.). Sie sollen sich Notizen machen und dann im Kurs über ihre Entdeckungen berichten.

79 LEKTION 13

Fokus Beruf 13
Informationen zu Schutzkleidung verstehen
Die TN kennen Bestimmungen zu Schutzkleidung.

Materialien
2 ggf. Fotos von Schutzkleidung
3 ggf. Fotos der Berufe Chemiker, Schweißer

Da dieser Fokus möglicherweise nur für einen Teil der TN von Interesse ist, können die Übungen auch als Hausaufgabe gegeben werden.

1

Leseverstehen 1: Den wesentlichen Inhalt verstehen
1. Erklären Sie vorab unbekannte Wörter wie „Betrieb", „Haut", „Schutz".
2. Die TN lesen zuerst die Aussagen und dann den Informationstext. Sie kreuzen ihre Lösungen an.
3. Abschlusskontrolle im Plenum. *Lösung:* b) richtig; c) falsch; d) falsch; e) richtig

2

Präsentation des Wortfelds „Schutzkleidung"
1. Die TN sehen die Schilder an und ordnen den jeweils passenden Begriff zu.
2. Abschlusskontrolle im Plenum. *Lösung:* B die Schutzhandschuhe; C der Schutzhelm; D der Schutzanzug; E die Schutzbrille
3. *fakultativ:* Geben Sie genauere Erklärungen zur Schutzkleidung, z.B. sind Sicherheitsschuhe sehr stabile Schuhe mit einer Stahlkappe im vorderen Bereich. Anbieter von Schutzkleidung haben Fotos davon auf ihren Internetseiten. Bringen Sie Fotos mit, damit die TN sich Beispiele ansehen können.

3

Erweiterung zum Wortfeld „Schutzkleidung"
1. Stellen Sie sicher, dass die TN wissen, was ein Chemiker und ein Schweißer ist. Vielleicht finden Sie im Internet passende Fotos, um diese Berufe zu veranschaulichen.
2. Die TN kreuzen ihre Lösungen an und vergleichen mit der Partnerin / dem Partner.
3. Abschlusskontrolle im Plenum. *Lösungsvorschlag:* Schutzbrille: (Bauarbeiter), Chemiker, Schweißer; Schutzhelm: Bauarbeiter; Schutzhandschuhe: Bauarbeiter, Chemiker, Schweißer; Sicherheitsschuhe: Bauarbeiter, (Schweißer); Schutzanzug: (Automechaniker), Chemiker, Schweißer

4

Über Schutzkleidung sprechen
TN, die Schutzkleidung in ihrem Beruf tragen müssen, berichten davon. Erweitern Sie das Thema ggf. auf andere Berufskleidung wie weiße Kittel für Arzthelferinnen, Kochmützen in der Küche etc.

LEKTION 13   **80**

Materialien
2 ggf. Set zum Bleigießen, Schüssel mit Wasser
5 ggf. Foto, Postkarte oder Kalenderblatt von einem Hasen

FESTE

Folge 14: *Prost Neujahr!*
Einstieg in das Thema: Feste feiern

1 Vor dem Hören: Vorwissen aktivieren
1. Deuten Sie auf die Foto-Hörgeschichte und fragen Sie: „Was machen Familie Schneider, Niko und Sabine zusammen? Welches Fest feiern sie?"
2. Die TN sehen sich die Fotos an und tauschen sich mit ihrer Partnerin / ihrem Partner aus.
3. Fragen Sie noch einmal: „Welches Fest ist das?" Fragen Sie auch: „Warum denken Sie das?" Notieren Sie dann an der Tafel die Wörter, die von den TN zu Silvester/Neujahr genannt werden oder auf die die TN in der Foto-Hörgeschichte zeigen (z.B. die Luftschlange, die Kerze, der Sekt). *Lösung:* Neujahr/Silvester
4. *fakultativ:* Wenn die TN großes Interesse am Thema signalisieren, können Sie die Wortschatzarbeit auch erweitern und Wortigel zu „Geburtstag", „Karneval" und „Weihnachten" an der Tafel vorgeben. Die TN nennen ihnen bekannte Wörter zu diesen Festen.

2 Vor dem Hören: Einen Schlüsselbegriff verstehen
1. Die TN sehen sich die Fotos 5–9 noch einmal genauer an. Fragen Sie: „Kennen Sie Bleigießen?" Wichtig ist, dass TN, die den Brauch nicht kennen, eine Erklärung bekommen: „Das ist ein Spiel. Man spielt es zu Silvester. Man macht das Blei warm und gießt es in eine Schüssel mit Wasser. Dann bekommt man eine Figur. Sie zeigt, was im neuen Jahr passiert." Deuten Sie zur Veranschaulichung der neuen Wörter auf die Schüssel (Foto 6 oder 9) sowie auf die Bleifiguren (Foto 7–9).
2. *fakultativ:* Noch anschaulicher wird die Erklärung, wenn Sie ein Set zum Bleigießen mitbringen und den Ablauf im Kurs demonstrieren.
3. Fragen Sie weiter: „Gibt es Bleigießen auch bei Ihnen zu Hause oder gibt es eine ähnliche Tradition?", „Machen Sie das mit Freunden oder mit der Familie?", „Welche Figur hatten Sie schon einmal?" etc. Die TN erzählen ggf. auch von Silvesterbräuchen in ihren Ländern, soweit sprachlich möglich.

3 Beim ersten Hören
Schreiben Sie folgende Fragen an die Tafel: „Wer kann leider nicht zur Party kommen?", „Warum?" und „Mit wem geht Niko zur Silvesterparty?". Die TN hören die Geschichte einmal durchgehend. Weitere Vorschläge zum Umgang mit der Foto-Hörgeschichte finden Sie auf Seite 6 f.
Lösungsvorschlag: Nikos Mutter kann nicht kommen. Ihre Schwester ist krank. Niko geht zusammen mit Sabine und ihrem Sohn Mike zur Silvesterparty.

4 Nach dem ersten Hören: Den wesentlichen Inhalt verstehen
1. Die TN lesen die Aussagen und kreuzen ihre Lösungen an. Durch die ausführliche Behandlung des Themas „Bleigießen" in Aufgabe 2 und mithilfe des Hörauftrags in Aufgabe 3 sollten die TN diese Aufgabe mühelos bewältigen.
2. Abschlusskontrolle im Plenum. Die TN stellen falsche Aussagen richtig.
Lösung: a) falsch: Familie Schneider macht eine Party und lädt Niko ein. b) falsch: Nikos Mutter kann nicht kommen, ihre Schwester ist krank. c) richtig

5 Nach dem Hören: Details der Geschichte verstehen
1. Sehen Sie gemeinsam mit den TN noch einmal Foto 8 an. Fragen Sie: „Was hält Sara in der Hand?", „Was bedeutet das?", und „Warum lacht Sara?"
2. Die TN lesen Aussage a). Fragen Sie: „Zu welchem Bild passt das?" Erinnern Sie die TN daran, dass Sara zwei Stoffhasen hat, und zeigen Sie ggf. ein Foto aus *Schritte plus 1*, Lektion 2. Fragen Sie die TN, was ein „echter Hase" ist. Vielleicht haben Sie ein Foto, eine Postkarte oder ein Kalenderblatt von einem Hasen, das sie zeigen können.
3. Die TN bearbeiten die Beispiele b) und c) in Partnerarbeit.
4. Abschlusskontrolle im Plenum. Gehen Sie ggf. auch kurz auf das Thema „Noten" ein. Vielleicht haben einige TN Kinder, die in Deutschland zur Schule gehen. Sie wissen sicherlich, was eine gute und was eine schlechte Note ist, und können es den anderen erklären. Die TN sollten verstehen, dass die Note Eins die beste Note ist. In einigen Ländern, beispielsweise in Bulgarien oder in der Türkei, ist das die schlechteste Note.
Lösung: a) 3; b) 2; c) 1

6 Nach dem Hören: Vermutungen über die Fortsetzung der Foto-Hörgeschichte äußern
1. Die TN lesen die Sprechblasen. Fragen Sie: „Was meinen Sie? Was passiert im neuen Jahr?"
2. Die TN stellen Vermutungen über den weiteren Verlauf der Foto-Hörgeschichte an. Geben Sie ggf. ein paar Hypothesen vor und lassen Sie die TN darüber abstimmen.
3. *fakultativ:* Mit Lektion 14 wird die Niveaustufe A1 abgeschlossen und damit auch die Foto-Hörgeschichte um Niko und die Familie Schneider. Wenn Ihren TN die Arbeit mit der Foto-Hörgeschichte Spaß gemacht hat, können sie nun selbst eine Fortsetzung erfinden. Die TN können z.B. einen kurzen Text schreiben oder sich in Kleingruppen ein Rollenspiel ausdenken und die Fortsetzung szenisch darstellen.

81 LEKTION 14

14 A Und wann ist der **einunddreißigste** Dezember?

Ordinalzahlen
Lernziel: Die TN können nach dem Datum fragen und das Datum angeben.

Materialien
A1 auf Folie; ggf. Kalender
A2 Kalenderblätter
A3 Kopiervorlage L14/A3
A4 Plakate
Projekt: Schulferienkalender, Wandplakate

A1 Präsentation der Ordinalzahlen

1. Deuten Sie auf das abgebildete Kalenderblatt im Buch oder bringen Sie einen richtigen Kalender mit und sagen Sie: „Das ist ein Kalender."
2. Legen Sie die Folie auf und lesen Sie den ersten Satz vor. Umkreisen Sie noch einmal den 31. Dezember auf dem nebenstehenden Kalenderblatt.
3. Zeigen Sie auf der Folie noch einmal auf den 31. Dezember und sagen Sie betont: „Heute ist der einunddreißigste Dezember." Fragen Sie dann: „Und morgen? Der wie vielte ist morgen?" Umkreisen Sie die Eins des 1. Januar. Die TN suchen im Schüttelkasten im Buch das passende Wort und tragen es selbstständig in ihren Text ein. Überprüfen Sie mit den TN die Lösung, bevor die TN den restlichen Text in Stillarbeit bearbeiten.
4. Abschlusskontrolle im Plenum. Markieren Sie dabei alle Daten auf der Folie, die in der Aufgabe vorkommen.
   Lösung: erste; vierundzwanzigste; sechste; fünfte
5. Zeigen Sie die Systematik der Ordinalzahlen mithilfe eines Tafelbildes:

```
Heute ist                                    Heute ist

1 = eins      1. = ... der erste (Dezember)  20 = zwanzig         20. = ... der zwanzigste ...
2 = zwei      2. = ... der zweite ...        21 = einundzwanzig   21. = ... der einundzwanzigste ...
3 = drei      3. = ... der dritte ...
4 = vier      4. = ... der vierte ...
...
```

Heben Sie die Sonderformen „erste" und „dritte" farbig hervor und markieren Sie bei den übrigen Ordinalzahlen die Endungen „-te" bzw. „-ste" farbig. Machen Sie außerdem bei allen Ordinalzahlen den Punkt farbig, um den Unterschied zu den Kardinalzahlen zu verdeutlichen. Weisen Sie auch auf den Grammatikspot hin.

6. Deuten Sie auf den Nikolaus im Buch und sagen Sie: „Am sechsten Dezember feiern wir Nikolaus." Erklären Sie, dass Kinder, die das ganze Jahr über „gut" waren, an diesem Tag vom Nikolaus Süßigkeiten, Orangen, Nüsse und andere kleine Geschenke bekommen. Kinder, die nicht so „gut" waren, werden vom Nikolaus getadelt.

A2 Anwendungsaufgabe zu den Ordinalzahlen

1. Zwei TN lesen das Beispiel vor.
2. Fragen Sie einen geübten TN: „Was für ein Wochentag ist der sechste Dezember?" und gehen Sie mit den TN weitere Beispiele mithilfe des Kalenderblatts im Buch durch.
3. Die TN finden sich paarweise zusammen. Verteilen Sie an jedes Paar das Kalenderblatt für einen anderen Monat in Kopie. Wiederholen Sie vorab ggf. die Monate mit den TN (siehe Lektion 9). Die TN befragen sich gegenseitig. Gehen Sie herum und helfen Sie bei Schwierigkeiten.

Arbeitsbuch 1: als Hausaufgabe

A3 Erweiterung: Ordinalzahlen auf die Frage „Wann?"

1. Die Bücher bleiben geschlossen. Fragen Sie: „Wann ist die Hochzeit von Michael und Katrin?" und spielen Sie Gespräch a) vor. Die TN versuchen, das richtige Datum herauszuhören, und notieren die Lösung. Sie öffnen ihr Buch und vergleichen mit der vorgegebenen Lösung.
2. Die TN lesen Aufgabe b) und hören das Gespräch so oft wie nötig. Geben Sie genug Zeit zum Ankreuzen der Lösung und zum Lesen der nächsten Aufgabe, bevor Sie Gespräch c) vorspielen.
3. Verfahren Sie mit Beispiel c) und d) genauso.
4. Abschlusskontrolle im Plenum.
   Lösung: b) am dreiundzwanzigsten; c) am elften April; d) vom 12. bis 30. August
5. Verweisen Sie auf den Grammatikspot und zeigen Sie, dass man bei einer Datumsangabe auf die Frage „Wann?" mit „am" antwortet, wenn man einen Zeitpunkt angeben will, aber mit „vom ... bis (zum)", wenn es sich um eine Zeitspanne handelt. Den Unterschied zwischen Zeitpunkt und Zeitspanne kennen die TN bereits aus *Schritte plus 1*, Lektion 5. Verdeutlichen Sie diesen ggf. noch einmal mithilfe der Zeitleiste im Buch oder mithilfe des mitgebrachten Kalenders.

LEKTION 14   82

Materialien
A1 auf Folie; ggf. Kalender
A2 Kalenderblätter
A3 Kopiervorlage L14/A3
A4 Plakate
Projekt: Schulferienkalender, Wandplakate

Und wann ist der **einunddreißigste** Dezember?

Ordinalzahlen
Lernziel: Die TN können nach dem Datum fragen und das Datum angeben.

A

6. Schreiben Sie Beispiele an die Tafel:

Zeigen Sie anhand des Tafelbildes, dass die Ordinalzahlen für die Datumsangabe unterschiedliche Endungen haben, je nachdem, ob man auf die Frage „Welcher?" oder „Wann?" antwortet.

7. *fakultativ:* Auf spielerische Weise können die TN mit dem Memo-Spiel der Kopiervorlage L14/A3 die Datumsangaben üben. Das Spiel kann auch zu einem späteren Zeitpunkt zur Wiederholung eingesetzt werden.

Arbeitsbuch 2–3: in Stillarbeit

A4 **Aktivität im Kurs: Eine Geburtstagsliste erstellen**
1. Notieren Sie an der Tafel die Frage: „Wann hast du Geburtstag?" und stellen Sie die Frage einem TN. Notieren Sie das Geburtsdatum exemplarisch an der Tafel.
2. Teilen Sie den Kurs je nach Größe in 2-3 Gruppen ein. Jede Gruppe wählt einen TN aus, der zunächst die Vornamen aller TN der Gruppe auf einem extra Blatt notiert.
3. Die TN fragen sich gegenseitig nach dem Geburtsdatum. Ein TN trägt die Daten auf dem Blatt ein. Wenn alle ihr Geburtsdatum genannt haben, ordnen die TN die Geburtsdaten chronologisch, übertragen die Liste auf ein Plakat und hängen dieses im Kursraum auf.
4. *fakultativ:* Schreiben Sie „Wichtige Daten in meinem Leben" an die Tafel. Die TN schreiben in Stillarbeit oder als Hausaufgabe einige Sätze mit Datumsangabe zu wichtigen Ereignissen/Tagen in ihrem Leben. Lassen Sie die Sätze im Kurs vorlesen, damit die TN auch zeigen können, dass sie die Datumsangaben auch korrekt sagen können.

TIPP Wenn jemand im Lauf des Kurses Geburtstag hat, können Sie diesen gemeinsam feiern. Zum einen erleben die TN so selbst, wie man in einem deutschsprachigen Land Geburtstag feiert, zum anderen trägt ein gemeinsames Fest auch zu einer entspannten Kursatmosphäre bei, was für den Erfolg des Lernprozesses nicht zu unterschätzen ist.

PROJEKT **Arbeitsbuch 4:** Die TN bearbeiten das Projekt als Hausaufgabe und erfragen die Ferientermine bei Freunden, Bekannten, Nachbarn oder z.B. im Kindergarten bzw. in der Schule ihrer Kinder. Sollten Sie TN im Kurs haben, die keine Kinder und kaum Kontakt zu Muttersprachlern haben, geben Sie diesen einen Schulferienkalender, aus dem sie die Daten für das entsprechende Bundesland heraussuchen können. In der nächsten Unterrichtsstunde tragen die TN ihre Ergebnisse in Kleingruppen zusammen und erstellen Gruppenplakate. Abschließend können Sie an jeden TN eine Kopie des Schulferienkalenders austeilen. Fragen Sie: „Wann beginnen die Sommerferien in Bayern?", „Wann beginnen die Sommerferien in Hamburg?" etc. Die TN stellen fest, dass die Sommerferien in jedem Bundesland zu einem anderen Zeitpunkt beginnen. Gehen Sie ggf. darauf ein, warum dies so ist, und fragen Sie die TN, ob es in ihren Ländern eine ähnliche Regelung gibt.

83 LEKTION 14

14 B Sie besucht **dich** doch über Weihnachten und Neujahr.

Personalpronomen im Akkusativ
Lernziel: Die TN können über Personen und Gegenstände sprechen.

Materialien
B3 auf Folie und als Arbeitsblatt
Projekt: Silvesterfotos, Luftschlangen, Set zum Bleigießen, Marzipanfiguren (Kleeblatt, Marienkäfer, Glücksschwein etc.)

B1 **Präsentation der Personalpronomen im Akkusativ**
1. Sehen Sie sich gemeinsam mit den TN noch einmal Foto 2 der Foto-Hörgeschichte an und fragen Sie: „Was macht Tina?", „Wen ruft sie an?" und „Was fragt sie?" Die TN erinnern sich sicherlich an das Telefongespräch mit Niko und können Stichpunkte nennen. Achten Sie darauf, dass die TN in dieser Phase noch nicht die Sprechblasen lesen, sondern die Foto-Hörgeschichte aufgeschlagen haben.
2. Die TN hören noch einmal den Ausschnitt aus der Foto-Hörgeschichte und lesen im Buch Beispiel a) mit. Anschließend hören sie drei weitere Gesprächsausschnitte von Tina, lesen die Sprechblasen mit und ergänzen die Lücken.
3. Abschlusskontrolle im Plenum. *Lösung:* b) sie; c) sie; d) ihn

B2 **Systematisierung der Personalpronomen im Akkusativ**
1. Erklären Sie den Bezug eines Personalpronomens im Akkusativ mit einem Tafelbild:

2. Ein TN liest Sprechblase b) vor. Notieren Sie das Beispiel ebenfalls an der Tafel:

Fragen Sie: „Wer ist mit *sie* gemeint? Nikos Mutter oder Nikos Freundin?" Unterstreichen Sie dann „eine Freundin" und „sie" und verbinden Sie diese mit einem Pfeil. Machen Sie anhand des Tafelbildes deutlich, dass „eine Freundin" im zweiten Satz nicht wiederholt, sondern „sie" benutzt wird. Erinnern Sie die TN daran, dass eine schon genannte Person / ein schon genanntes Objekt durch ein Personalpronomen ersetzt werden kann.
3. Verfahren Sie mit Beispiel c) und d) analog.
4. Abschlusskontrolle im Plenum.
Lösung: b) sie = Nikos Freundin (Sabine); c) sie = Sabine und Mike (Sabines Sohn); d) ihn = Niko
5. Verweisen Sie auch auf den Grammatikspot und gehen Sie auf die Personalpronomen im Akkusativ ein, die in den Beispielen noch nicht vorgekommen sind.

Arbeitsbuch 5: in Stillarbeit

B3 **Anwendungsaufgabe zu den Personalpronomen im Akkusativ**
1. Die Bücher sind geschlossen. Die TN sehen Zeichnung A auf der Folie an. Lesen Sie die Sprechblase vor und betonen Sie dabei die Personalpronomen. Zeigen Sie bei „Er" auf den jungen Mann, bei „mich" auf die junge Frau.
2. Die TN sehen sich Zeichnung B an und suchen das passende Pronomen.

3. Die TN öffnen ihr Buch und ergänzen die übrigen Lücken in Partnerarbeit. Geübte TN erhalten die Aufgabe als Arbeitsblatt ohne Schüttelkasten. Gehen Sie herum und helfen Sie bei Schwierigkeiten.
4. Abschlusskontrolle im Plenum. *Lösung:* B ihn; C euch; D dich; E sie; F Sie

Arbeitsbuch 6-9: in Stillarbeit oder als Hausaufgabe: Übung 6 macht den Zusammenhang von Peronalpronomen in Nominativ und Dativ bewusst.

B4 **Aktivität im Kurs: Ratespiel**
1. Die TN lesen das Beispiel im Buch.
2. Die TN finden sich in Kleingruppen von 5-6 TN zusammen. Ein TN dreht sich mit dem Rücken zur Gruppe, die anderen verstecken einige Gegenstände dieses TN.
3. Der TN dreht sich wieder zur Gruppe und befragt die anderen nach seinen vermissten Gegenständen, bis er wieder alle hat.
4. Ein anderer TN dreht sich mit dem Rücken zur Gruppe etc.

LEKTION 14   84

Materialien
B3 auf Folie und als Arbeitsblatt
Projekt: Silvesterfotos, Luftschlangen, Set
zum Bleigießen, Marzipanfiguren (Kleeblatt,
Marienkäfer, Glücksschwein etc.)

Sie besucht **dich** doch über Weihnachten und Neujahr.

Personalpronomen im Akkusativ
Lernziel: Die TN können über Personen und Gegenstände sprechen.

B 14

PROJEKT   **Arbeitsbuch 10:** Machen Sie zusammen mit den TN einen Wortigel zu Silvester/Neujahr in Deutschland. Insbesondere TN, die schon einige Zeit hier leben und Kontakt zu Deutschen haben, können ihr Vorwissen einbringen. Zeigen Sie ggf. zur Veranschaulichung einige Fotos von Silvester und Realien wie Luftschlangen und Glücksbringer.
Hinweis: Wenn Sie in Österreich oder in der Schweiz unterrichten, sollten Sie die Aufgabe entsprechend adaptieren.
Fragen Sie die TN in einem zweiten Schritt: „Wann feiern Sie in Ihrem Land Neujahr?" und „Wie feiert man das in Ihrem Land?" Als Hausaufgabe schreiben die TN einen kurzen Text über das Neujahrsfest in ihrem Land und illustrieren diesen nach Möglichkeit mit Bildern oder Fotos. Geben Sie konkrete Fragen vor (Wann feiert man Neujahr? Mit wem? Was isst/trinkt man?), um die TN sprachlich nicht zu überfordern. Wer will, kann in der nächsten Unterrichtsstunde im Plenum berichten. Anschließend hängen die TN ihre Texte im Kursraum auf. So entsteht eine Wandzeitung, die vielleicht zu dem einen oder anderen Gespräch der TN untereinander anregt.

85 LEKTION 14

14 C Sie kann leider nicht kommen, **denn** ihre Schwester ist krank.

Materialien
C4 Kopiervorlage L14/C4

Konjunktion *denn*
Lernziel: Die TN können Gründe angeben.

C1

Präsentation: Konjunktion *denn*

1. Die TN lesen die Zitate in Stillarbeit und ordnen das Gespräch. Wer fertig ist, kann mit seiner Partnerin / seinem Partner vergleichen.
2. Die TN hören den Ausschnitt aus der Foto-Hörgeschichte und überprüfen ihre Lösung selbstständig.
   Lösung: vgl. Hörtext
3. Zwei TN lesen das Gespräch noch einmal vor.
4. Zeigen Sie mithilfe des Grammatikspots, dass man mit der Konjunktion „denn" Gründe angibt.

! Einige TN kennen vielleicht schon die Konjunktion „weil". In diesem Fall können Sie erwähnen, dass „denn" und „weil" dieselbe Bedeutung haben. Verzichten Sie aber unbedingt auf die Einführung von „weil" und die damit verbundene Nebensatzkonstruktion. Nebensätze sind Stoff der Niveaustufe A2. Die Konjunktion „weil" wird in *Schritte plus 3*, Lektion 1, eingeführt.

C2

Leseverstehen: Einladungen zu- bzw. absagen

1. Ein TN liest die SMS von Jochen vor. Fragen Sie: „Was möchte Jochen feiern?"
2. Deuten Sie dann auf die E-Mails bzw. die SMS rechts und sagen Sie: „Jochen hat seine Freunde eingeladen. Das sind ihre Antworten." Greifen Sie exemplarisch die SMS von Karin heraus und fragen Sie: „Kommt Karin zur Party?" Die TN lesen die SMS und entscheiden, ob Aussage a) richtig oder falsch ist. Kontrollieren Sie die Antwort im Plenum, bevor die TN die übrigen Aufgaben in Partnerarbeit lösen.
3. Abschlusskontrolle im Plenum. Fragen Sie dabei: „Warum ist das falsch?" Die TN stellen die falschen Aussagen richtig.
   Lösung: a) richtig; b) richtig; c) richtig; d) falsch (Tanja ist im Krankenhaus. Er muss sich um die Kinder kümmern.); e) falsch (Selim fliegt nach Hause. Er bleibt zwei Wochen bei seinen Eltern.)

C3

Schreiben: Eine Einladung absagen

1. Die TN lesen die Einladung von Jochen noch einmal. Fragen Sie: „Wann möchte Jochen seinen Geburtstag feiern?" Sagen Sie dann zu den TN: „Sie sind auch eingeladen, aber Sie können nicht kommen. Erklären Sie, warum nicht." Sammeln Sie mit den TN Gründe für eine Absage. Notieren Sie einfache Aussagesätze an der Tafel.
2. Formulieren Sie gemeinsam mit den TN exemplarisch eine kurze SMS oder E-Mail.
3. Die TN suchen sich aus, ob sie eine SMS oder E-Mail schreiben wollen. Akzeptieren Sie bei einer SMS auch Begründungen ohne „denn". Das ist bei dem knappen Stil einer SMS ohnehin authentischer (siehe auch die Beispiele im Buch). TN, die sich für eine E-Mail entschieden haben, sollten diese mit einer Anrede einleiten und mit einem Gruß abschließen. Gehen Sie herum und helfen Sie bei Schwierigkeiten. Geübte TN schreiben zusätzlich eine Einladungs-SMS (vgl. Schon fertig?).

Arbeitsbuch 11–13: in Stillarbeit oder als Hausaufgabe

C4

Aktivität im Kurs: Meinungen austauschen

1. Die TN lesen die Themen. Sammeln Sie mit den TN weitere Themen, über die man sprechen könnte.
2. Die TN lesen die Sprechblasen. Fragen Sie als Beispiel zwei bis drei TN nach ihrer Meinung zum Thema „Sport" und/oder „Fernsehen".
3. Die TN finden sich in Kleingruppen von 3–4 TN zusammen und befragen sich gegenseitig nach ihrer Meinung zu den einzelnen Themen. Gehen Sie herum und helfen Sie nicht so lernstarken TN bei Formulierungsschwierigkeiten.
   Variante: Wenn Sie die Übung gelenkter gestalten möchten, verteilen Sie die Kopiervorlage L14/C4.

PHONETIK **Arbeitsbuch 14:** im Kurs: Lesen Sie den ersten Satz bis „Deutschland" vor und gehen Sie am Ende deutlich mit der Stimme nach unten. So setzen Sie einen „Punkt". Lesen Sie dann den ganzen Satz vor und verbinden Sie die Teilsätze, indem Sie nach „Deutschland" mit der Stimme oben bleiben. Zeigen Sie so, wie man mit der Stimme deutlich machen kann, ob eine Aussage zu Ende ist oder noch weitergeht. Die TN hören die Beispiele von der CD und sprechen nach jedem Satz nach. Gehen Sie kurz auf die Besonderheit von Ja-/Nein-Fragen ein. Abschließend sprechen die TN die Sätze in Partnerarbeit. Die TN haben in *Schritte plus 1* und *Schritte plus 2* Satzakzent, Wortakzent und verschiedene Laute geübt. Bitten Sie sie, als Hausaufgabe mithilfe ihrer CD die Sätze der Übung richtig „schön" einzustudieren und auch auf die korrekte Aussprache z.B. des vokalischen „r", kurzer und langer Vokale, des Satzakzentes etc. zu achten. So können sich die TN am Ende des Kurses noch einmal alles ins Gedächtnis rufen, was sie im Bereich Phonetik gelernt haben.

LEKTION 14   **86**

Materialien
D1 auf Folie, ggf. in Kopie
D2 auf Folie

Einladungen
Einladungskarten und -briefe
Lernziel: Die TN können Einladungen verstehen und einen einfachen Einladungsbrief schreiben.

D **14**

D1   Leseverstehen: Einladungen
1. Decken Sie auf der Folie zunächst nur die Einladung A auf und fragen Sie: „Wer feiert?", „Was feiern sie?", „Wann feiern sie?" und „Wo feiern sie?" Decken Sie die Tabelle auf und fragen Sie noch einmal: „Feiern Sandra und Tobias Hochzeit oder Geburtstag? Oder machen sie ein Grillfest?"
2. Die TN lesen die beiden anderen Einladungen und entscheiden zusammen mit ihrer Partnerin / ihrem Partner, ob es sich um ein Grillfest oder einen Geburtstag handelt.
3. Abschlusskontrolle mithilfe der Folie im Plenum. *Lösung*: A Hochzeit; B Geburtstag; C Grillfest

Variante: Teilen Sie den Kurs in drei Gruppen und geben Sie jeder Gruppe <u>einen</u> der Briefe in Kopie. Jede Gruppe konzentriert sich nur auf ihren Brief. Schreiben Sie zur Orientierung einige Fragen zum Leseverstehen an die Tafel, z.B. „Wer feiert?", „Wann ist die Feier?" etc. Die TN suchen in der Gruppe die Informationen aus den Einladungen heraus. Abschließend berichten die Gruppen über ihren Brief: „Das ist eine Einladung für die Hochzeit von ... Sie ist am ... " etc. Die anderen Gruppen können dabei mit den Texten im Buch vergleichen.
4. Weisen Sie auf den Grammatikspot hin. Fragen Sie einen TN: „Wie alt sind Sie?" Erklären Sie darauf, wie alt dieser TN an seinem nächsten Geburtstag wird.

D2   Eine Einladung schreiben

LANDES KUNDE

1. Fragen Sie die TN, zu welchen Anlässen man in ihren Ländern Einladungskarten verschickt. Sammeln Sie die Ergebnisse an der Tafel.
   Weisen Sie die TN darauf hin, dass man in Deutschland nicht nur zu einer Hochzeit förmlich einlädt, sondern manchmal auch zu Geburtstagen oder Partys. Das wird insbesondere TN überraschen, in deren Heimatländern (z.B. Türkei) dem Geburtstag keine große Bedeutung beigemessen wird, bzw. TN, in deren Heimat man zu Geburtstagen nicht explizit einlädt, weil Familie und Freunde ohnehin daran denken und unangemeldet vorbeikommen.
2. Sehen Sie sich mit den TN die Redemittel auf der Folie an. Gehen Sie dabei zunächst auf die weibliche bzw. männliche Form der Anrede ein. Deuten Sie auf die Anrede und sagen Sie: „Man sagt *Liebe Karin*, aber *Lieber Jochen*." Zeigen Sie, dass ein Einladungsbrief außerdem Antworten auf die Fragen „Wo?", „Wann?" und „Warum?" enthalten sollte. Weisen Sie die TN darauf hin, dass sie einen Brief unbedingt mit einem Gruß abschließen sollten. Das haben sie schon in Lektion 10 geübt. Verweisen Sie auch auf den Infospot.
3. Die TN lesen die Aufgabe im Buch. Fragen Sie: „Was wollen wir zusammen feiern?" und „Wann soll die Party sein?" Die TN entscheiden sich gemeinsam für einen Anlass sowie für den Zeitpunkt der Feier. Entwickeln Sie dann gemeinsam eine exemplarische Einladung an der Tafel, an der sich die TN im nächsten Schritt orientieren können.

4. Die TN schreiben zu zweit in Anlehnung an das Tafelbild eine ähnliche Einladung. Geben Sie eine Person und den Anlass konkret vor. Geübte TN schreiben mithilfe der Redemittel im Buch selbstständig eine Einladung zu einem Anlass ihrer Wahl. Gehen Sie herum und helfen Sie bei Schwierigkeiten. Schnelle TN tauschen ihre Einladungen und schreiben eine Antwort auf die Einladung der Partnerin / des Partners.

Arbeitsbuch 15: als Hausaufgabe; **16:** in Partnerarbeit

87 LEKTION 14

14 E Feste und Glückwünsche

Landeskunde: Feste; Wortfeld „Glückwünsche"
Lernziel: Die TN können zu einem festlichen Anlass Glückwünsche aussprechen.

Materialien
E3 Kopiervorlage L14/E3
E5 große Zettel, Klebeband
Test zu Lektion 14

E1 Präsentation des Wortfelds „Feste"
1. Die Bücher bleiben geschlossen. Sammeln Sie mit den TN alle möglichen Feste, die ihnen auf Deutsch einfallen, sowie alle Begriffe, die sie mit diesen Festen assoziieren.
2. Die TN öffnen ihr Buch und ordnen die Begriffe den Zeichnungen zu.
3. Abschlusskontrolle im Plenum.
Lösung: B die Ostereier; C der Weihnachtsbaum; D der Weihnachtsmann; E der Osterhase; F der Sekt

E2 Landeskunde: Feste
1. Wenn Sie TN im Kurs haben, die bereits einige Zeit in Deutschland leben, können Sie fragen: „Wann feiern wir Ostern/Weihnachten/Silvester/Neujahr?" Begnügen Sie sich zumindest bei Ostern mit einfachen Antworten wie „Im Frühling.", da das Datum jährlich wechselt. Weihnachten und Silvester kamen bereits vor, sodass die TN sogar das Datum angeben können. Lassen Sie aber auch Angaben wie „Im Dezember." gelten.
2. Zeichnen Sie analog zum Buch eine Tabelle an die Tafel und fragen Sie weiter: „Was passt zu Ostern?" Deuten Sie dabei auf die Zeichnungen aus E1.

3. TN, die seit Kurzem in Deutschland sind, ordnen die Begriffe in die Spalten ein. TN, die weitere Begriffe zu diesen Festen kennen, notieren diese zusätzlich.
4. Abschlusskontrolle im Plenum.
Lösung: Weihnachten: Weihnachtsmann, Weihnachtsbaum; Ostern: Osterhase; Silvester/Neujahr: Rakete, Sekt

TIPP
Vor allem TN aus entfernten Kulturkreisen wie Asien oder Afrika sind mit den typisch westlichen Festen möglicherweise nicht so vertraut. Wenn eines der Feste unmittelbar bevorsteht, können Sie es im Kurs gemeinsam vorbereiten und/oder feiern. Vor Ostern können Sie z.B. mit den TN Ostereier färben, Osterschmuck basteln oder auch kleine Osternester für ihre Kinder machen. Vor Weihnachten können Sie zusammen ein Weihnachtslied singen, mit den TN einen Adventskalender für den Kurs basteln oder die TN jeden Tag ein Türchen eines gekauften Adventskalenders öffnen lassen. Vor oder auch kurz nach Silvester können Sie mit den TN Blei gießen.

E3 Präsentation des Wortfelds „Glückwünsche"
1. Sehen Sie sich gemeinsam mit den TN die vier Karten an. Fragen Sie: „Zu welchem Fest passen die Karten?" Fragen Sie dann: „Was sagt man zu Ostern?" Die TN lesen die Glückwünsche im Buch und nennen mögliche Lösungen.
2. Die TN ordnen die übrigen Glückwünsche den vier Karten in Partnerarbeit zu.
3. Abschlusskontrolle im Plenum. Verweisen Sie auch auf den Infospot. Das Personalpronomen im Akkusativ kennen die TN bereits aus Lernschritt B dieser Lektion. *Lösung:* 2 D; 3 C; 4 B; 5 C; 6 B; 7 D; 8 A
4. *fakultativ:* Die TN malen Glückwunschkarten und schreiben Glückwünsche an ihre Partnerin / ihren Partner.
Variante: Schneiden Sie die „Karten auf Kopiervorlage L14/E3" aus und verteilen Sie sie an die TN. Sammeln Sie mit den TN weitere Redemittel für eine Glückwunschkarte an der Tafel („Liebe Anna, ich wünsche Dir frohe Weihnachten. Wo feierst Du? Ich bin bei meinen Eltern. Viele liebe Grüße von ..."). Die TN schreiben eine Karte.

Arbeitsbuch 17–18: als Hausaufgabe

E4 Landeskunde: Geburtstagslieder
1. Die TN hören die Lieder und lesen mit. Erfahrungsgemäß kennen die meisten TN die Melodie von Lied a) bereits von der englischen Version (Happy Birthday to you).
2. *fakultativ:* Wenn die TN Lust haben, können Sie die Lieder mit ihnen singen. Bringen Sie die CD an Geburtstagen der TN wieder mit und spielen Sie die Lieder dann vor oder singen Sie sie gemeinsam.

Arbeitsbuch 19: in Stillarbeit oder als Hausaufgabe

E5 Aktivität im Kurs: Spiel: Gratulationen
1. Die TN lesen die Anlässe im Kasten. Sammeln Sie mit den TN für jeden Begriff Beispiele, was man bei dieser Gelegenheit sagen oder wünschen kann.
2. Die TN suchen sich ein Wort aus und schreiben es auf ein Schild, das sie mit Klebeband an der Kleidung befestigen.
3. Die TN gehen im Kursraum umher und schütteln sich die Hände. Sie äußern einen passenden Glückwunsch / Beileidsausdruck, je nachdem, was auf dem Schild des Gegenübers steht.

PRÜFUNG
Arbeitsbuch 20: Mit dieser Übung können sich die TN auf den Prüfungsteil Lesen, Teil 3, des *Deutsch-Test für Zuwanderer* vorbereiten.

Einen Test zu Lektion 14 finden Sie auf den Seiten 140–141. Weisen Sie die TN auf die interaktiven Übungen auf ihrer Arbeitsbuch-CD hin. Die TN können mit diesen Übungen den Stoff der Lektion selbstständig wiederholen und sich ggf. auch auf den Test vorbereiten. Die TN können jetzt auch ihren Kenntnisstand mit dem Fragebogen auf den Seiten 82–83 im Kursbuch überprüfen.

LEKTION 14

Materialien
1 ggf. Kärtchen mit Zahlen, Kopiervorlage „Zwischenspiel zu Lektion 14"
2 Kalender, Kopiervorlage „Zwischenspiel zu Lektion 14"

Zwischenspiel 14
Das Fest
Landeskunde: Oktoberfest

1 Landeskunde: Zahlen zum Oktoberfest

1. *fakultativ:* Wiederholen Sie mit den TN große Zahlen (100 000, eine Million, eine Milliarde), indem Sie z.B. Zahlenbeispiele auf Kärtchen schreiben und diese nacheinander zeigen. Die TN lesen die Zahlen vor.
2. Die Bücher bleiben geschlossen. Schreiben Sie „Oktoberfest" an die Tafel und testen Sie das Vorwissen der TN: Fragen Sie, wo das Oktoberfest stattfindet und was man dort machen kann.
   Variante: Teilen Sie die Kopiervorlage „Zwischenspiel zu Lektion 14" aus. Die TN lösen Übung 1 in Stillarbeit. Abschlusskontrolle im Plenum. *Lösung:* a) In München. b) Bier trinken und Karussell fahren.
3. Die TN öffnen ihr Buch und lesen den kurzen Informationstext. Sie stellen Vermutungen über die Zahlen an und einigen sich auf jeweils eine Zahl. Notieren Sie die Vorschläge an der Tafel, damit die TN beim Hören vergleichen können.
4. Die TN hören den Text so oft wie nötig und ergänzen die Zahlen in ihrem Buch.
5. Abschlusskontrolle im Plenum. Die TN vergleichen auch, wie gut sie mit ihren Vermutungen getroffen haben.
   Lösung: sechs Millionen Gäste; sechs Millionen Liter; 500 000 Brathähnchen; 12 000 Menschen; eine Milliarde Euro

2 Leseverstehen: Landeskundliche Informationen verstehen

1. Schreiben Sie an die Tafel: Wann ist/war in diesem Jahr das Oktoberfest? Teilen Sie ggf. Kalender an die TN aus oder bringen Sie einen großen Wandkalender mit.
2. Die TN lesen den Text „Oktoberfest oder Septemberfest?" und sehen im Kalender nach, wann genau im aktuellen Jahr das Oktoberfest stattfindet.
3. *fakultativ:* Den TN sollte bewusst werden, dass das Oktoberfest nicht an einem festen Datum stattfindet und immer im September beginnt. Die TN können das Textverständnis bei Bedarf mit Übung 2 der „Kopiervorlage zum Zwischenspiel 14" überprüfen.
   Lösung: richtig: Das Oktoberfest beginnt immer im September und endet immer im Oktober, kann auch am 4. Oktober enden, kann auch an einem Montag oder Dienstag enden.
4. Die TN lesen die Aussagen in Aufgabe b) in ihrem Buch und dazu die beiden übrigen Texte. Sie kreuzen ihre Lösungen an. Geben Sie keine Wortschatzerklärungen. Es genügt das globale Verstehen, um die Aufgabe zu lösen.
5. Abschlusskontrolle im Plenum. *Lösung:* 1 falsch; 2 falsch; 3 richtig; 4 richtig
6. *fakultativ:* Die TN lesen den Text „Gehen wir auf die Wies'n?" noch einmal und lösen Übung 3 der „Kopiervorlage zum Zwischenspiel 14".
   Lösung: a) richtig; b) falsch; c) falsch; d) richtig
7. Die TN sprechen über das Oktoberfest. Wenn Sie ihnen sprachliche Hilfen geben möchten, entlasten Sie den Wortschatz mithilfe von Übung 4 der „Kopiervorlage zum Zwischenspiel 14" vor.

LANDESKUNDE
Das Oktoberfest ist sicher das bekannteste und größte Volksfest im deutschsprachigen Raum. Es gibt diese Art Feste aber in fast allen Städten (z.B. Cannstatter Wasen in Stuttgart, Größte Kirmes am Rhein in Düsseldorf, Donauinselfest in Wien oder Basler Herbstmesse in Basel). Oft beziehen sie sich auf kirchliche Feste wie Kirchweih oder auf den Beginn des Frühjahrs oder Herbstes. Typisches Merkmal sind Festzelte, Fahrgeschäfte und Buden.

Fokus Alltag 14
Um Hilfe bitten

Materialien
3 ggf. Getränke, Speisen und Musik für eine Party

Die TN können ihren Gesprächspartner um sprachliche Korrektur bitten und mit einfachen Mitteln nach Lernmaterial fragen.
Sie können sich bei Bekannten mit einfachen Worten nach preiswerten Wohnmöglichkeiten erkundigen.

1 **Hörverstehen 1: Partygespräche**

1. Fragen Sie: „Was sehen Sie? Was machen die Leute?" Die TN betrachten die Zeichnung. Sie unterhalten sich in Kleingruppen von vier TN oder – in kleineren Kursen – im Plenum über die Aktivitäten der Leute (Sie tanzen, trinken, lachen zusammen etc.) und sammeln Wörter, die sie kennen (Brezel, Limonade etc.)
Variante: Die TN sammeln in Kleingruppen von vier TN alle Nomen und Verben, die sie brauchen, um das Bild beschreiben zu können. Sie notieren ihre Begriffe auf einem Blatt Papier, vergleichen mit einer anderen Gruppe und ergänzen ggf. ihre Begriffe.
2. Die TN überlegen, worüber die Partygäste sprechen könnten. Teilen Sie den Kurs in zehn Gruppen oder vergeben Sie die Aufgabe an Paare. Jede Gruppe / Jedes Paar schreibt ein kurzes Gespräch zu einem der Party-Grüppchen, die sich miteinander unterhalten.
3. Die TN lesen ihre Gespräche vor und hängen sie für alle sichtbar im Kursraum auf.
4. Erklären Sie, dass die TN drei Gespräche hören werden. Sie sollen herausfinden, wer jeweils spricht. Die TN lesen die Namen in ihrem Buch und hören die Gespräche so oft wie nötig.
5. Abschlusskontrolle im Plenum. *Lösung:* die beiden Frau links unten: Dejaneira und Elsa; der Mann und die Frau rechts unten: Sascha und Laura; die drei Personen in der Mitte: Karl, Kim, Ingrid

2 **Hörverstehen 2: Den wesentlichen Inhalt verstehen**

1. Die TN lesen die Aufgabenstellung a) und hören die Gespräche noch einmal.
2. Abschlusskontrolle im Plenum. *Lösung:* Elsa hilft Dejaneira. Laura hilft Sascha. Karl hilft Kim.
3. Die TN lesen Aufgabenstellung b) und hören die Gespräche noch einmal, wenn nötig.
4. Abschlusskontrolle im Plenum. *Lösung:* 1 Kim; 2 Sascha; 3 Dejaneira

3 **Redemittel: Um Hilfe bitten**

1. Die TN lesen die Aussagen a) bis e). Erklären Sie, dass die TN die Aussagen ergänzen sollen. Die TN finden die passende Ergänzung in der rechten Spalte.
2. Abschlusskontrolle im Plenum. Lösung: b) Sag es bitte noch einmal. c) Welches Buch soll ich kaufen? d) Weißt du vielleicht etwas für mich? e) Wie spricht man das richtig aus?
3. Sammeln Sie mit den TN weitere Redemittel an der Tafel, wie sie um sprachliche Korrekturen bitten können oder um Empfehlungen und Hilfe beim Sprachenlernen.
4. *fakultativ:* Sprechen Sie mit den TN über das Gespräch von Sascha und Laura: Welche Tipps hat Laura Sascha gegeben? Haben die TN schon ähnliche Tipps bekommen und ausprobiert? Was halten sie von zusätzlichem Übungsmaterial? Welches kennen sie? Haben sie schon bewusst den Kontakt zu Muttersprachlern gesucht, z.B. auf Partys? etc.
5. *fakultativ:* Die TN spielen Party. Sie gehen im Kursraum umher und unterhalten sich. Dabei helfen ihnen die vorher geschriebenen Gespräche. Sie können auch versuchen, Wortschatzfragen und Bitten um Empfehlungen mit in ihre Gespräche aufzunehmen. Sie können natürlich auch zum Abschluss des Kurses eine Kursparty veranstalten. Vielleicht mögen die TN ja Getränke, Musik und Spezialitäten aus ihrer Heimat zu diesem Anlass mitbringen.

PROJEKT

1. Organisieren Sie eine Party mit deutschen Teilnehmern. Vielleicht unterrichten Sie ja an einer Sprachschule oder einer Volkshochschule und können z.B. den Englischkurs einer Kollegin / eines Kollegen einladen. Oder die TN haben schon einige deutsche Bekannte, die sie selbst zu einem Kursfest einladen können.
2. Wenn feststeht, wer zur Party eingeladen wird und wann, bereiten Sie mit den TN die Party vor: Es kann z.B. eine Einladung entworfen werden, denn das haben die TN in Lektion 14 ja geübt. Die TN teilen unter sich auf, wer was zum Fest mitbringt.
3. Auch sprachlich sollte das Fest vorbereitet werden. Erinnern Sie die TN daran, wie sie bei sprachlichen Problemen ihren Gesprächspartner um Hilfe bitten können, und sammeln Sie typische Party-Themen mit den TN, damit sie einen Einstieg für Gespräche haben. Zu diesen Themen können die TN vorab kurze Gespräche schreiben und diese im Rollenspiel üben. Dann fühlen sie sich in der realen Situation sicherer.
4. Bei der Party sollten Sie als Eisbrecher ein kleines Kennenlernspiel veranstalten, damit Ihre TN und die Gäste ins Gespräch kommen. Veranstalten Sie z.B. Speed-Dating: Je zwei TN (ein Kursteilnehmer und ein Gast) sitzen sich gegenüber. Sagen Sie ein Party-Thema an, das Ihre TN vorher vorbereitet haben (z.B. Familie, Hobbys, Sprachen, Beruf etc.) Zu diesem Thema sollen sich die Paare eine Minute unterhalten und natürlich auch ihren Namen sagen. Nach einer Minuten geben Sie ein Signal und alle rücken einen Stuhl nach rechts. Sagen Sie wieder ein Thema an, über das sich die neuen Paare unterhalten sollen, etc.
5. Die TN und die Gäste unterhalten sich frei. Gehen Sie herum und sorgen Sie dafür, dass es keine Mauerblümchen gibt.

LEKTION 14 **90**

Materialien
Lösungsschlüssel; Hinweiszettel für Lernstationen
fakultativ: zusätzliche Aufgaben

Wiederholungsstationen

Schritte plus 2 bietet als Abschluss im Arbeitsbuch ein Kapitel mit Wiederholungsübungen. Sicher haben die TN unterschiedliche Wünsche im Hinblick auf das, was sie noch üben möchten. Sagen Sie den TN daher, dass sie nicht alle Übungen machen müssen, sondern selbst auswählen können und sollen, welche Übungen sie machen möchten. Geben Sie eine Zeit für das Lösen der Übungen vor, z.B. eine Unterrichtsstunde. Legen Sie mehrere Lösungsschlüssel zu den „Wiederholungsstationen" bereit, damit die TN sich selbstständig kontrollieren können.

Variante:
1. Bereiten Sie die Wiederholungsübungen im Arbeitsbuch als Lernstationen (siehe den Tipp unten) vor, indem Sie z.B. an den einzelnen Stationen Hinweise auf die Übungen im Buch legen: „Möchten Sie die Vergangenheitsformen üben? Machen Sie Übung 17–19."
2. Geben Sie den TN Zeit, die Stationen in Ruhe abzugehen und sich darüber zu informieren, welche Wiederholungsmöglichkeiten sie haben. Die TN entscheiden selbst, welche und wie viele Stationen sie bearbeiten möchten, gehen wieder an ihren Platz und lösen die Übungen zu ihren Stationen. Sie kontrollieren sich selbst mithilfe des Lösungsschlüssels.
3. *fakultativ:* Zusätzlich zu den Wiederholungsübungen aus dem Arbeitsbuch können Sie weitere Stationen „erfinden". Legen Sie z.B. kleine Schreibaufgaben aus, um auch das freie Schreiben zu üben (Brief aus dem Urlaub, Glückwunschkarte etc.). Sammeln Sie diese Texte ein und geben Sie sie korrigiert an die TN zurück.

TIPP — Eine gute Möglichkeit für binnendifferenzierten Unterricht ist das Arbeiten mit Lernstationen: Den TN werden bei dieser Methode mehrere Arbeitsstationen angeboten, an denen sie bereits Gelerntes wiederholen und vertiefen können. Diese Arbeitsstationen werden als Arbeitsblätter, Kopiervorlagen, Arbeitsaufträge oder Hinweise auf Aufgaben im Kursbuch an verschiedenen Stellen im Kursraum ausgelegt und z.B. nach Schwierigkeitsgrad oder Themengebieten geordnet. Sie können Lernstationen immer wieder in Ihren Unterricht einbauen, wenn Sie ein Thema oder mehrere Themen wiederholen möchten. Mithilfe von Lernstationen fördern Sie die TN nach ihren unterschiedlichen Bedürfnissen und Interessen.

Kopiervorlage L8/A1
Berufe

Hinweis: Kopieren Sie die Bildkarten auf etwas dickeres Papier oder Karton und schneiden Sie sie aus.

KOPIERVORLAGEN 92

Kopiervorlage L8/B3

Hinweis: Kopieren Sie die Kärtchen, schneiden Sie sie aus und stellen Sie so viele Sets her, dass die TN zu dritt oder zu viert mit einem Set arbeiten können. Mischen Sie die Satzteile und die Sätze gut durch und stecken Sie die Einzelteile in Briefumschläge, die Sie dann verteilen können.

Wann	sind Sie nach Berlin gekommen?
Vor drei Jahren.	Wie lange
leben Sie jetzt schon in Graz?	Seit neun Jahren.
Wann	sind Sie geboren?
1985.	Wie lange
arbeiten Sie schon als Programmierer?	Seit fünf Jahren.
Wann	haben Sie das Diplom gemacht?
Vor einem Jahr.	Wann
beginnt der Deutschkurs?	Am Montag.
Wann	kommst du?
Um halb sieben.	Wie lange
ist die Praxis geöffnet?	Von Montag bis Freitag von 7 Uhr 30 bis 12 Uhr.

Kopiervorlage L8/B5

Hinweis: Für ungeübte TN können Sie den Fragebogen austeilen. Die TN stellen ihrer Partnerin / ihrem Partner die Fragen. Anschließend schreiben sie einen Text über die Partnerin / den Partner und heften diesen im Kursalbum ab.

- Wo und wann bis du geboren?

  ....

- Wie lange und wo bist du in die Schule gegangen?

  ....

  ....

- Was bist du von Beruf? Wann hast du deinen Beruf gelernt?

  ....

  ....

- Hast du studiert? Was hast du studiert und wo?

  ....

  ....

- Wie lange arbeitest du schon als ....?

  ....

- Bist du verheiratet? Seit wann bist du verheiratet?

  ....

- Hast du Kinder? Wann hast du deine Kinder bekommen?

  ....

- Wann bist du nach Deutschland gekommen?

  ....

- Seit wann lebst du schon in ....?

  ....

- Seit wann lernst du Deutsch?

  ....

KOPIERVORLAGEN

Kopiervorlage L8/C5

Hinweis: Teilen Sie die Kopiervorlage *nach* den Gruppengesprächen aus. Die TN schreiben einige Sätze zu ihrem Foto in die Tabelle. Anschließend hängen alle TN die Vorlagen im Kursraum auf.

Ihr Foto

Wann? (Im Sommer / Im Frühling / Im Herbst / Im Winter / 19.. / 20../...)		Wie lange? (eine Woche / zwei Wochen / einen Monat / zwei Monate / ein Jahr / zwei Jahre / ...)	Wo? (in ... / am Meer / in den Bergen / auf dem Land / am See / auf einer Feier / auf einer Reise / ...)
	war ich *waren wir*		

Wie war es dort?

warm • kalt • gebadet • gegessen • gefeiert • gearbeitet • gesehen • viele Gäste • gekauft • gemacht • getanzt • eine Ferienwohnung / ein Haus / ein Appartement • langweilig • interessant • ...

Dort war es ...
Wir hatten dort ...
Wir sind / haben dort ...

....

....

....

....

Kopiervorlage „Zwischenspiel zu Lektion 8"

1   **Was ist richtig? Hören Sie noch einmal Gespräch 1 und kreuzen Sie an.**

a   ☐ Verena kennt Max nicht und Max kennt Verena nicht: Sie sagen zuerst „Sie".

     ☐ Verena kennt Max und Max kennt Verena: Sie sagen sofort „du".

b   ☐ Verena stellt sich mit dem Vornamen vor und will „du" sagen.

     ☐ Verena sagt ihren Vornamen und Max meint: „Wir können ,du' sagen."

2   **Hören Sie noch einmal Gespräch 2 und kreuzen Sie an: Richtig oder falsch?**

	richtig	falsch
a Elke spricht zuerst falsches Deutsch.	☐	☐
b Sie ist Ausländerin.	☐	☐
c Sie glaubt: Herr Dikmen kann nicht gut Deutsch verstehen.	☐	☐

3   **Was passt? Hören Sie noch einmal Gespräch 3 und ordnen Sie zu.**

Erwin   sagt den Vornamen und „Sie" zum Kellner.
                          sagt den Familiennamen und „Sie" zur Chefin.

Frau Augenthaler   will Urlaub machen.
                          kann den Urlaub erlauben oder verbieten.

Lösung:
1 a) Verena kennt Max nicht und Max kennt Verena nicht: Sie sagen zuerst „Sie", b) Verena sagt ihren Vornamen und Max meint: „Wir können ,du' sagen."
2 a) richtig, b) falsch, c) richtig
3 Erwin sagt den Familiennamen und „Sie" zur Chefin. Frau Augenthaler will Urlaub machen. Erwin sagt den Vornamen und „Sie" zum Kellner. Frau Augenthaler kann den Urlaub erlauben oder verbieten.

KOPIERVORLAGEN   **96**

Kopiervorlage L9/A2

A

| Sie sind die Mutter und haben zwei Kinder. Die Kinder müssen vor dem Spielen noch ein paar Dinge tun:
 – aufräumen
 – Hausaufgaben machen
 – die Betten machen | Sie sind die Kinder. Die Kinder müssen vor dem Spielen noch ein paar Dinge tun, wollen aber nicht:
 – aufräumen
 – Hausaufgaben machen
 – die Betten machen |

Ihr müsst aufräumen!
Ihr müsst aber noch …

Wir wollen aber nicht aufräumen.
Wir …

B

| Mutter ist krank. Was sagt der Vater zu Ihnen und Ihrer Schwester:
 – leise sein
 – Tee kochen
 – zur Apotheke gehen
 – Tabletten kaufen | Sie sind die Kinder. Die Mutter ist krank. Der Vater sagt Ihnen, was Sie tun müssen. Sie wollen aber nicht:
 – leise sein
 – Tee kochen
 – zur Apotheke gehen
 – Tabletten kaufen |

Ihr müsst leise sein!

Wir wollen aber nicht …

C

| Sie sind Trompetenlehrer. Sagen Sie Ihrem Schüler: Er muss:
 – jeden Tag eine Stunde Trompete spielen
 – üben
 – viel Trompetenmusik hören
 – in einer Musikgruppe mitspielen | Sie möchten Trompete lernen. Ihr Lehrer sagt Ihnen, was Sie machen müssen. Sie wollen das aber nicht:
 – jeden Tag eine Stunde Trompete spielen
 – üben
 – viel Trompetenmusik hören
 – in einer Musikgruppe mitspielen |

Sie müssen jeden Tag …

Ich will aber nicht jeden Tag …

Kopiervorlage L9/B5

Hinweis: Schneiden Sie die Kärtchen mit den Wünschen oder „Problemen" aus und verteilen Sie ein Kärtchen an jeden TN.

Ich habe Durst.	Ich suche eine Wohnung.
Ich brauche Geld.	Ich habe Hunger.
Ich möchte einen Hund.	Ich suche eine Arbeit.
Es ist so langweilig.	Es ist so kalt.
Ich habe Fieber.	Ich möchte Deutsch lernen.
Ich verstehe das Wort nicht.	Ich möchte Urlaub machen.
Ich bin müde.	Mein Auto fährt nicht.

Kopiervorlage L9/E3

Hinweis: Wenn Sie mit den TN noch andere Situationen durchspielen möchten, finden Sie hier weitere Rollenkärtchen.

Beim Arzt Ihr Arzt möchte eine Praxisgebühr von Ihnen. Sie verstehen nicht, was das ist. Fragen Sie.	**Beim Arzt** Sie sind Arzt. Erklären Sie: Die Praxisgebühr, das sind 10 Euro. Man muss diese alle drei Monate bezahlen.
In der Volkshochschule Sie möchten an einem Kurs für Exotisch Kochen teilnehmen. Sie verstehen im Anmeldeformular ein paar Wörter (Lieblingsessen, -getränk, Gemüse …) nicht. Fragen Sie.	**In der Volkshochschule** Sie arbeiten in der Volkshochschule Erklären Sie die Wörter: Lieblingsessen, -getränk, Gemüse.
In der Bibliothek Sie möchten eine Bibliothekskarte haben und Bücher zum Lesen mitnehmen. Sie müssen einen Antrag ausfüllen. Sie verstehen viele Wörter nicht (Familienname, Vorname, Wohnort …). Fragen Sie.	**In der Bibliothek** Sie arbeiten in der Bibliothek. Helfen Sie bei dem Antrag. Erklären Sie die Wörter: Familienname, Vorname, Wohnort …
Wohnungssuche Sie suchen eine Wohnung. Sie müssen für den Vermieter ein Formular ausfüllen. Sie verstehen das Formular (Warmmiete, Familienstand, berufstätig …) nicht. Fragen Sie.	**Wohnungssuche** Sie vermieten eine Wohnung. Die Interessenten müssen ein Formular ausfüllen. Helfen Sie und erklären Sie: Warmmiete, Familienstand, berufstätig.
Bei der Agentur für Arbeit Sie suchen eine neue Stelle. Sie lesen eine interessante Anzeige. Sie verstehen einige Wörter (Führerschein, Verdienst, 400,-Euro-Basis) nicht. Fragen Sie.	**Bei der Agentur für Arbeit** Sie arbeiten bei der Agentur für Arbeit. Sie helfen bei Fragen zu Stellenanzeigen. Erklären Sie: Führerschein, Verdienst, 400,-Euro-Basis.

99 KOPIERVORLAGEN

Kopiervorlage „Zwischenspiel zu Lektion 9"

Lesen Sie und kreuzen Sie an: Richtig oder falsch?

Lesen Sie bis zum 1. Stoppschild.

		richtig	falsch
a	Juliette und Eva wohnen in Deutschland.	☐	☐
b	Sie kommunizieren im Internet.	☐	☐
c	Juliette möchte Eva besuchen.	☐	☐
d	Sie hat eine Einreiseerlaubnis und darf drei Monate bei Eva bleiben.	☐	☐

Lesen Sie bis zum 2. Stoppschild.

		richtig	falsch
e	Juliette braucht eine Verpflichtungserklärung.	☐	☐
f	Sie kennt das Wort nicht, aber der Botschaftsmitarbeiter erklärt das Wort.	☐	☐
g	Die Verpflichtungserklärung ist ein Dokument.	☐	☐
h	Juliette muss in dem Dokument unterschreiben: Ich habe genug Geld für eine Wohnung und Essen.	☐	☐

Lesen Sie bis zum 3. Stoppschild.

		richtig	falsch
i	Eine Verpflichtungserklärung kann man per Telefon bestellen.	☐	☐
j	Für die Verpflichtungserklärung muss man einen Einkommensnachweis und einen Ausweis zeigen.	☐	☐
k	Ein Einkommensnachweis ist ein Dokument. Damit kann man zeigen: Man verdient Geld.	☐	☐

Lesen Sie bis zum 4. Stoppschild.

		richtig	falsch
l	Juliette braucht für die Reise auch eine Krankenversicherung.	☐	☐
m	Sie ist krank, aber die Krankenversicherung bezahlt die Arztkosten.	☐	☐

Lesen Sie den Schluss.

		richtig	falsch
n	Juliette bringt alle Dokumente zur deutschen Botschaft.	☐	☐
o	Sie bekommt ein Besuchervisum und darf nach Deutschland reisen.	☐	☐

Kopiervorlage L10/C5

Hinweis: Schneiden Sie die Problemkärtchen aus und verteilen Sie diese an einige TN. Die übrigen TN erhalten die Liste mit möglichen „Gesundheits-Tipps" und erteilen den TN mit den Problemkärtchen Ratschläge.

Fieber	kann nicht schlafen
zu dick	Halsschmerzen
Bauchschmerzen	Stress
Kopfschmerzen	das Bein gebrochen
die Augen tun weh	bin immer müde

zum Arzt gehen • viel schlafen • keinen Kaffee trinken • im Bett bleiben •
keine Schokolade essen • viel Gemüse und Obst essen • Tabletten nehmen •
Sport machen • Wasser vor dem Essen trinken • spazieren gehen •
nicht so viel rauchen • Urlaub machen • nur wenig lesen • ein Augentraining machen •
ein heißes Bad nehmen • Tee trinken • in der Nacht das Fenster öffnen •
ein bisschen Musik hören • Vitamin C nehmen • Halsbonbons essen •
nicht so viel arbeiten

101 KOPIERVORLAGEN

Kopiervorlage L10/D5

der Absender ⟶

die Straße, die ⟶
Hausnummer

die Postleitzahl, der Ort ⟶

der Empfänger ⟶ Sprachfix – Zentrum für Sprache und Kultur

die Straße, die ⟶ Schellenbergerstraße 29
Hausnummer

die Postleitzahl, der Ort ⟶ 96049 Bamberg

der Ort, das Datum ⟶

der Betreff ⟶

die Anrede ⟶

der Text ⟶

der Gruß ⟶

die Unterschrift ⟶

Kopiervorlage L10/E3

Arzttermin
Rufen Sie beim Zahnarzt an. Sie wollen einen Termin für morgen Vormittag. Sie haben starke Schmerzen.

Arzttermin
Sie arbeiten in einer Arztpraxis. Morgen Vormittag ist kein Termin mehr frei. Morgen Nachmittag und übermorgen Vormittag sind noch Termine frei.

Termin beim Vermieter
Rufen Sie bei Herrn Meyer an. Sie haben die Wohnungsanzeige in der Zeitung gelesen und möchten die Wohnung sehen. Sie wollen einen Termin am Samstagvormittag.

Termin beim Vermieter
Sie haben eine Wohnung und möchten sie vermieten. Am Samstag kommen viele Leute. Sie haben nur noch einen Termin um 16.15 Uhr frei.

Termin beim Kinderarzt
Rufen Sie beim Kinderarzt an. Ihr Sohn hat hohes Fieber. Sie möchten sofort vorbeikommen.

Termin beim Kinderarzt
Sie arbeiten beim Kinderarzt. Der Arzt ist noch nicht in der Praxis. Die Sprechstunde beginnt um 15 Uhr.

Termin bei der Agentur für Arbeit
Rufen Sie bei der Agentur für Arbeit an. Sie möchten einen Termin für diese Woche. Sie suchen dringend Arbeit.

Termin bei der Agentur für Arbeit
Sie arbeiten bei der Agentur für Arbeit. Sie haben diese Woche keinen Termin mehr frei. In zwei Wochen haben Sie noch freie Termine.

Termin beim Damenfriseur
Rufen Sie im Friseursalon an. Sie möchten einen Termin für Samstagvormittag. Sie heiraten am Samstag um 11.30 Uhr.

Termin beim Damenfriseur
Sie sind Friseurin im Salon *Kopfputz*. Sie haben am Samstag nur noch einen Termin um 7.30 Uhr frei.

Kopiervorlage „Zwischenspiel zu Lektion 10"

1 **Sprechen Sie mit Ihrer Partnerin / Ihrem Partner.**

a Wo haben Sie Notrufsäulen schon gesehen?
- [ ] Im Stadtzentrum.
- [ ] Auf Autobahnen.
- [ ] An großen Straßen.
- [ ] Beim Arzt.
- [ ] Am Bahnhof.

b Wen können Sie an einer Notrufsäule anrufen?
- [ ] Freunde.
- [ ] Eine Arztpraxis.
- [ ] Die Notrufzentrale: Sie schickt dann zum Beispiel einen Arzt oder die Polizei.
- [ ] Man darf nicht selbst telefonieren. Nur Polizisten dürfen die Notrufsäulen benutzen.

c Haben Sie eine Notrufsäule schon einmal benutzt?

2 **Lesen Sie noch einmal und ergänzen Sie.**

Tag • Problem • Notfälle • Ambulanz • Nacht • Telefonnummer • Apotheken • Wochenende • Krankenhaus • Namen

Im Notfall soll man die .... 112 wählen. Man soll der Person in der Notrufzentrale seinen .... und das .... sagen. Arztpraxen sind nur von Montag bis Freitag geöffnet. In der .... und am .... kann man den ärztlichen Notdienst anrufen. Oder man kann sofort ins .... fahren. Dort gibt es eine .... Medikamente bekommt man in .... Auch sie haben nur am .... geöffnet. In der Nacht und am Sonntag hat immer mindestens eine Apotheke für .... geöffnet. Das ist jede Nacht eine andere Apotheke.

3 **Was machen Sie in diesen Situationen? Ordnen Sie zu.**

a Es ist Wochenende. Sie haben starke Zahnschmerzen.

Ich habe zum Glück mein Handy dabei und wähle die Notrufnummer 112.

b Sie gehen am Sonntag zum ärztlichen Notdienst. Der Arzt dort sagt, Sie sollen ein Medikament nehmen.

Ich suche im Telefonbuch nach der Nummer vom zahnärztlichen Notdienst und rufe dort an.

c Sie fahren auf der Autobahn und haben einen Unfall. Sie haben kein Handy dabei.

Ich gehe zur Notrufsäule und bitte um Hilfe.

d Sie fallen hin und sind am Bein verletzt. Sie sind allein und können nicht mehr nach Hause fahren.

Ich gehe zur Apotheke. Im Fenster ist ein Schild. Dort steht: Diese Apotheke hat heute geöffnet.

Kopiervorlage L11/A6

Hinweis: Kopieren Sie die Kärtchen so oft, dass die TN paarweise spielen können, und schneiden Sie die Kärtchen aus. Jedes Paar erhält einen Stapel mit Wohin-Kärtchen sowie einen Stapel mit Wie-Kärtchen.

BAHNHOF	BUS
BÄCKEREI	FAHRRAD
ARZT	U-BAHN
KINDERGARTEN	ZUG
MUSEUM	STRASSENBAHN
SCHULE	TAXI
MARKTPLATZ	S-BAHN
BERLINER STRASSE	ZU FUSS

Kopiervorlage L11/B3

A

Sie suchen den Arzt, die Post, die Schule, das Café, das Museum und den Supermarkt.

Fragen Sie Ihre Partnerin / Ihren Partner: „Wo ist ...?"

„Wo ist das Café?"

Auch Ihre Partnerin / Ihr Partner sucht etwas und fragt Sie.

„Wo ist die Bank?"

Antworten Sie: „Zwischen/Neben/Vor/Hinter/ ..."

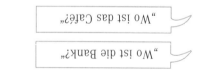

Antworten Sie: „Zwischen/Neben/Vor/Hinter/ ..."

Auch Ihre Partnerin / Ihr Partner sucht etwas und fragt Sie.

Fragen Sie Ihre Partnerin / Ihren Partner: „Wo ist ...?"

Sie suchen den Friseur, die Bank, die Apotheke, das Hotel, den Bahnhof und das Krankenhaus.

B

Kopiervorlage L11/C5
Bild-Wort-Domino

Bild	Text	Bild	Text
	Um 12 Uhr fährt er *nach* Neuss.		Spät am Abend sieht er *im* Wohnzimmer fern.
	Dort geht er *ins* Schwimmbad.		Herr Roth macht *in der* Stadt Einkäufe.
	Am Nachmittag holt er Frau Brückner *zu Hause* ab.		Er geht gleich am Morgen *zur* Post.
	Sie gehen zusammen *ins* Café.		Später geht Herr Roth auch *zur* Bank.
	Am Abend fährt er wieder *nach* Hause.		Dann hat er einen Termin *beim* Friseur.

107 KOPIERVORLAGEN

Kopiervorlage „Zwischenspiel zu Lektion 11"

Hören Sie das Lied und zeichnen Sie den Weg.

Kopiervorlage L12/A3

Aktivität	Ich	Meine Partnerin / Mein Partner
Hausaufgaben machen		
Zeitung lesen		
fernsehen		
zum Training gehen		
Fußball spielen		
für den Kurs lernen		
im Supermarkt einkaufen		
in den Park gehen		
die Wohnung aufräumen		
...		

Kopiervorlage L 12/C4

Variante A

kalt – das Fenster zumachen	warm – das Fenster aufmachen
warm – die Tür aufmachen	kalt – die Tür zumachen
warm – die Heizung ausmachen	kalt – die Heizung anmachen
hell – den Vorhang zumachen	dunkel – den Vorhang aufmachen
dunkel – das Licht anmachen	hell – das Licht ausmachen
laut – den Drucker ausmachen	laut – den Fernseher leise drehen
laut – das Radio leise drehen	laut – die Musik leise machen
dunkel – die Lampe anmachen	hell – die Lampe ausmachen

Variante B

kalt – das Fenster	warm – das Fenster
warm – die Tür	kalt – die Tür
warm – die Heizung	kalt – die Heizung
hell – der Vorhang	dunkel – der Vorhang
dunkel – das Licht	hell – das Licht
laut – der Drucker	laut – der Fernseher
laut – das Radio	laut – die Musik
dunkel – die Lampe	hell – die Lampe

Schritte plus 2, Lehrerhandbuch 05.1912 • © Hueber Verlag 2010

Kopiervorlage L12/E3

Wählen Sie einige Redemittel aus und schreiben Sie Ansagetexte.

Beispiel:
Hallo! Sie haben die Nummer 030/767 555 83 gewählt.
Leider sind wir im Moment nicht zu Hause.
Bitte sprechen Sie eine Nachricht auf Band.
Vielen Dank. Auf Wiederhören!

Guten Tag! — Sie sind verbunden mit der Nummer ………… — Leider sind wir im Moment nicht zu Hause. — Sie erreichen uns wieder ab ………… — Vielen Dank. Auf Wiederhören!

Hallo! — Sie sind verbunden mit dem Anschluss ………… — Leider sind wir zurzeit ………… — Sie erreichen uns unter der Nummer ………… — Vielen Dank. Tschüs!

Grüß Gott! — Sie haben die Nummer ………… gewählt. — Leider kann ich gerade nicht ans Telefon gehen. — Sie erreichen mich übers Handy. Die Nummer ist ………… — Vielen Dank für Ihren Anruf.

Hier ist der Anschluss von ………… — Leider bin ich im Moment nicht erreichbar. — Bitte rufen Sie später noch einmal an. — Vielen Dank. Bis bald!

Leider kann ich ………… — Bitte versuchen Sie es unter der Nummer …………

Bitte sprechen Sie eine Nachricht auf Band.

111 KOPIERVORLAGEN

Kopiervorlage L12/E4

Sie haben bei TV Royal einen Fernseher Modell Rotpunkt 4000 gekauft. Er ist erst sechs Monate alt, funktioniert aber nicht mehr. Rufen Sie beim Kundendienst an.	Sie haben im Computerland letzte Woche einen Drucker Modell XL 610 gekauft. Seit gestern druckt er nicht mehr. Rufen Sie im Geschäft an.
Sie haben im Computerland einen Laptop Modell Saladin 710 gekauft. Er ist erst ein Jahr alt, aber seit gestern geht er nicht mehr. Rufen Sie bei der Computer-Hotline an.	Sie haben bei Elektronix ein Faxgerät Modell Turbo SL gekauft. Es ist erst drei Wochen alt, aber es funktioniert nicht mehr. Sie können keine Faxe mehr schicken. Rufen Sie im Geschäft an.
Sie haben bei Vodex gestern ein neues Handy Modell SL 510 gekauft, aber es funktioniert nicht. Rufen Sie im Laden an.	Sie haben vor zwei Monaten bei Venusstar einen CD-Spieler Modell XP 3000 gekauft. Seit ein paar Tagen funktioniert er nicht mehr gut. Sie hören die Musik nur noch ganz leise. Rufen Sie beim Kundenservice an.
Sie haben vor vier Monaten bei Meckermann eine neue Waschmaschine Modell Hansomat 1200 gekauft. Seit ein paar Tagen wäscht sie nicht mehr richtig. Die Wäsche bleibt schmutzig. Rufen Sie beim Kundendienst an.	Sie haben bei der Firma Bleichmann einen Videorekorder Typ VC 1300 gekauft. Er ist erst acht Monate alt, funktioniert aber nicht mehr. Rufen Sie beim Kundendienst an.
Sie haben vor einem Jahr beim Autohaus Autofix ein gebrauchtes Auto Modell Vectra SL gekauft. Seit einer Woche fährt es nicht mehr. Rufen Sie in der Werkstatt an.	Sie haben vor ein paar Tagen eine Kaffeemaschine Typ Express 400 bei Consum gekauft. Seit heute morgen funktioniert sie nicht mehr. Das Wasser bleibt kalt. Rufen Sie im Kaufhaus an.
Sie haben vor drei Monaten bei Telemeister ein neues Telefon gekauft. Jetzt funktioniert es nicht mehr. Rufen Sie beim Kundendienst an.	Sie haben vor ein paar Wochen einen neuen Fotoapparat bei Foto Ideal gekauft. Im Urlaub hat er nicht funktioniert. Rufen Sie im Laden an.
Sie haben bei Foto Meister eine Videokamera gekauft. Sie ist erst acht Monate alt, aber sie filmt nicht mehr. Rufen Sie beim Kundendienst an.	Sie haben gestern bei Elektro Felix einen Herd gekauft. Er wird nicht richtig warm. Rufen Sie im Geschäft an.

Kopiervorlage „Zwischenspiel zu Lektion 12"

Schreiben Sie die Bitten anders. Aber: Vergessen Sie „bitte" nicht!

A Könntest du mir bitte helfen?

Kannst du mir bitte helfen?
Hilfst du mir bitte?
Hilf mir doch bitte!

B Würdest du mich bitte zum Sportplatz fahren/bringen?

C Könntest du bitte meine Hose waschen?

D Könntest du bitte mein UFO reparieren?

E Könnte ich bitte noch mal Spaghetti mit Tomatensoße bekommen?

Gib mir doch bitte noch mal Spaghetti mit Tomatensoße!

F Könntest du mir bitte die Deutschaufgabe erklären?

G Würdest du mir bitte 20 Euro leihen?

B Kannst du mich bitte zum Sportplatz fahren/bringen? / Fährst/Bringst du mich bitte zum Sportplatz? / Fahr/Bring mich doch bitte zum Sportplatz! C Kannst du bitte meine Hose waschen? / Wäschst du bitte meine Hose? / Wasch doch bitte meine Hose! D Kannst du bitte mein UFO reparieren? / Reparierst du bitte mein UFO? / Reparier(e) doch bitte mein UFO! E Kann ich bitte noch mal Spaghetti mit Tomatensoße bekommen? / Bekomme ich bitte noch mal Spaghetti mit Tomatensoße? F Kannst du mir bitte die Deutschaufgabe erklären? / Erklärst du mir bitte die Deutschaufgabe? / Erklär mir doch bitte die Deutschaufgabe! G Kannst du mir bitte 20 Euro leihen? / Leihst du mir bitte 20 Euro? / Leih mir doch bitte 20 Euro!

113 KOPIERVORLAGEN

Kopiervorlage L13/A1

Hinweis: Kopieren Sie die Kopiervorlage mehrmals auf festes farbiges Papier und schneiden Sie die Karten aus. Jedes Paar erhält zwei Kartensätze.

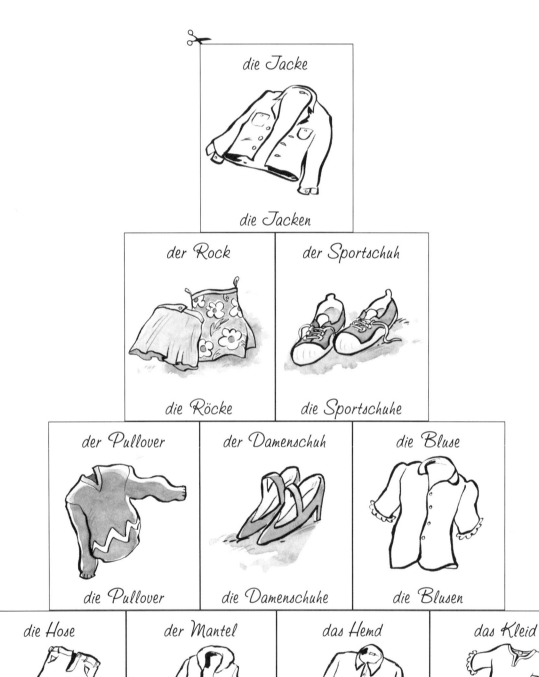

KOPIERVORLAGEN 114

Kopiervorlage L13/D4

✘ Welch....... Musik findest du am besten?

....

✘ Welch....... Sport magst du am liebsten?

....

✘ Welch....... Stadt in Deutschland findest du gut?

....

✘ Welch....... Film gefällt dir?

....

✘ Welch....... Essen magst du gern?

....

✘ Welch....... Buch findest du interessant?

....

✘ Welch....... Sprache möchtest du gern lernen?

....

✘ Welch....... Person in der Foto-Hörgeschichte magst du am liebsten?

....

✘ Welch....... Farbe magst du am liebsten?

....

✘ Welch....... Arbeit machst du lieber: aufräumen oder das Bad putzen?

....

Kopiervorlage L13/E3

Hinweis: Kopieren Sie die Vorlage für jede Gruppe auf buntes Papier und schneiden Sie die Karten aus.

Sie haben eine Bluse und einen Rock gefunden und möchten beides kaufen. Sie finden die Kasse nicht.	Sie haben Kleider anprobiert. Zwei Kleider gefallen Ihnen sehr gut. Sie wollen aber nur eins kaufen. Sie wissen nicht, welches.
Sie möchten eine Hose kaufen und brauchen Hilfe.	Sie haben einen Pullover in Größe L anprobiert. Der ist zu groß.
Sie haben eine Jacke anprobiert. Sie ist braun. Sie mögen Blau lieber.	Sie möchten ein Heft kaufen. Sie wissen nicht, wo.
Sie möchten Sportschuhe kaufen, aber Sie finden die Sportabteilung nicht.	Sie haben ein Hemd anprobiert. Es gefällt Ihnen gut, aber es ist zu klein.
Sie haben einen Rock gefunden. Er gefällt Ihnen gut, aber er passt nicht richtig. Er ist zu kurz.	Sie möchten ein Wörterbuch kaufen, aber Sie wissen nicht, wo.
Sie haben zwei Jacken anprobiert. Beide gefallen Ihnen gut. Sie wollen aber nur eine kaufen. Sie wissen nicht, welche.	Sie möchten eine CD kaufen. Sie wissen nicht, in welcher Abteilung.
Sie suchen ein Geschenk für Ihre Freundin. Sie liebt Bücher. Sie suchen die Bücherabteilung.	Sie suchen ein Spiel für Ihren Sohn. Er ist sechs Jahre alt. Sie brauchen Hilfe.

Kopiervorlage „Zwischenspiel zu Lektion 13"

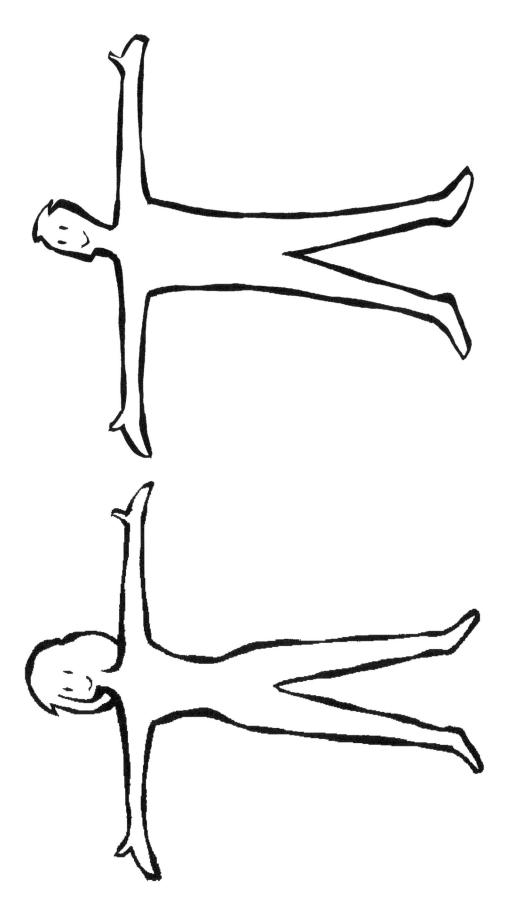

Schneiden Sie die Figuren aus und „ziehen" Sie die Figuren „an".

117 KOPIERVORLAGEN

Kopiervorlage L14/A3
Memo

Hinweis: Schneiden Sie die Memo-Karten aus und mischen Sie sie. Jede Gruppe von 4–5 Spielern erhält einen Kartensatz. Die Karten werden als Feld verdeckt auf den Tisch gelegt. Ein TN wird zum Spielleiter erklärt. Nur er darf Karten aufdecken, die Mitspieler bitten um die Karten, z.B. „Ich möchte die dritte Karte in der zweiten Reihe und die vierte Karte in der vierten Reihe." Passen die Karten zusammen, darf der TN sie behalten. Wenn die Karten nicht zusammenpassen, werden sie wieder umgedreht.

12.04.1978
der zwölfte Vierte neunzehnhundertachtundsiebzig
24.12.1987
der vierundzwanzigste Zwölfte neunzehnhundertsiebenundachtzig
08.07.2006
am achten Siebten zweitausendsechs
07.08.2006
vor dem siebten Achten zweitausendsechs
23.11.2001
bis zum dreiundzwanzigsten Elften zweitausendeins
23.01.2011
bis zum dreiundzwanzigsten Ersten zweitausendelf
18.08.1980
am achtzehnten Achten neunzehnhundertachtzig
19.08.1808
am neunzehnten Achten achtzehnhundertacht

Schritte plus 2, Lehrerhandbuch 05.1912 • © Hueber Verlag 2010

KOPIERVORLAGEN **118**

Kopiervorlage L14/C4

Hinweis: Kopieren Sie die Vorlage auf Folie sowie als Arbeitsblatt für jeden TN. Im Plenum überlegen die TN zunächst, über welche Themen man noch sprechen kann, und ergänzen die Tabelle / die Folie. Fragen Sie dann zwei lernstarke TN nach ihrer Meinung zum Thema „Sport" und „Fernsehen" und notieren Sie die Antworten stichwortartig auf der Folie. Anschließend notieren alle TN in Stillarbeit, was ihnen warum gefällt bzw. nicht gefällt, und tauschen in Partner- oder Kleingruppenarbeit ihre Meinungen aus.

wichtig • unwichtig • interessant • langweilig • toll • super • schön • wunderbar • fit bleiben • (keinen) Spaß machen • (nicht) gut können • am Abend gern Filme sehen • ...

	☺	☹
Sport		
Fernsehen		
Fußball spielen		
Lesen		
Sprachen lernen		
Reisen		
Tanzen		
...		

Ich mache gern Sport, denn ich will fit bleiben. Und du?

Ich jogge manchmal. Aber eigentlich mache ich nicht so gern Sport, denn das macht mir einfach keinen Spaß! Ich lese lieber oder gehe spazieren.

Kopiervorlage L14/E3

Hinweis: Schneiden Sie die Karten aus und verteilen Sie eine an jeden TN. Die TN schreiben ihre Wünsche auf die Innenseite der Karte und klappen diese dann zusammen.

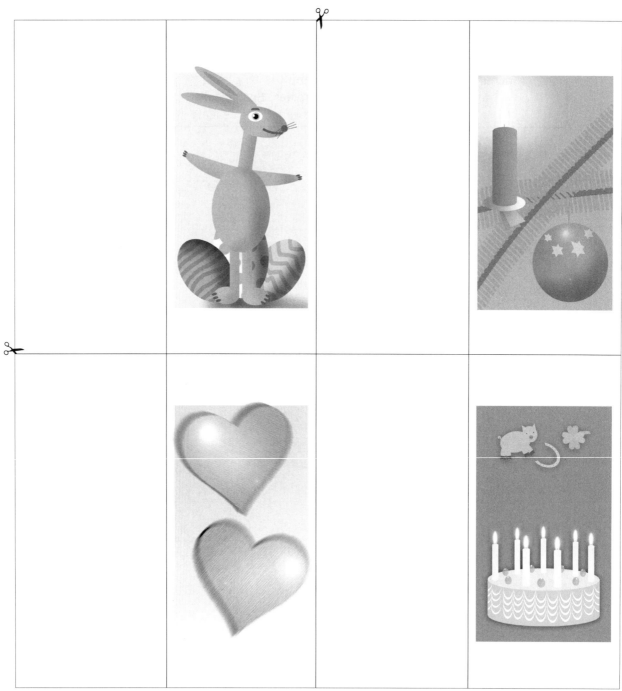

KOPIERVORLAGEN 120

Kopiervorlage „Zwischenspiel zu Lektion 14"

1 Was ist richtig? Kreuzen Sie an.

   a Wo findet das Oktoberfest statt?

       ☐ In München.   ☐ In Wien.   ☐ In Basel.

   b Was kann man auf dem Oktoberfest machen?

       ☐ Pilze essen und Kastanienmännchen machen.

       ☐ Bier trinken und Karussell fahren.

       ☐ Glühwein trinken und Weihnachtsbäume kaufen.

2 Welche Aussagen sind richtig? Kreuzen Sie an.

Das Oktoberfest …

     ☐ geht vom 15. September bis zum 3. Oktober.

     ☐ beginnt immer im September und endet immer im Oktober.

     ☐ beginnt immer an einem Samstag und endet immer an einem Sonntag.

     ☐ kann auch am 14. September beginnen.

     ☐ kann auch am 4. Oktober enden.

     ☐ kann auch an einem Montag oder Dienstag enden.

3 Lesen Sie den Text „Gehen wir auf die Wies'n?" und kreuzen Sie an: Richtig oder falsch?

		richtig	falsch
a	Die Münchner sagen zum Oktoberfest „Wies'n".	☐	☐
b	Das erste Oktoberfest war am Hochzeitstag von einem König.	☐	☐
c	Auch das erste Oktoberfest war schon im September.	☐	☐
d	Der Platz, wo das Oktoberfest ist, heißt Theresienwiese, denn eine Prinzessin hatte diesen Namen.	☐	☐

4 Sprechen Sie.

> das Festzelt/Bierzelt • die Achterbahn • die Bude • die Zuckerwatte • die Brezel •
> die Maß Bier • das Dirndl und die Lederhose • die Blasmusik

Ich war schon einmal / noch nie auf dem Oktoberfest.
Auf dem Oktoberfest kann man … / gibt es …
Man kann mit … fahren.
Die Frauen / Die Männer haben … an.

121 KOPIERVORLAGEN

Wiederholung zu Lektion 8 und Lektion 9
Spiel: „Großer Preis"

Hinweis:

1. Vergrößern Sie die Kärtchen so, dass man eine Nummerierung auf der Rückseite der Kärtchen im Kursraum gut lesen kann. Schneiden Sie dann die Kärtchen aus und übertragen Sie die kleine Ziffer in der vorderen rechten Ecke groß auf die Rückseite der Kärtchen (z.B. Thema „Berufe" = A, d.h. die Kärtchen auf der Rückseite mit A1 bis A5 beschriften). Schöner wird es, wenn Sie die Kärtchen je nach „Wissensgebiet" farblich anders gestalten.
2. Hängen Sie die Kärtchen so an die Tafel oder die Wand, dass die Oberbegriffe (Berufe, Zeit, Arbeit, Amt) und die Rückseite der Kärtchen gut zu sehen sind.
3. Die TN teilen sich in zwei Gruppen auf. Gruppe 1 beginnt. Ein TN von Gruppe 1 nennt eine Nummer (je niedriger, desto einfacher), z.B. A3. Nehmen Sie das Kärtchen von der Tafel ab und lesen Sie die Frage auf der Vorderseite vor. Die TN von Gruppe 1 beratschlagen und lösen die Frage gemeinsam. Der TN, der die Karte ausgewählt hat, nennt die Lösung. Ist diese richtig, bekommt die Gruppe einen Punkt. Ist sie falsch, wird die Frage an Gruppe 2 weitergegeben, die dann die Möglichkeit bekommt, diese Frage zusätzlich zu ihrer eigenen nächsten Frage zu beantworten, und damit zwei Punkte in dieser Runde machen kann. Gruppe 2 nennt als Nächstes eine Nummer und versucht, diese Frage zu beantworten. Gewonnen hat die Gruppe mit den meisten Punkten.

A Berufe

B Zeit

C Arbeit

D Amt

A1 Nennen Sie drei Berufe.	A2 Nennen Sie drei Berufe mit „B".
A3 Nennen Sie bei drei Berufen die männliche und die weibliche Form.	A4 Ich habe zurzeit keine Arbeit, ich bin ....

Wiederholung zu Lektion 8 und Lektion 9
Spiel: „Großer Preis"

A5

Ergänzen Sie:

Ich arbeite .... Söhnke & Co.

Ich arbeite .... Verkäuferin.

B1

Antworten Sie: Wann sind Sie nach Deutschland gekommen?

B2

Antworten Sie: Seit wann leben Sie hier?

B3

Wie ist die Frage zur Antwort:

„1973 in Krakau."

B4

Ergänzen Sie:

Heute bin ich glücklich. Heute habe ich eine neue Wohnung. Vor zwei Jahren .... ich nicht sehr glücklich. Ich .... keine Wohnung.

B5

Wie heißt der Satz?

Letzten Sommer .... wir mit dem Auto in Urlaub ....

Es .... sehr schön.

Wir .... in Österreich.

C1

Ich arbeite von 8 Uhr bis 16 Uhr.

Das ist meine ....

C2

Erklären Sie: Was ist „der Verdienst"?

Verdienst heißt: Ich bekomme Geld für meine Arbeit, z.B. 400 Euro.

C3

Sie suchen eine neue Arbeit. Wie können Sie eine Arbeit finden? Was tun Sie?

eine Anzeige aufgeben; in der Zeitung / im Internet die Stellenanzeigen lesen

---

C4

Sie suchen eine Stelle als Putzhilfe.

Was möchten Sie wissen? (zwei Fragen, bitte)

Wo ist die Firma?

Wie lange ist die Arbeitszeit? Wie hoch ist der Verdienst?

C5

Sie haben eine Anzeige in der Zeitung gelesen. Die Bäckerei Kaiser sucht eine Putzhilfe. Sie möchten die Stelle gern bekommen. Rufen Sie an. Ihre Kursleiterin / Ihr Kursleiter ist Frau/Herr Kaiser.

D1

Sie verstehen den Beamten auf dem Amt nicht. Was sagen Sie? (drei Beispiele)

Können Sie mir das bitte erklären? Entschuldigung, was bedeutet ... ? Das habe ich nicht verstanden.

D2

Sagen Sie es anders. Beispiel:

Sie müssen weitergehen! = Gehen Sie weiter.

Du musst warten. = ...

Ihr müsst hier unterschreiben. = ...

Sie müssen das Formular abgeben. = ...

D3

Nennen Sie vier Staatsangehörigkeiten: griechisch, ...

D4

Was muss man auf dem Amt machen?

(drei Beispiele)

zum richtigen Buchstaben gehen, eine Nummer ziehen, das Formular ausfüllen, das Formular unterschreiben und abgeben

---

D5

Welche Ämter kennen Sie?

Nennen Sie mindestens drei.

z.B. Agentur für Arbeit, Einwohnermeldeamt, Landratsamt, Wohnungs- und Flüchtlingsamt

...

---

123 KOPIERVORLAGEN

Schritte plus 2, Lehrerhandbuch 05.1912 • © Hueber Verlag 2010

Wiederholung zu Lektion 10 und Lektion 11
Quiz

Hinweis:

1. Kopieren Sie die Kopiervorlage mehrmals auf festes Papier, schneiden Sie die Kärtchen aus und verteilen Sie die Kartensätze an Kleingruppen von 3–4 TN.
2. Die TN ziehen reihum eine Karte, lesen die Aufgabenstellung vor und versuchen, sie zu lösen. Sind die Mitspieler mit der Lösung einverstanden, darf sie/er die Karte behalten. Wenn nicht, legt sie/er die Karte wieder unter den Stapel; sie kann später noch einmal gezogen werden.
3. Das Spiel ist zu Ende, wenn alle Karten gezogen wurden. Wer die meisten Karten hat, also die meisten Aufgaben richtig gelöst hat, hat gewonnen.

Wie heißt Ihre Mutter mit Vornamen? → .... Mutter heißt	Wie alt ist Ihr Vater? → .... Vater ist .... Jahre alt.	Wie heißt unsere Lehrerin / unser Lehrer mit Familiennamen? → .... Nachname ist ....
Mein Mann hat Kopfschmerzen. Was soll er tun? → Er	Wie geht's weiter? → ich *soll*, du ...., er/es/sie ...., wir ...., ihr ...., sie ...., Sie	Arzt: „Machen Sie viel Sport!" → Was *sollst* du machen? Ich ....
Herr Bader hatte einen Unfall. .... Fuß ist ganz dick.	Frau Maier hatte einen Unfall. .... Hand ist ganz dick.	Der Lehrer ist krank. .... Kopf tut weh.
Sagen Sie es anders. Herr Weise hat Halsschmerzen. = ... Hals tut weh.	Nennen Sie drei Körperteile mit „H": der H....................., das H....................., die H...................... .	Sagen Sie es anders: Ich habe Kopfschmerzen = ... Kopf tut ....
Sagen Sie es anders: Manuela hat Rückenschmerzen = ... Rücken tut	Wo kann man Medikamente kaufen? → .... der Apotheke.	Herr Müller hatte einen Unfall. Er ist jetzt .... Krankenhaus.

KOPIERVORLAGEN **124**

Wiederholung zu Lektion 10 und Lektion 11
Quiz

Niko will Sabine treffen. Er sucht sie .... der Praxis.	Niko fährt .... der U-Bahn zum Goetheplatz.	Die Gustav-Heinemann-Straße ist .... Goetheplatz.
Gehen Sie geradeaus und dann die (2.) .... Straße rechts.	Gehen Sie hier geradeaus und dann die (1.) .... Straße links.	Gehen Sie .... Karolinenplatz.
Gehen Sie die Kapuzinerstraße geradeaus und dann die (3.) .... Straße rechts.	Wo wohnen Sie? → Ich wohne	Herr Roth ist .... Friseur.
Herr Roth ist .... Schwimmbad.	Herr Roth geht .... Post.	Herr Roth fährt .... Neuss.
Das Mädchen wartet .... der Haltestelle.	Frau Kunze sitzt im Englischkurs .... Herrn Braun.	Die Männer sitzen .... der Bank.
Ich fahre mit	Fahren wir mit .... ins Zentrum?	Wie fahren Sie zum Deutschkurs? → ....
Peter liegt .... Bett.	Wo ist die Katze? →	Mario sitzt .... Eva.

Wiederholung zu Lektion 12 und Lektion 13
Spiel

START

Nudeln .... mir gut, aber Reis .... ich nicht.

Nennen Sie vier Kleidungsstücke. *Der, das, die* nicht vergessen!

Die Hose passt Ihnen nicht. Sie brauchen Größe 38. Fragen Sie die Verkäuferin.

Nennen Sie drei Wörter zum Thema „Kleidung kaufen". *Beispiel:* die Kasse
1. ....
2. ....
3. ....

Sie probieren ein Kleid. Die Farbe gefällt Ihnen nicht. Sie möchten das Kleid in Blau. Was sagen Sie?

Bitte rufen Sie zurück. Meine Telefonnummer ist ....

Entschuldigung, ... wann können Sie den Kühlschrank reparieren? Es ist dringend!

Entschuldigung, ... wann haben Sie am Samstag geöffnet?

Wo ist Bruno?

Sie sind im Restaurant. Sie möchten die Speisekarte. Fragen Sie den Kellner höflich!

Tut mir leid, ich muss noch arbeiten. Ich habe erst .... 19 Uhr Zeit. Dann können wir uns treffen.

Im Büro ist es kalt. Ein Kollege soll das Fenster zumachen. Bitten Sie ihn höflich.

Ergänzen Sie. *Beispiel:* gut – schlecht
1. schön – ....
2. günstig – ....

Wann sieht Bruno fern? .... der Arbeit.

Im Zug ist es sehr warm. Sie möchten das Fenster öffnen. Fragen Sie die anderen Fahrgäste höflich.

Sie möchten mit einer Freundin ins Kino gehen. Sie rufen sie an, aber sie ist nicht da. Sprechen Sie auf den Anrufbeantworter.

Was sagt die Frau?

Welchen „Service" braucht das Kind?

Sie möchten die Schuhe in Größe 37 probieren. Fragen Sie die Verkäuferin höflich.

ZIEL

Was ist das?

Rufen Sie beim Kundendienst an. Sie möchten wissen, wann der Techniker kommen kann. Fragen Sie.

● Wollen wir heute zusammen ins Kino gehen?
■ Wann bist du fertig?
● Ungefähr .... einer Stunde.

Wiederholung zu Lektion 12 und Lektion 13
Spiel

Die Jacke gefällt .... gut, aber sie passt .... nicht.	Was ist das? 	Sie haben ein Handy gekauft. Sie wissen aber nicht, wie es funktioniert. Was lesen Sie?	Der CD-Player ist noch neu. Ich habe noch 18 Monate ....
Ergänzen Sie. *Beispiel: der* Brief 1. .... Rechnung 2. .... Anrufbeantworter 3. .... Telefon	Ergänzen Sie. *Beispiel: der Rock – die Röcke* 1. das Hemd – die .... 2. das Kleid – die	Ihre Waschmaschine ist kaputt. Der Kundenservice soll kommen. Was sagen Sie am Telefon?	Sie rufen Freunde an. Der Anrufbeantworter ist an. Was sagen Sie?
Wie lange dauert die Reparatur? – .... ca. 17 Uhr.	Sie suchen die Elektroabteilung. Fragen Sie an der Information.	Was hört die Frau? Sprechen Sie.	Was machen Sie in der Freizeit? Nennen Sie drei Beispiele mit „gern", „lieber", „am liebsten".
Ergänzen Sie. *Beispiel: der Schuh – die Schuhe* 1. der Pullover – die .... 2. der Mantel – die	Wie heißt das Gegenteil? 1. das Fenster aufmachen – .... 2. das Licht anmachen –	„Helfen Sie mir!" Sagen Sie es höflich!	Im Bus hört ein Junge neben Ihnen sehr laut Musik. Er soll die Musik ausmachen. Bitten Sie ihn höflich!
„Der Kuchen schmeckt .... nicht. Er ist nicht mehr gut."	Was können Sie gut, besser, am besten? Erzählen Sie.	Was fragt der Chef? (2 Beispiele) 	Was sagt die Frau dem Techniker? 
Sie finden im Klassenzimmer eine Uhr. Was fragen Sie?	Was essen Sie am liebsten? Was trinken Sie am liebsten?	Der Pullover ist zu kurz. Fragen Sie die Verkäuferin höflich nach einem anderen Pullover!	Mögen Sie lieber Fisch oder Fleisch?

Test zu Lektion 8

Name: ....

1 Schreiben Sie.

Beispiel: Ich bin *Lehrerin*..........................
Ich arbeite an einer Sprachschule.

a Ich bin ....
Ich arbeite im Krankenhaus.

b Ich bin ....
Ich arbeite .... BMW.

c Ich bin ....
Ich arbeite zurzeit aber auch .... Verkäuferin.

d Ich bin ....
Aber ich arbeite nicht. Ich bin arbeitslos.

Punkte ..... / 6

2 Ergänzen Sie.

Beispiel:
● *Wie lange* .... haben Sie als Verkäufer gearbeitet?   ■ Ein Jahr lang.

a ● .... sind Sie nach Deutschland gekommen?   ■ Vor zwei Monaten.
b ● Und .... leben Sie schon in Hamburg?   ■ Seit sechs Wochen.
c ● .... sind Sie arbeitslos?   ■ Seit drei Tagen.
d ● .... und wo sind Sie geboren?   ■ 1985 in Erlangen.
e ● .... haben Sie Kaufmann gelernt?   ■ Vor fünf Jahren, 1999.
f ● .... lernen Sie Deutsch?   ■ Seit drei Jahren.

Punkte ..... / 6

Test zu Lektion 8

3 **Was haben Sie gestern gemacht? Schreiben Sie.**

Heute <u>suche</u> ich eine Stelle als Krankenschwester. Ich <u>lese</u> die Anzeigen in der Zeitung. Es <u>sind</u> wirklich viele Angebote für Krankenschwestern dabei. Eine Anzeige <u>ist</u> besonders interessant und ich <u>schreibe</u> sofort eine E-Mail an den Pflegedienst. Schon zehn Minuten später <u>habe</u> ich eine Antwort von der Chefin. Am Nachmittag <u>hat</u> sie Zeit und ich <u>fahre</u> zur Firma für das Vorstellungsgespräch. Wir <u>sprechen</u> über die Arbeitszeiten und den Verdienst. Die Chefin <u>sagt</u>: „Sie haben die Stelle." Juhu! Ich bin sehr glücklich.

Gestern habe ich eine Stelle als Krankenschwester gesucht.

....

....

....

....

Punkte ..... / 10

4 **Kreuzen Sie an: Richtig oder falsch?**

Für meinen Obst- und Gemüseladen suche ich für drei Nachmittage in der Woche eine/n **Verkäufer/in** (von 14 bis 18.30 Uhr), gern auch Student/in. Haben Sie Interesse? Dann rufen Sie bitte Herrn Stede an unter 04162/912103.

Sekretärin für drei Vormittage in der Woche gesucht! Sie kennen die üblichen Computerprogramme (Word, Excel) und sprechen sehr gut Deutsch und Englisch. Dann sind Sie richtig bei uns! Schreiben Sie an Herrn Weber: t.weber@mikrochip.de

		richtig	falsch
a	Herr Stede verkauft Obst und Gemüse.	☐	☐
b	Er braucht Hilfe im Verkauf.	☐	☐
c	Studenten können diese Arbeit nicht machen.	☐	☐
d	Die Arbeitszeiten sind von Montag bis Freitag.	☐	☐
e	Die Firma braucht eine Sekretärin.	☐	☐
f	Die Arbeitszeit ist drei Wochen.	☐	☐
g	Für diese Stelle brauchen Sie sehr gute Deutschkenntnisse.	☐	☐
h	Sie können dort anrufen.	☐	☐

Punkte ..... / 8

Insgesamt: .... / 30

Bewertungsschlüssel	
30 – 27 Punkte	sehr gut
26 – 23 Punkte	gut
22 – 19 Punkte	befriedigend
18 – 15 Punkte	ausreichend
14 – 0 Punkte	nicht bestanden

Test zu Lektion 9

Name: ....

1 **Was kann man mit einem Formular machen? Schreiben Sie.**

Man kann ein Formular:

ausfüllen .... ; .... ; .... ;

Punkte ..... / 2

2 **Ergänzen Sie.**

Beispiel: Kinder, *wartet* .... einen Moment, wir sind gleich da!
(warten)

a .... bitte leise. Papa fährt Auto! (sein)

b Habt ihr Hunger? .... doch einen Apfel. (essen)

c .... mir mal die Wasserflasche, ich habe Durst. (geben)

d Du kannst das Formular nicht ausfüllen? .... doch mal her. (zeigen)

e Was hast du nicht verstanden? .... doch mal vor. (lesen)

f .... das Formular da drüben .... (abgeben)

Punkte ..... / 6

3 **Was müssen Sie jeden Tag machen? Schreiben Sie fünf Sätze.**

Ich muss jeden Morgen um 7 Uhr aufstehen. Dann ... .

....

....

....

....

....

....

Punkte ..... / 10

TEST ZU LEKTION 9 **130**

Test zu Lektion 9

4   **Ergänzen Sie in der richtigen Form: *können, müssen, dürfen, möchten.***

● Entschuldigung, meine Familie und ich .... gern in eine andere Wohnung ziehen.

   Was .... ich denn da machen?

▧ Sie .... ein Formular ausfüllen.

● Entschuldigen Sie, das habe ich jetzt nicht verstanden.

   .... Sie das bitte wiederholen?

▧ Sie füllen dieses Formular aus. Sie können es mit nach

   Hause nehmen oder hier ausfüllen.

   .... Sie es hier ausfüllen?

● Ja. Entschuldigung, ... ich Sie etwas fragen?

   Was .... ich denn hier reinschreiben?

▧ Sie schreiben hier Ihren Familiennamen und Ihr Geburtsdatum rein. Wann sind Sie denn geboren?

● Im Mai. Und hier, das verstehe ich auch nicht.

   .... Sie mir noch einmal helfen, bitte?

▧ Was brauchen Sie denn?

● Die Staatsangehörigkeit, was bedeutet das? .... Sie mir das erklären?

▧ Ihre Nationalität, verstehen Sie?

● Und berufstätig? Ich arbeite im Moment nicht. Dann muss ich das auch nicht ausfüllen, oder?

▧ Doch. Sie .... „nein" ankreuzen.

● Gut. .... ich das Formular hier abgeben?

▧ Ja, aber Sie .... die Unterschrift nicht vergessen.

● Vielen Dank!

Punkte ..... / 12

Insgesamt: .... / 30

Bewertungsschlüssel

30 – 27 Punkte	sehr gut
26 – 23 Punkte	gut
22 – 19 Punkte	befriedigend
18 – 15 Punkte	ausreichend
14 – 0 Punkte	nicht bestanden

Test zu Lektion 10

Name: ....

1 Ergänzen Sie in der richtigen Form: *mein, dein, Ihr, euer*.

Beispiel: ● Wie siehst du denn aus? *Dein* Fuß ist ja ganz dick!
▪ Ja, ich habe auch starke Schmerzen.

a ● Guten Tag, Frau Grimm! Was haben Sie denn gemacht? .... Hand ist ja ganz dick!
▪ Ja, sie tut sehr auch weh.

b ● Hallo, Sabine! Bist du krank? .... Nase ist ganz rot!
▪ Ja, sie tut auch ganz schön weh! Ich habe Schnupfen.

c ● Guten Tag, Herr Bergmann! Wie geht es Ihnen heute?
▪ Danke, heute geht es mir schon besser, aber .... Bein tut noch etwas weh.

d ● Hallo, Melanie! Was hast du denn gemacht? .... Arm ist ja ganz dick!
▪ Ja, er tut auch sehr weh. Ich bin hingefallen.

e ● Guten Abend, Frau Geismar! Was ist passiert? .... Augen sind ja ganz rot!
▪ Ja, sie tun auch weh und ich sehe nicht gut.

f ● Hallo, Markus. Wie geht's?
▪ Danke, gut. .... Fuß tut nicht mehr so weh.

g ● Guten Morgen, Frau Bauer! Wie geht's? Tut .... Rücken noch so weh?
▪ Ja, leider!

h ● Hallo, Anna! Hallo, Carlos! Was machen .... Kinder? Sind sie noch krank?
▪ Nein, es geht ihnen gut.

Punkte ..... / 8

2 Was tut den Leuten weh? Schreiben Sie.

Beispiel: *Ihre Hand* tut weh.

a .... tut weh.

c .... tun weh.

b .... tut weh.

d .... tut weh.

Punkte ..... / 8

Test zu Lektion 10

3 **Felix ist krank! Was sagt die Mutter? Schreiben Sie.**

Beispiel: Komm, Felix. Geh ins Bett. Der Arzt hat gesagt,
du sollst viel schlafen. .... (viel schlafen)

a Er hat auch gesagt, du ....
(heißen Tee trinken)

b Und ....
(deine Medizin nehmen)

c ....
(nicht lesen)

d Er meint auch, ich ....
(regelmäßig deine Temperatur kontrollieren)

e Ich ....
(dich morgen wieder zum Arzt bringen)

f Wir ....
(um neun Uhr kommen)

Punkte ..... / 6

4 **Ordnen Sie das Gespräch.**

| 1 | Praxis Dr. Neumaier, guten Tag!

☐ Hm, diese Woche haben wir keinen Termin mehr frei.
Aber Sie können nächsten Montag um 8 Uhr kommen.

☐ Kann ich dann vielleicht morgen kommen?

☐ Gut, dann komme ich morgen Nachmittag um 16 Uhr vorbei! Danke. Auf Wiederhören!

☐ Guten Morgen. Hier ist Bremer. Ich habe Zahnschmerzen. Wann kann ich vorbeikommen?

☐ Mal sehen! – Ja, morgen von 16 bis 18 Uhr ist offene Sprechstunde. Da können Sie gern kommen.

☐ Heute geht es nicht mehr. Der Herr Doktor ist nur noch eine halbe Stunde in der Praxis.

☐ Das ist zu spät. Ich habe starke Schmerzen.
Kann ich bitte heute noch kommen?

☐ Bitte. Auf Wiederhören!

Punkte ..... / 8

Insgesamt: .... / 30

Bewertungsschlüssel

30 – 27 Punkte	sehr gut
26 – 23 Punkte	gut
22 – 19 Punkte	befriedigend
18 – 15 Punkte	ausreichend
14 – 0 Punkte	nicht bestanden

Test zu Lektion 11

Name: ....

1 Ergänzen Sie.

Beispiel: ● Wie weit ist es zum Marienplatz? Kann ich dahin zu Fuß gehen?
 ■ Nein, das ist zu weit. Sie müssen mit *der* .... U-Bahn fahren.

a ● Wie weit ist es zum Bahnhof? Kann man dahin zu Fuß gehen?
 ■ Nein, das ist zu weit. Aber Sie können mit .... Straßenbahn fahren.

b ● Entschuldigung, wie komme ich zum Nordbad?
 ■ Sie können mit .... Bus Nummer 58 fahren.

c ● Entschuldigen Sie bitte, wie komme ich nach Augsburg?
 ■ Am besten mit .... Zug.

d ● Wie kommt man am schnellsten nach Hamburg?
 ■ Mit .... Flugzeug.

e ● Entschuldigung, können Sie mir sagen, wie ich nach Moosburg komme?
 ■ Das ist schwierig. Fahren Sie am besten mit .... Auto.
 Züge fahren nicht nach Moosburg.

Punkte ..... / 5

2 Ergänzen Sie.

Am • links • zum • erste • Am • zum • in • geradeaus • geradeaus • links • geradeaus • rechts

● Entschuldigen Sie bitte, wie komme ich denn zum Museum?

■ Das ist ganz einfach. Gehen Sie hier .... weiter bis ....

Karolinenplatz. .... Karolinenplatz gehen Sie dann .... in

die Blumenstraße. Gehen Sie weiter .... bis .... Kino.

.... Kino gehen Sie .... die

Bahnhofstraße. Gehen Sie etwa 100 Meter weiter .... und dann die

.... Straße .... Da sehen Sie schon das Museum.

Punkte ..... / 12

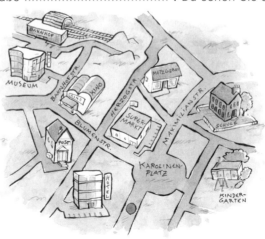

TEST ZU LEKTION 11 134

Test zu Lektion 11

3 Wo steht das Auto? Ordnen Sie zu.

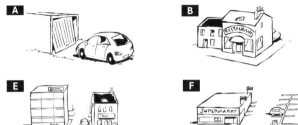

a [G] Das Auto steht vor dem Bahnhof.
b [   ] Das Auto steht an der Haltestelle.
c [   ] Das Auto steht unter dem Hotel.
d [   ] Das Auto steht vor der Garage.

e [   ] Das Auto steht auf dem Parkplatz.
f [   ] Das Auto steht zwischen den Häusern.
g [   ] Das Auto steht hinter dem Restaurant.

Punkte ….. / 6

4 Welche Antwort passt? Ordnen Sie zu.

a Entschuldigung, wie komme ich bitte zum Bahnhof?   Hin und zurück 20,50 Euro.
b Wann fährt der nächste Zug nach Halle?   Der kommt um 13.31 Uhr auf Gleis 10 an.
c Und wann kommt der Zug aus Leipzig an?   Mit der Straßenbahn. Linie 7.
d Wie lange dauert die Fahrt?   Von Gleis 11.
e Muss ich umsteigen?   Gleich da drüben. Sehen Sie?
f Wie viel kostet die Fahrkarte?   Nein.
g Und wo finde ich den Fahrkartenautomaten?   35 Minuten.
h Von welchem Gleis fährt der Zug ab?   Nach Halle … Moment … Um 13.46 Uhr.

Punkte ….. / 7

Insgesamt: …………. / 30

Bewertungsschlüssel

30 – 27 Punkte   sehr gut
26 – 23 Punkte   gut
22 – 19 Punkte   befriedigend
18 – 15 Punkte   ausreichend
14 – 0 Punkte   nicht bestanden

Test zu Lektion 12

Name: ....

1 **Ergänzen Sie.**

nach dem • nach dem • vor der • Vor der • beim • Vor dem • beim • bei der • nach der

Beispiel: Die Krankenschwester gibt Tim *vor der* .... Operation eine Spritze.

 **a** Das ist Herr Sauter .... Arbeit.

 e .... Party bügelt Frau Hartmann ihre Bluse.

 **b** .... Examen muss Katrin viel lernen.

 f Das ist Herr Sauter .... Unfall.

 c Das ist Bruno .... Arbeit.

 **g** Das sind Olaf und Sven .... Baden.

 d Herr Roth fährt .... Besuch in Neuss wieder nach Hause.

 h Das ist Herr Roth .... Schwimmen.

Punkte ..... / 8

2 **Was antworten Sie? Schreiben Sie.**

Beispiel: Verzeihen Sie, es ist sehr warm hier.   *Könnten Sie bitte das Fenster aufmachen?*

a Entschuldigung, es ist sehr kalt hier. ....

b Mein Fernseher ist kaputt. ....

c Hör mal, Rita, es ist ziemlich dunkel hier. ....

d Du hörst so laut Musik! ....

e Die Sonne scheint. Da brauchen wir die Lampe nicht. ....

f Herr Mühlbauer hat im Moment leider keine Zeit. ....

Punkte ..... / 12

Test zu Lektion 12

3 Ergänzen Sie.

Beispiel: ● Verzeihen Sie, wann sind Sie wieder im Büro?
▪ *Ab* heute Nachmittag *um* 14 Uhr.

a ● Mein Drucker ist kaputt. Ich brauche ihn dringend. Wie lange brauchen Sie für die Reparatur?
▪ .... morgen.

b ● Ich brauche dringend Hilfe. Wann kann Ihr Techniker kommen?
▪ .... einer Stunde ist er bei Ihnen.

c ● Entschuldigung, wann ist Doktor Kunze wieder im Haus?
▪ Leider erst morgen .... 8 Uhr.

d ● Verzeihen Sie, wie lange haben Sie geöffnet?
▪ .... 20 Uhr, ... Samstag .... 18 Uhr.

e ● Wann kann ich den Computer wieder abholen?
▪ .... zwei Tagen ist er fertig.

f ● Entschuldigen Sie, wann kann ich mit Herrn Becker sprechen?
▪ .... 13 Uhr. Dann ist er wieder im Büro.

g ● Wann beginnen die Ferien?
▪ .... drei Wochen, glaube ich.

h ● Musst du heute lange arbeiten?
▪ Na, so .... acht schon, denke ich.

Punkte ..... / 10

Insgesamt: .... / 30

Bewertungsschlüssel
30 – 27 Punkte   sehr gut
26 – 23 Punkte   gut
22 – 19 Punkte   befriedigend
18 – 15 Punkte   ausreichend
14 – 0 Punkte   nicht bestanden

Test zu Lektion 13

Name: ....

1 Wie heißen die Kleidungsstücke? *Der/Das/Die* bitte nicht vergessen!

die Hose

Punkte ..... / 5

2 Schreiben Sie.

Beispiel: der Rock – *die Röcke*

a der Gürtel – ....
b das T-Shirt – ....
c das Hemd – ....
d die Hose – ....
e der Mantel – ....

Punkte ..... / 5

3 Ergänzen Sie.

Beispiel: ● Sieh mal, die Hose!   ■ *Die* .... ist langweilig!

a ● Sieh mal, das Hemd!   ■ .... ist super!
b ● Wie findest du den Mantel?   ■ .... finde ich zu teuer!
c ● Und das Hemd?   ■ .... ist günstig!
d ● Was sagst du zu dem Gürtel?   ■ .... finde ich sehr schön!
   Aber – .... ist zu teuer.
e ● Ach, sich mal! Der Rock ist aber toll!   ■ Ja, ... gefällt mir auch sehr gut.
f ● Und wie findest du das T-Shirt?   ■ Ganz schön. .... steht dir bestimmt gut.

Punkte ..... / 7

TEST ZU LEKTION 13   138

Test zu Lektion 13

4 **Was passt? Markieren Sie.**

Beispiel: ● Gefällt mir/Ihnen/ihm der Rock?

    ▓ Ja, aber er ist zu groß.

a ● Sag mal, Tanja, wie gefällt euch/Ihnen/dir das Kleid?

    ▓ Sehr gut! Wie viel kostet es?

b ● Wie findest du den Rock?

    ▓ Er gefällt dir/mir/ihm gut, aber er passt Ihnen/mir/uns leider nicht.

c ● Was sagst du zu der Hose?

    ▓ Die steht ihm/ihr/dir sehr gut! Nimm sie doch!

d ● Schmeckt mir/euch/uns der Salat?

    ▓ Ja, sehr gut!

e ● Wem gehört das Wörterbuch?

    ▓ Uns/Ihnen/Dir! Wir haben es gestern vergessen.

f ● Frau Schiller, der Mantel steht dir/ihr/Ihnen sehr gut!

    ▓ Vielen Dank!

Punkte ..... / 7

5 **Schreiben Sie.**

Beispiel: ● Kannst du gut Auto fahren?

    ▓ Ja, aber ich fahre noch *besser* .... Fahrrad.

a ● Möchtest du gern mal nach Berlin fahren?

    ▓ Ja, aber noch .... möchte ich nach Zürich und .... möchte ich nach Wien fahren.

b ● Kannst du gut Samba tanzen?

    ▓ Ja, aber ich tanze noch .... Tango.

c ● Wer spricht .... Deutsch? Silvana oder Mehtap?

    ▓ Silvana.

d ● Was kostet ....? Ein Badeurlaub an der Nordsee

    oder ein Städteurlaub in Köln?

    ▓ Ich glaube, ein Urlaub in Köln.

e ● Ich esse sehr viel, meine Schwester isst noch mehr,

    aber mein Bruder isst ....

Insgesamt: .... / 30

Bewertungsschlüssel	
30 – 27 Punkte	sehr gut
26 – 23 Punkte	gut
22 – 19 Punkte	befriedigend
18 – 15 Punkte	ausreichend
14 – 0 Punkte	nicht bestanden

Punkte ..... / 6

Test zu Lektion 14

Name: ....

1 **Welches Datum ist heute? Schreiben Sie.**

Heute ist der ...

Beispiel: (14.7.) *Vierzehnte Siebte* ....

a (17.4.)	....	**d** (1.12.)	....
b (23.5.)	....	**e** (27.9.)	....
c (30.3.)	....	**f** (29.11.)	....

Punkte ..... / 6

2 **Ergänzen Sie: *der, am, vom ... bis (zum)*.**

Beispiel: Der Wievielte ist heute? Heute ist *der* .... 14. Juli.

a Welches Datum ist heute? .... 27. Januar.

b Wann bekommt man in Deutschland
die Weihnachtsgeschenke? .... 24. Dezember.

c Wie lange dauern die Ferien? .... 12. April .... 21. April.

d Wann hast du Geburtstag? .... 7. August.

e Der Wievielte ist morgen? Morgen ist .... 15. März.

Punkte ..... / 5

3 **Was ist richtig? Markieren Sie.**

Beispiel: ● Ist das dein Fahrrad?
▪ Ja, ich habe ihn/<u>es</u>/sie erst seit zwei Wochen.

a ● Kennst du schon den neuen Film von Fatih Akin?
▪ Ja, ich habe ihn/es/sie schon gesehen. Er war super!

b ● Fährst du heute zum Fitness-Studio? Kannst du mich/dich/euch bitte mitnehmen?
▪ Ja, klar. Wann soll ich mich/dich/uns abholen?

c ● Kommt ihr heute mit ins Schwimmbad?
▪ Leider nein. Unsere Mutter ist im Krankenhaus. Wir besuchen ihn/Sie/sie heute.

d ● Entschuldigung, Herr Becker. Darf ich dich/Sie/euch etwas fragen?
▪ Natürlich.

e ● Hallo, Sabine. Hallo, Claudia. Wir haben sie/es/euch lange nicht gesehen. Wo wart ihr?
▪ Ach, wir haben für eine Prüfung gelernt. Aber jetzt haben wir ihn/sie/uns bestanden.

f ● Wie findest du mein Kleid?
▪ Es steht dir gut. Wo hast du es/ihn/dich gekauft?

Punkte ..... / 8

TEST ZU LEKTION 14   **140**

Test zu Lektion 14

4 Verbinden Sie die Sätze mit *denn*.

Beispiel: Nikos Mutter kann nicht kommen. Ihre Schwester ist krank.
Nikos Mutter kann nicht kommen, denn ihre Schwester ist krank.

a Sebastian darf nicht Tennis spielen. Der Arzt hat es verboten.
....

b Maryam lernt Deutsch. Sie möchte in Deutschland eine Arbeit finden.
....

c Robert macht viel Sport. Er will fit bleiben.
....

d Selma geht jeden Samstag in die Disco. Sie tanzt gern.
....

e Karin muss zum Zahnarzt. Sie hat schon seit drei Tagen Zahnschmerzen.
....

f Elke hat gestern viel eingekauft. Sie macht heute eine Party.
....

Punkte ..... / 6

5 Was sagen Sie? Schreiben Sie.

Beispiel: Gute Besserung!

 a ....

 b ....

 d ....

 c ....

 e ....

Punkte ..... / 5

Insgesamt: .... / 30

Bewertungsschlüssel
30 – 27 Punkte sehr gut
26 – 23 Punkte gut
22 – 19 Punkte befriedigend
18 – 15 Punkte ausreichend
14 – 0 Punkte nicht bestanden

Hörtexte Kursbuch

Lektion 8   Beruf und Arbeit

Folge 8: *Stifte*

Nikolaj:	Aaa! Da … „WAFAG, Werkzeug-, Apparate- und Formenbau AG. Für unser Werk in München suchen wir ab sofort verschiedene Metallfacharbeiter. Sind Sie Mechaniker, Schweißer oder Dreher? Dann melden Sie sich bei Frau Dr. Schmitz und vereinbaren Sie ein Vorstellungsgespräch." Hm …
Nikolaj:	WAFAG! Aha!
Pförtner:	Hallo! Moment mal, bitte! Wo wollen Sie denn hin?
Nikolaj:	Mein Name ist Miron. Ich habe einen Termin bei Frau Doktor Schmitz.
Pförtner:	Aha. Moment, ich melde Sie an.
Nikolaj:	Ah ja. Vielen Dank!
Fr. Schmitz:	Sie sprechen aber gut Deutsch.
Nikolaj:	Oh, danke! Ich gebe mir Mühe, Frau Doktor Schmitz.
Fr. Schmitz:	Wann sind Sie denn nach Deutschland gekommen, Herr Miron?
Nikolaj:	Vor acht Monaten.
Fr. Schmitz:	Und seit wann leben Sie schon in München?
Nikolaj:	Seit sechs Monaten.
Fr. Schmitz:	Oh! Hoppla! Ach, herrje! Mein Stift!
Nikolaj:	Kein Problem! Warten Sie … Hier liegt er – ich habe ihn schon!
Nikolaj:	Hier, bitte.
Fr. Schmitz:	Oh, vielen Dank! … Also … kommen wir jetzt mal zur Sache, Herr Miron. Als was haben Sie in der Ukraine gearbeitet?
Nikolaj:	Zuerst war ich bei einer Firma als Mechaniker. Ich habe nämlich Mechaniker gelernt.
Fr. Schmitz:	Aha.
Nikolaj:	Dann hatte ich bei einer anderen Metallfirma eine Stelle als Schweißer.
Fr. Schmitz:	Und jetzt? Sind Sie arbeitslos?
Nikolaj:	Nein!
Fr. Schmitz:	Ach so?!
Nikolaj:	… ich habe nur einen total langweiligen Job. Ich muss jeden Tag das Gleiche machen.
Fr. Schmitz:	Na, das Problem haben Sie bei uns bestimmt nicht. Wir suchen nämlich Mitarbeiter, die eigene Ideen haben.
Fr. Schmitz:	Moment mal, bitte… ähm …, Herr Obermeier?
Herr Obermeier:	Ja?
Fr. Schmitz:	Ja, hier Schmitz. Können Sie einen Augenblick in mein Büro kommen?
Herr Obermeier:	Jetzt gleich, Frau Doktor Schmitz?
Fr. Schmitz:	Ja, jetzt gleich … Gut, danke. Herr Obermeier ist einer unserer Meister.
Nikolaj:	Aha.
Fr. Schmitz:	Herr Obermeier, führen Sie Herrn Miron doch mal durch unsere Werkstätten.
Herr Obermeier:	Gerne, Frau Dr. Schmitz!
Fr. Schmitz:	Und Sie, Herr Miron, können Meister Obermeier gleich mal zeigen, wie gut Sie mit den Maschinen umgehen können.
Nikolaj:	Aber klar! Kein Problem!
Herr Obermeier:	Kommen Sie, Herr Miron. Hier entlang.
Nikolaj:	Oh! Das ist ja eine tolle Werkstatt hier! Super-Maschinen! Darf ich mal?
Herr Obermeier:	Äh … Wie? … Ja, … äh … Wenn Sie wollen …
Fr. Schmitz:	Ein Stiftehalter! Ah, das ist ja eine schöne Idee, Herr Miron! Vielen Dank!
Nikolaj:	Bitte! Gerne geschehen. Tja, mit den Maschinen macht die Arbeit richtig Spaß!
Fr. Schmitz:	Und was sagen Sie, Herr Obermeier?
Herr Obermeier:	Ein guter Mann, der Herr Miron. So einen können wir immer brauchen.
Fr. Schmitz:	Na, dann, also: Herzlich willkommen bei der WAFAG!

Schritt A   A1

1	Lehrerin:	Setzt euch jetzt, bitte! Ruhe! Wir wollen als Erstes die Hausaufgaben kontrollieren. Alexander …
	Alexander:	Oh nein! Warum ich?
2	Mechaniker:	So. Das Rad ist montiert. Das Auto ist fertig.
3	Busfahrer:	Nächster Halt: Theresienstraße.
4	Nils:	Oh nein, Schwester! Bitte keine Spritze!
	Kranken- schwester:	Ach, Nils, nun komm! So schlimm ist das nicht. Das tut doch gar nicht weh.
5	Bauarbeiter:	So. Diese Schubkarre noch, dann ist Feierabend.
6	Studentin:	So, das wär's. Die Seminararbeit ist fertig. Jetzt muss ich sie nur noch abgeben.
	Bibliothekar:	Achtung! Die Universitätsbibliothek schließt in zehn Minuten!
7	Polizist:	Halt! Stehen geblieben! Sie sind eben über eine rote Ampel gefahren! Wie ist Ihr Name? Moment, ich kenne Sie doch! Ich habe Sie doch schon letzte Woche zweimal beim Falschfahren erwischt! Also, das ist ja wohl …
8	Program- miererin:	Und? Funktioniert das Programm? Nein, so ein Mist. Das blöde Programm funktioniert immer noch nicht. Aber halt – Moment – ha! Ich glaube, ich hab's. Ja, ja, ja, jaaaa!!!! Wahnsinn, das ist es, es funktioniert!

TRANSKRIPTIONEN   **142**

Hörtexte Kursbuch

9   Hausfrau: Bügeln, bügeln. Und einkaufen muss ich auch noch. So ein Mist.

10   Kaufmann: Im ersten Jahr haben wir im Ausland von kalkulierten 5000 Stück nur 3000 Stück verkauft. Hm … Pro Stück gab es 35 Prozent Rabatt. Außerdem haben wir 1000 Freiexemplare vergeben. Kalkuliert waren nur 500 …

Schritt B   B1
a   Fr. Schmitz: Wann sind sie denn nach Deutschland gekommen?
     Nikolaj: Vor acht Monaten.

b   Fr. Schmitz: Und seit wann leben Sie schon in München?
     Nikolaj: Seit sechs Monaten.

Schritt B   B3
Chef: Guten Tag, Herr Stanuch, kommen Sie doch rein. Setzen Sie sich.
Herr Stanuch: Danke.
Chef: Sie wollen also in unserer Firma als Programmierer arbeiten.
Herr Stanuch: Ja, genau.
Chef: Ich habe Ihren Lebenslauf gelesen und habe noch einige Fragen. Herr Stanuch, wann sind Sie eigentlich nach Deutschland gekommen?
Herr Stanuch: Vor einem Jahr.
Chef: Und seit wann wohnen Sie schon in Stuttgart?
Herr Stanuch: Seit einem Monat.
Chef: Aha. Gut … Wann und wo sind Sie geboren?
Herr Stanuch: 1973 in Krakau.
Chef: Wann haben Sie in Polen Mechaniker gelernt?
Herr Stanuch: Das war vor genau fünfzehn Jahren.
Chef: Aha. Und danach haben Sie noch studiert. Was haben Sie genau studiert und wann haben Sie Ihr Diplom gemacht?
Herr Stanuch: Ich habe Informatik studiert und vor sieben Jahren mein Diplom gemacht.
Chef: Ah, ja. Und wie lange haben Sie als Programmierer gearbeitet?
Herr Stanuch: Ich habe acht Jahre als Computerspezialist gearbeitet. Ich habe schon als Student angefangen zu arbeiten.
Chef: Hmm. Seit wann sind Sie jetzt schon arbeitslos?
Herr Stanuch: Seit drei Monaten habe ich keine Arbeit mehr. Meine Firma hat geschlossen.
Chef: Ja … Na gut, dann hoffen wir mal, dass sich bei uns eine Chance für Sie bietet.

Schritt C   C1
Fr. Schmitz: Als was haben Sie in der Ukraine gearbeitet?
Nikolaj: Zuerst war ich bei einer Firma als Mechaniker. Dann hatte ich bei einer anderen Metallfirma eine Stelle als Schweißer.

Schritt C   C3
Ich hatte eine große Leidenschaft: kochen. Dann hatte ich eine kleine Firma – Jans Partyservice – und viel Arbeit. Nach drei Jahren hatte ich eine große Firma, viele Arbeiter und viel Stress. Ich war sehr müde. Dann hatte ich eine gute Idee: Ich habe die Firma verkauft. Heute bin ich wieder glücklich und habe wieder eine große Leidenschaft: kochen und essen.

Schritt E   E1
Hausverwaltung: Hausverwaltung Alexander.
Herr Wegener: Guten Tag, mein Name ist Wegener. Ich habe Ihre Anzeige gelesen. Sie suchen einen Hausmeister. Ist die Stelle noch frei?
Hausverwaltung: Ja, wir suchen einen Hausmeister für Montag bis Freitag und teilweise auch fürs Wochenende.
Herr Wegener: Und wie lang ist die Arbeitszeit pro Tag?
Hausverwaltung: Sechs Stunden. Und Samstag und Sonntag dann manchmal noch fünf Stunden.
Herr Wegener: Und der Verdienst pro Stunde?
Hausverwaltung: Dreizehn Euro.
Herr Wegener: Gut. Und wann kann ich zu Ihnen kommen?
Hausverwaltung: Kommen Sie doch morgen um zehn Uhr. Unser Büro ist in der Adalbertstraße 15.
Herr Wegener: Ja, gut. Das passt prima. Dann bis morgen.
Hausverwaltung: Gut, bis morgen. Auf Wiederhören.

Zwischenspiel 8 *Was Hände alles erzählen können*
Gespräch 1:
Hausmeister: Komm schon! … Komm schon! … MANN!
Mechanikerin: Na? Will er nicht?
Hausmeister: Nöö.
Mechanikerin: Zeigen Sie mal. H-hm … ich verstehe. Genau das Problem hatte ich vor ein paar Wochen auch.
Hausmeister: Aha. Und was macht man da?
Mechanikerin: Moment …
Hausmeister: Sie sind Profi, oder?
Mechanikerin: M-hm. Ich arbeite als Automechanikerin bei ,Schultze & Schulze'. Und Sie? Was machen Sie?
Hausmeister: Ich? Ich bin hier der Hausmeister. Aahh. SO machen Sie das! Wow, das ist ja eine tolle Idee!
Mechanikerin: Versuchen Sie es jetzt noch mal.
Hausmeister: Hey, super! Das haben Sie prima gemacht! Vielen Dank, ähh …
Mechanikerin: Verena.
Hausmeister: Max. Freut mich, Verena! Eigentlich können wir ja ,Du' sagen, oder?
Mechanikerin: Na klar, Max!

Gespräch 2:
Schwester: Hallo? Hallo!?
Putzhilfe: Ja? Bitte?
Schwester: Hör mal! Du heute bitte besser arbeiten!
Putzhilfe: Wie bitte?
Schwester: Du heute besser arbeiten! Du besser putzen!

Hörtexte Kursbuch

Putzhilfe:	Mein Name ist Dikmen, Altan Dikmen. Und wie heißen Sie?
Schwester:	Ich bin Schwester Elke, ähm, und das Problem ist: Am letzten Freitag haben Sie Ihre Arbeit hier nicht ordentlich gemacht.
Putzhilfe:	Entschuldigen Sie bitte, Schwester Elke, aber das kann nicht sein. Ich war am Freitag gar nicht hier.
Schwester:	Ach, das waren gar nicht Sie?
Putzhilfe:	Nein. Ich hatte letzte Woche Urlaub.
Schwester:	Oh! Ach so? Äh, das tut mir leid, Herr, äh …
Putzhilfe:	Ist schon in Ordnung, Schwester Elke. Ich bin Herr Dikmen. Altan Dikmen.
Schwester:	M-hm …

Gespräch 3:

Kellner:	Hallo? Frau Augenthaler?
Chefin:	Ja? Was ist denn, Erwin?
Kellner:	Ich möchte kurz mit Ihnen reden. Ich arbeite seit einem halben Jahr hier im ‚Frankfurter Hof' und hatte noch keinen Tag Urlaub.
Chefin:	Ja, ja ich weiß, ich weiß …
Kellner:	Ich möchte jetzt wirklich mal Urlaub machen.
Chefin:	Ja gut, aber wann?
Kellner:	Ein Freund fährt im Juli nach Griechenland …
Chefin:	Im Juli? Hach, das ist ganz schlecht. Für wie lange denn?
Kellner:	Für drei Wochen.
Chefin:	Drei Wochen!? Im Juli!? Also, tut mir leid, das geht nicht.
Kellner:	Aber warum denn? Ich …
Chefin:	Nein, das geht wirklich nicht, Erwin. Ich brauche Sie hier.
Kellner:	Und ich brauche endlich mal Urlaub, Frau Augenthaler.
Chef:	Also gut, sagen wir: eine Woche.
Kellner:	Vierzehn Tage.
Chef:	Okay!
Kellner:	Super! Danke!

Lektion 9   Ämter und Behörden

Folge 9: *Sara!*

Sara:	Keine Angst, Niko! Ich bin ja dabei und kann dir helfen.
Nikolaj:	Das finde ich ganz prima, Sara!
Nikolaj:	Entschuldigung! Darf ich Sie etwas fragen?
Angestellte:	Ja, bitte!
Nikolaj:	Ich bin umgezogen. Da muss man doch ein Formular ausfüllen, oder?
Angestellte:	Sind Sie innerhalb von München umgezogen?
Nikolaj:	Wie bitte? Das habe ich nicht verstanden.
Angestellte:	Haben Sie vorher auch schon in München gewohnt?
Nikolaj:	Ja.
Angestellte:	Dann müssten Sie dieses Ummeldeformular ausfüllen. Wie heißen Sie?

Nikolaj:	Miron, Nikolaj.
Angestellte:	Miron mit „M"?
Nikolaj:	Ja.
Angestellte:	Gut. Dann gehen Sie jetzt hier weiter, bis Sie zum Buchstaben „M" kommen. Ziehen Sie eine Nummer, füllen Sie das Formular aus und geben Sie das Formular beim Sachbearbeiter ab.
Nikolaj:	Äh … können Sie das noch mal langsamer sagen?
Angestellte:	Also …
Sara:	Danke! Nicht nötig! Ich hab's verstanden! Komm mit, Nikolaj. Na, los!
Nikolaj:	Moment mal! Sara!
Nikolaj:	Sind wir hier denn richtig, Sara?
Sara:	Klar! Zimmer zwölf, Buchstabe „M". Und das hier ist unsere Nummer. Guck mal: „187".
Nikolaj:	Aha. Und was muss ich damit machen?
Sara:	Damit? Gar nichts. Du musst jetzt dein Formular ausfüllen. Wenn unsere Nummer dran ist, gehen wir in das Büro und geben das Formular ab.
Nikolaj:	Aha! So einfach ist das?
Sara:	So einfach ist das.
Nikolaj:	So. Was steht denn da? „Einzugsdatum"?
Sara:	Wann bist du in die neue Wohnung eingezogen?
Nikolaj:	Ach so. Das war letzte Woche. … Gut, dann: „neue Wohnung, Straße, Hausnummer". Das ist leicht: Rosenheimer Straße 118. Familienname: Miron.
Sara:	Vorname: Nikolaj.
Nikolaj:	„Familienstand"? Was ist das?
Sara:	Bist du verheiratet?
Nikolaj:	Nein!
Sara:	Dann musst du „ledig" reinschreiben.
Nikolaj:	„Geschlecht": „M"? „W"?
Sara:	Männlich oder weiblich. Also, Mann oder Frau. Du musst „W" ankreuzen, hihi!
Nikolaj:	Sara!
Sara:	Das sind wir! Los, komm!
Sachbearbeiterin:	So … Da fehlt noch Ihre Unterschrift, Herr Miron.
Nikolaj:	Wo muss ich unterschreiben?
Sachbearbeiterin:	Hier unten rechts, bitte.
Nikolaj:	So.
Sachbearbeiterin:	Ach, Moment mal: Sie müssen auch Ihre Angehörigen anmelden.
Nikolaj:	Wie bitte?!
Sachbearbeiterin:	Na, Ihre Tochter hier. Sie dürfen Ihre Tochter nicht vergessen.
Sara:	Pffhhh … Nein, ich bin doch nicht seine Tochter!
Sachbearbeiterin:	Ach so!
Nikolaj:	Sie ist doch nicht meine Tochter!

Hörtexte Kursbuch

Sara:	Ich bin seine Schwester!
Sachbear-beiterin:	Was?!
Nikolaj:	Sara!

Schritt A   A3

Mann:	Hassnambrassnam. Wie? Also nein! Das versteht doch kein Mensch! Kein Mensch versteht das!
Frau:	Sagen Sie mal, haben Sie ein Problem?
Mann:	Ja! Der Automat da! Der funktioniert nicht!
Frau:	Doch, doch. Der funktioniert. Sie müssen zuerst das Fahrtziel auswählen.
Mann:	Was?
Frau:	Das Fahrtziel! Wo möchten Sie denn hinfahren?
Mann:	Nach Starnberg.
Frau:	Nach Starnberg. So! Und danach müssen Sie hier auswählen: Erwachsener oder Kind?
Mann:	Na, Erwachsener natürlich!
Frau:	Ja? Na, gut. Jetzt zeigt er den Preis an – sechs Euro, sehen Sie?
Mann:	Sechs Euro. Aber ich habe keine sechs Euro! Ich hab nur 'nen Zehn-Euro-Schein.
Frau:	Der geht auch. Den müssen Sie einfach hier reinschieben.
Mann:	Wo?
Frau:	Hier.
Mann:	Da?
Frau:	Ja.
Mann:	Ah?
Frau:	Hören Sie? Hier kommt die Fahrkarte und da ist das Wechselgeld.
Mann:	Aha! Ist ja gar nicht so schwer.
Frau:	Sag' ich doch!
Mann:	Also, vielen Dank dann …
Frau:	Bitte, bitte! … Hallo?
Mann:	Ja?
Frau:	Sie müssen die Fahrkarte noch stempeln.
Mann:	Ja, ja, stempeln, das weiß ich schon …
Frau:	Männer!

Schritt B   B1

Angestellte:	Gut. Dann gehen Sie jetzt hier weiter, bis Sie zum Buchstaben „M" kommen! Ziehen Sie eine Nummer, füllen Sie das Formular aus und geben Sie das Formular beim Sachbearbeiter ab.
Nikolaj:	Ähh … können Sie das noch mal langsamer sagen?

Schritt B   B4

vgl. Kursbuch Seite 23

Schritt C   C2

vgl. Kursbuch Seite 24

Schritt D   D2

Hr. Galanis:	Entschuldigen Sie. Können Sie mir bitte helfen?
Beamtin:	Ja, bitte.
Hr. Galanis:	Darf ich Sie etwas fragen? Ich verstehe dieses Formular nicht so gut. Ich bin nämlich Ausländer. Was bedeutet „bisherige Wohnung"?
Beamtin:	Das ist Ihre alte Adresse, also, wo Sie bis jetzt gewohnt haben. Wie ist denn Ihre alte Adresse?
Hr. Galanis:	Ah, meine alte Adresse. Das war die Blumenstraße 7 in Köln. Und was heißt „Hauptwohnung" oder „Nebenwohnung"?
Beamtin:	Haben Sie eine oder zwei oder mehr Wohnungen? Nur eine? Dann kreuzen Sie „Hauptwohnung" an.
Hr. Galanis:	Aha. Und muss ich auch den Namen meiner Frau und meiner Tochter reinschreiben?
Beamtin:	Ja. Hier unter Ihren Namen tragen Sie die Namen ein. Heißt Ihre Frau auch Galanis?
Hr. Galanis:	Ja, aber der Geburtsname ist Markaris.
Beamtin:	Und der Vorname?
Hr. Galanis:	Dimitra Elena.
Beamtin:	Und Ihre Tochter? Wie heißt die?
Hr. Galanis:	Sofia.
Beamtin:	Aha, Sofia. Hier müssen Sie noch das Geschlecht ankreuzen.
Hr. Galanis:	Äh, wie bitte? Was heißt „Geschlecht"?
Beamtin:	Das heißt „Mann" oder „Frau". Bei eins kreuzen Sie also „M" an. Für Ihre Frau und Ihre Tochter kreuzen Sie „W" an. Sie müssen auch noch das Geburtsland von Ihrer Ehefrau und den Geburtsort von Ihrer Tochter eintragen. Ihre Frau ist ja auch in Griechenland geboren.
Hr. Galanis:	Ähm, können Sie das bitte wiederholen?
Beamtin:	Ist Ihre Frau auch in Griechenland geboren?
Hr. Galanis:	Ja. In Athen.
Beamtin:	Und wo ist Ihre Tochter geboren?
Hr. Galanis:	In Deutschland. Hier in Köln. – Und bitte, was bedeutet „Staatsangehörigkeit"?
Beamtin:	Ihre Nationalität. Sie kommen doch aus Griechenland, nicht wahr?
Hr. Galanis:	Ja.
Beamtin:	Gut. Sie müssen also „Griechisch" in dieses Feld schreiben. Ihre Frau und Tochter haben auch die griechische Staatsangehörigkeit?
Hr. Galanis:	Ja, ja.
Beamtin:	„Berufstätig". Haben Sie das verstanden?
Hr. Galanis:	Nein. Können Sie das bitte erklären?
Beamtin:	Arbeiten Sie hier in Deutschland?
Hr. Galanis:	Ja, ich bin Kellner in einem griechischen Restaurant.
Beamtin:	Sie arbeiten, also sind Sie berufstätig. Arbeitet Ihre Frau auch?
Hr. Galanis:	Nein.
Beamtin:	Also nicht berufstätig. Wenn Sie dann bitte noch unterschreiben. Bitte das Datum nicht vergessen!

145 TRANSKRIPTIONEN

Hörtexte Kursbuch

Hr. Galanis:	Welches Datum haben wir heute?	
Beamtin:	Den 22. September.	
Hr. Galanis:	Vielen Dank für Ihre Hilfe.	

Schritt E   **E1**

a
Hr. Galanis:	Entschuldigen Sie. Können Sie mir helfen?
Beamtin:	Ja, bitte?
Hr. Galanis:	Darf ich Sie etwas fragen? Ich verstehe dieses Formular nicht so gut. Ich bin nämlich Ausländer.

b
Beamtin:	Hier müssen Sie noch das Geschlecht ankreuzen.
Hr. Galanis:	Äh, wie bitte? Was heißt „Geschlecht"?
Beamtin:	Das heißt „Mann" oder „Frau". Sie sind ein Mann. Bei eins kreuzen Sie also „M" an.

c
Beamtin:	Sie müssen auch noch das Geburtsland von Ihrer Ehefrau und den Geburtsort von Ihrer Tochter eintragen. Ihre Frau ist ja auch in Griechenland geboren.
Hr. Galanis:	Können Sie das bitte wiederholen?

d
Hr. Galanis:	Und bitte, was bedeutet „Staatsangehörigkeit"?
Beamtin:	Ihre Nationalität. Sie kommen doch aus Griechenland, nicht wahr?
Hr. Galanis:	Ja.

e
Beamtin:	„Berufstätig". Haben Sie das verstanden?
Hr. Galanis:	Nein, können Sie das bitte erklären?

Lektion 10   Gesundheit und Krankheit

Folge 10: *Sabine*

Nikolaj:	Guten Abend.
Sabine:	Guten Abend. Oh je, Ihr Bein! Das sieht aber nicht gut aus.
Nikolaj:	Ich hatte einen Unfall. Ich bin auf der Treppe hingefallen.
Sabine:	Wann ist das passiert?
Nikolaj:	Vor ein paar Stunden. Mein Bein tut so weh! Ich kann fast nicht mehr gehen.
Sabine:	Hm, das muss sich der Doktor ansehen. …
Sabine:	Haben Sie Ihre Karte dabei?
Nikolaj:	Meine Karte?
Sabine:	Na, die Versichertenkarte von der Krankenkasse.
Nikolaj:	Ach ja, Moment! … Hier, bitte.
Sabine:	Danke, Herr … äh … Miron. So. Sie füllen jetzt dieses Formular aus. Setzen Sie sich bitte ins Wartezimmer.
Nikolaj:	Dauert es lange?
Sabine:	Heute ist sehr viel los.
Arzt:	Tja, auf dem Röntgenbild kann ich nichts Besonderes sehen. Sie haben hier eine Prellung mit einem großen Hämatom.
Nikolaj:	Entschuldigung …
Arzt:	In einer Woche ist alles wieder in Ordnung. So lange schreibe ich Sie krank. Hier, bitte …

Nikolaj:	Entschuldigung, das habe ich alles nicht verstanden. Können Sie es bitte noch mal sagen?
Arzt:	Ich … äh … Sabine! … Sabine!
Sabine:	Ja, Herr Doktor?
Arzt:	Hier, Sabine, erklären Sie ihm das!
Sabine:	Was denn?
Arzt:	Sein Bein ist nicht gebrochen. Er bekommt einen Verband. Und … er soll eine Woche zu Hause bleiben.
Sabine:	Okay, Herr Doktor.
Sabine:	Der Doktor meint es nicht böse, Herr Miron. Er ist müde. Er arbeitet heute schon seit zehn Stunden.
Nikolaj:	Aha! Und was hat er gesagt?
Sabine:	Also: Ihr Knochen ist in Ordnung. Ihr Bein ist nicht gebrochen. Aber der Doktor sagt, Sie sollen eine Woche zu Hause bleiben.
Nikolaj:	Ich soll also nicht zur Arbeit gehen?
Sabine:	Ja, genau.
Nikolaj:	Okay. Und was ist das hier?
Sabine:	Das ist Ihre Krankmeldung. Die schicken Sie bitte Ihrem Arbeitgeber. Nicht vergessen! Das ist wichtig!
Sabine:	Ich mache Ihnen jetzt einen Verband. Die Salbe ist gut gegen Ihre Schmerzen.
Nikolaj:	Vielen Dank! Sie sind sehr nett!
Sabine:	Der Verband muss jeden Tag neu gemacht werden.
Nikolaj:	Jeden Tag? Oh, das ist … das ist aber … das ist aber sehr gut!
Sabine:	Können Sie den Verband selbst neu machen oder möchten Sie zu uns kommen?
Nikolaj:	Lieber wieder zu Ihnen!
Sabine:	Na schön!
Sabine:	Geht's? Können Sie damit gehen?
Nikolaj:	Ja, damit geht es sogar sehr gut!
Sabine:	Dann also bis morgen! Und gute Besserung!
Nikolaj:	Vielen Dank! Auf Wiedersehen!

Schritt A   **A2**

vgl. Kursbuch Seite 32

Schritt B   **B1**

a
Sara:	Mama, warum kommt Niko heute nicht?
Tina:	Niko ist krank. Sein Bein tut sehr weh.
Sara:	Ist sein Bein gebrochen?
Tina:	Nein, Gott sei Dank nicht.

b
Frau:	Martin-Luther-Schule, Sekretariat, Koch.
Tina:	Guten Morgen, Schneider hier. Meine Tochter Sara kann heute nicht zur Schule kommen, ihre Hand tut sehr weh.
Frau:	Oh, das tut mir leid.

Schritt B   **B3/B4**

1
Mutter:	Kinder, euer Wasser ist ja schon ganz kalt. Und ihr seid noch ganz schmutzig!
Kind 1:	Gib mir mal die Ente!
Kind 2:	Nein, mir!

TRANSKRIPTIONEN   146

Hörtexte Kursbuch

2 Mutter: Herr Doktor, Florian und Simon sind krank. Die beiden haben Ohrenschmerzen. Ihre Ohren tun sehr weh.

Arzt: Dann lasst mal sehen. Oh ja, die sehen nicht gut aus.

3 Frau: Anton, ich kann schon gar nichts mehr lesen.

Mann: Ich kann das auch nicht lesen. Unsere Augen sind einfach nicht mehr so gut.

Schritt C   C1
vgl. Kursbuch Seite 34

Schritt C   C2
vgl. Kursbuch Seite 34

Schritt C   C3

Moderator: Hier ist wieder das Gesundheitstelefon. Sie haben Fragen zum Thema Gesundheit? Dann rufen Sie an unter Null-achttausend-eins-zwo-eins-zwo-einssechsunddreißig.

Herr Lex: Guten Tag. Hier spricht Lex.

Moderator: Herr Lex, was ist Ihr Problem?

Herr Lex: Ich bin oft sehr müde …

Moderator: Aha. Und sind Sie auch schon beim Arzt gewesen, Herr Lex?

Herr Lex: Ja ja, aber mein Arzt kann gar nichts finden. Was soll ich denn jetzt tun?

Moderator: Herr Lex, wie viel trinken Sie am Tag? Drei Liter?

Herr Lex: Drei Liter?! Nein!!

Moderator: Zwei Liter?

Herr Lex: Nein, nein …

Moderator: Einen Liter?

Herr Lex: Na ja, vielleicht …

Moderator: Also, Herr Lex, Sie trinken zu wenig!

Herr Lex: Wirklich?

Moderator: Ja. Man wird nämlich besonders leicht müde, wenn man zu wenig trinkt, wissen Sie? Ich gebe Ihnen – und allen anderen Zuhörern – jetzt drei wirklich gute Tipps gegen die Müdigkeit. Tipp eins: Sie sollten viel trinken …

Herr Lex: Okay!

Moderator: Tipp zwei: Sie sollten viel spazieren gehen!

Herr Lex: Aha …

Moderator: Tipp drei: Sie sollten viel Obst und Gemüse essen. Okay, Herr Lex?

Herr Lex: Ja, vielen Dank! Auf Wiederhören!

Moderator: Tschüs! Und ich habe hier schon gleich die nächste Anruferin …

Christine: Ja, hallo, hier ist die Christine.

Moderator: Hi, Christine! Was ist dein Problem? Oder deine Frage?

Christine: Ja, also, seit ein paar Wochen habe ich oft Kopfschmerzen. Ganz besonders schlimm ist es am Abend.

Moderator: Am Abend? Sag mal, liest du viel?

Christine: Ja, das stimmt!

Moderator: Aha! Na ja, da haben wir's schon: viel lesen, das ist ganz schlecht für die Augen, Christine.

Christine: Ja aber, ich muss ja leider! Ich hab' nämlich bald 'ne Prüfung und da les' ich bis spät in die Nacht.

Moderator: Na schön, aber dann musst du unbedingt mehr Pausen machen.

Christine: Mehr Pausen?

Moderator: Und jede Stunde mal das Fenster öffnen. Frische Luft hilft auch sehr gut gegen Kopfschmerzen.

Christine: Okay, ich versuch's.

Moderator: Ja, also dann: tschüs! Und viel Glück für die Prüfung!

Christine: Danke! Tschüs!

Moderator: So, und wir machen jetzt wieder etwas Musik. Nein, halt! Da ist noch ein Anrufer! Hallo? Wer ist da?

Herr Maier: Guten Tag! Hier Maier.

Moderator: Was kann ich für Sie tun, Herr Maier?

Herr Maier: Ich bin immer so nervös!

Moderator: Aha.

Herr Maier: Und ich schlafe schlecht und ich habe keinen Hunger.

Moderator: Was sagt denn Ihr Arzt dazu?

Herr Maier: Was soll der sagen? Der hat nichts gefunden.

Moderator: Darf ich Sie fragen, Herr Maier, was machen Sie denn beruflich?

Herr Maier: Ich bin Manager, ja, Manager in einer Technologiefirma.

Moderator: Da sind Sie sicher viel unterwegs, oder?

Herr Maier: Na klar! Reisen, reisen, reisen. Von Stadt zu Stadt.

Moderator: Ich verstehe.

Herr Maier: Von Termin zu Termin, immer unterwegs, Woche für Woche, Monat für Monat, Jahr für Jahr …

Moderator: Herr Maier.

Herr Maier: Ja?

Moderator: Ich glaube, Sie arbeiten zu viel.

Herr Maier: Was?

Moderator: Machen Sie mal Urlaub!

Herr Maier: Urlaub?

Moderator: Ja! Urlaub in einem Wellness-Hotel.

Herr Maier: Was?

Moderator: Oder gehen Sie öfter mal ins Fitnessstudio. Machen Sie Sport! Sport ist gut gegen Nervosität und Stress!

Herr Maier: Na, Sie sind vielleicht gut! Und meine Termine? Nee, nee, das geht nicht!

Moderator: Wie Sie meinen, Herr Maier.

Herr Maier: Ich kann doch meine Termine nicht einfach verpassen!

Moderator: Uff! Das war Herr Maier. Und wir machen jetzt ein bisschen Musik!

Schritt D   D1/D2

Maria: Katja? Hallo, hier ist Maria aus dem Deutschkurs.

Katja: Hallo, Maria, wie geht's dir? Wo warst du denn heute?

Maria: Ich bin krank. Mein Hals tut so weh und mein Kopf auch.

Katja: Ach, das tut mir aber leid.

Hörtexte Kursbuch

Maria:	Der Arzt sagt, ich soll zwei Wochen zuhause bleiben. Kannst du mir vielleicht die Arbeitsblätter mitbringen?
Katja:	Na klar. Ich besuch dich am Donnerstag und bringe sie mit, ja?
Maria:	Oh ja, Donnerstag ist super. Danke.
Katja:	Jetzt bleib aber erst mal im Bett und gute Besserung!
Maria:	Ja, das mache ich, danke. Tschüs dann!

Schritt E   **E1/E2**

Sprechstunden-hilfe:	Praxis Doktor Meyer, guten Tag.
Hr. Weißhaupt:	Guten Morgen, hier Weißhaupt. Könnte ich bitte einen Termin haben?
Sprechstunden-hilfe:	Wann haben Sie denn Zeit, Herr Weißhaupt? Am Vormittag oder am Nachmittag?
Hr. Weißhaupt:	Nein, ich möchte bitte sofort kommen. Es ist dringend.
Sprechstunden-hilfe:	Ach so, ja, mal sehen. Morgen um 11 Uhr 30 habe ich etwas frei.
Hr. Weißhaupt:	Erst morgen? Geht es vielleicht heute noch?
Sprechstunden-hilfe:	Hm, der Herr Doktor kommt heute erst am Nachmittag.
Hr. Weißhaupt:	Könnte ich einfach später vorbeikommen?
Sprechstunden-hilfe:	In Ordnung. Kommen Sie aber nach sechzehn Uhr.
Hr. Weißhaupt:	Vielen Dank. Bis gleich.

Lektion 11   In der Stadt unterwegs

Folge 11: *Gustav Heinemann*

Arzt:	Ah ja, der junge Mann mit dem kaputten Bein. Herr ... äh ...
Nikolaj:	Miron ...
Arzt:	Richtig! Kommen Sie gleich mit ins Behandlungszimmer. Ich erneuere Ihren Verband.
Nikolaj:	Was? Sie? Ist Sabine nicht da?
Arzt:	Frau Brachmann? Nein, die ist leider nicht da.
Nikolaj:	Ja, aber ... wo ist sie denn?
Arzt:	Herr Miron, ich habe wirklich wenig Zeit. Kommen Sie jetzt bitte.
Nikolaj:	Brachmann ... Brachmann ... Ah, hier: Sabine Brachmann, Gustav-Heinemann-Straße 12 ... Hm, soll ich zuerst mal anrufen oder einfach hingehen? ... Hm ... Ach was! Ich gehe hin.
Nikolaj:	Äh, hallo ... Entschuldigung!
Passant:	Ja, bitte?
Nikolaj:	Darf ich Sie etwas fragen?
Passant:	Ja, gerne!
Nikolaj:	Wo ist die Gustav-Heinemann-Straße?
Passant:	Die Gustav-Heinemann-Straße? Die ist in der Nähe vom Goetheplatz.

Nikolaj:	Ah! Wie weit ist es denn zum Goetheplatz? Kann ich dahin zu Fuß gehen?
Passant:	Zu Fuß? Nein, das ist viel zu weit. Sie müssen mit der U-Bahn fahren, mit der U6. Die U-Bahn-Station ist gleich dort hinten.
Nikolaj:	Aha! Vielen Dank!
Passant:	Bitte!
Nikolaj:	Ah! Da ist ja die U-Bahn-Station!
U-Bahn-Fahrer:	Nächster Halt: Goetheplatz.
Nikolaj:	Ist das jetzt der Goetheplatz?
Nikolaj:	Äh ... Entschuldigung ...
Ältere Dame:	Ja?
Nikolaj:	Hier ist doch der Goetheplatz, oder?
Ältere Dame:	Ja, ja, das ist der Goetheplatz.
Nikolaj:	Ich möchte in die Gustav-Heinemann-Straße. Wo ist die denn?
Ältere Dame:	Gustav-Heinemann-Straße? Warten Sie mal ... Ich glaube, die ist da vorne. Ja, ja, da drüben irgendwo.
Nikolaj:	Vielen Dank!
Ältere Dame:	Bitte, bitte.
Nikolaj:	Entschuldigung ...
Junge Frau:	Hey, tolle Blumen! Sind die für mich?
Nikolaj:	Wie? ... Ähh ... Nein ... äh ... Ist das hier die Gustav-Heinemann-Straße?
Junge Frau:	Die Gustav-Heinemann-Straße? Oh Mann, da bist du aber ganz verkehrt. Die Gustav-Heinemann-Straße ist auf der anderen Seite. Siehst du? Da!
Nikolaj:	Ah ja! Danke!
Junge Frau:	Schon okay! Tschüs!
Nikolaj:	Das gibt's doch nicht! Warum finde ich diese blöde Straße nicht?
Passant:	Welche Straße?
Nikolaj:	Die Gustav-Heinemann-Straße – kennst du die?
Passant:	Logo, die ist gleich hier um die Ecke. Da! An der Ampel links.
Nikolaj:	Wirklich?
Passant:	Na klar. Was hast'n mit deinem Bein gemacht? War das ein Sportunfall?
Nikolaj:	Nein. Auf der Treppe hingefallen.
Passant:	Ou! Mist! ... Tja dann, gute Besserung! Tschüs!
Nikolaj:	Tschüs!
Nikolaj:	Gustav-Heinemann-Straße Nummer 12! Na endlich! Brachmann ... Brachmann ... Ah!
Mike:	Hallo?
Nikolaj:	Hallo. Ist Sabine da?
Mike:	Nö, meine Mutter ist nicht zu Hause. Sie ist beim Arzt.
Nikolaj:	Nein! Da ist sie nicht. Da war ich schon.
Mike:	Do-hoch! Sie ist beim Arzt! Und ich darf gar nicht mit Fremden sprechen. Tschü-hüs!
Nikolaj:	Hey! Warte mal! Hach!

TRANSKRIPTIONEN   **148**

Hörtexte Kursbuch

Nikolaj:	Hallo! Hallo, Sabine!
Sabine:	Ach! … Hallo! Ja, was machen Sie denn hier?
Nikolaj:	Ich, ähh … was ist mit Ihrem Bein?
Sabine:	Hingefallen, auf der Treppe – genau wie Sie.
Nikolaj:	Ha! Das ist komisch!
Sabine:	Gar nicht komisch, Mann! Das tut ganz schön weh!
Nikolaj:	Weiß ich selber!
Sabine:	Schöne Blumen!
Nikolaj:	Für Sie …ähh … für dich! … Hier …
Sabine:	Aber ich kann sie jetzt nicht nehmen …
Nikolaj:	Macht ja nix. Ich trage sie schon …

Schritt A   A2

● Entschuldigen Sie. Wie komme ich denn zum Bahnhof?

■ Also, das ist ganz einfach. Sie gehen geradeaus weiter. Dann kommen Sie an einen Platz. Das ist der Karolinenplatz. Am Karolinenplatz gehen Sie nach links und dann wieder geradeaus. Am Kino gehen Sie nach rechts. Nach circa dreihundert Metern sehen Sie schon den Bahnhof.

● Vielen Dank. Sehr nett von Ihnen.

Schritt A   A4
vgl. Kursbuch Seite 43

Schritt A   A5

a
Frau:	Guten Tag.
Mann:	Guten Tag.
Frau:	Bekomme ich hier auch Fahrkarten für die S-Bahn?
Mann:	Ja. Hier oder am Automaten. … Wohin möchten Sie denn?
Frau:	Zum Karolinenplatz.
Mann:	Zum Karolinenplatz? Da nehmen Sie am besten die U-Bahn. Das sind nur zwei Stationen von hier. Möchten Sie einen Einzelfahrschein oder ein Tagesticket für die Zone Innenraum?

b
Mann:	Wollen wir uns noch das Filmmuseum ansehen?
Frau:	Ja gern. Was meinst du? Sollen wir zu Fuß gehen?
Mann:	Moment. … . Wir sind hier. Das Museum ist da. Zu Fuß ist es vielleicht doch ein bisschen weit. Wir können aber mit der Straßenbahn fahren. Guck, die Linie 6 fährt direkt zum Museum.

c
Sohn:	Tschüs, Mama. Ich muss los – Fußballtraining. Ich nehm´das Auto, okay?
Mutter:	Nein, das Auto bleibt hier. Du kannst sehr gut mit dem Fahrrad fahren. Es sind nur ein paar hundert Meter zum Fußballplatz.
Sohn:	Mann! Nichts darf man. Aber gut – ich nehme das Fahrrad. … Auch wenn es gerade regnet!

d
Frau:	Wo ist die Schule nur? … Hallo! Sie! Entschuldigen Sie. Können Sie mir helfen? Ich suche die Gutenberg-Schule.
Mann:	Zur Schule wollen Sie? Hm. Da sind Sie eine Station zu weit gefahren. Fahren Sie am besten mit dem nächsten Bus zurück. Sie können jeden Bus nehmen. Die fahren alle in dieselbe Richtung. Sehen Sie, da kommt schon einer.

Schritt B   B1
vgl. Kursbuch Seite 44

Schritt C   C2
vgl. Kursbuch Seite 45

Schritt D   D4

a Achtung, eine Durchsage: Wegen Bauarbeiten fährt die Linie U6 von Freitagabend, 20 Uhr, bis Sonntagabend, 22 Uhr, nur bis Kieferngarten. Bitte benutzen Sie zwischen Kieferngarten und Garching-Hochbrück die bereitstehenden Ersatzbusse.

b Guten Morgen, meine Damen und Herren. Ich begrüße Sie im Namen der Deutschen BA. Ihr Flug 723 nach Düsseldorf ist nun zum Einsteigen bereit. Bitte halten Sie die Bordkarten bereit. Vielen Dank.

c Achtung, Herr Ilhan Filiz, gebucht mit Lufthansa 3360 nach Ankara, bitte begeben Sie sich umgehend zum Ausgang D23. Wir möchten den Flug jetzt schließen.

d Achtung, Frau Maria Wagner, bitte kommen Sie zum Lufthansa-Schalter im Zentralbereich. Es liegt eine Nachricht für Sie bereit. Ich wiederhole: Frau Maria Wagner …

e Achtung, eine Durchsage: Herr Manfred Brunner, angekommen mit dem Lufthansa-Flug Nummer 5732 aus Sofia, Ankunft 8 Uhr 45, bitte holen Sie Ihr Gepäck an der Gepäckausgabe in Terminal 1 ab.

Schritt E   E1
vgl. Kursbuch Seite 48

Schritt E   E3
vgl. Kursbuch Seite 48

Zwischenspiel 11 *Entschuldigen Sie …?*
vgl. Kursbuch

Lektion 12   Kundenservice
Folge 12: *Super Service!*

Nikolaj:	Das gibt's doch nicht! Warum funktioniert das Ding denn nicht? „Herzlichen Glückwunsch zu Ihrer neuen EASYWASH-MULTI-4000! Sie haben eine sehr gute Waschmaschine gekauft." T-ha! … Sehr gut! …
Telefonstimme:	Guten Tag! …
Nikolaj:	Äh! … Hallo?! …
Telefonstimme:	Hier ist die Firma STAR-Elektro-Discount. Nützen Sie jetzt unseren neuen Telefon-Kundenservice! Sie haben folgende Möglichkeiten. Wenn Sie mehr über unsere Sonderangebote erfahren möchten, drücken Sie bitte die „Eins". … Wenn Sie an unserem Gewinnspiel teilnehmen wollen, drücken Sie die „Zwei" … Um mit einem unserer Mitarbeiter zu sprechen, drücken Sie bitte die „Drei" …

149 TRANSKRIPTIONEN

Hörtexte Kursbuch

Nikolaj:	Die „Drei" ... hm, hm ...
Verkäuferin:	STAR-Elektro-Discount, guten Tag! Mein Name ist Jürgensen. Was kann ich für Sie tun?
Nikolaj:	Guten Tag! Könnten Sie mir bitte helfen?
Verkäuferin:	Aber gerne.
Nikolaj:	Meine Waschmaschine funktioniert nicht.
Verkäuferin:	Für Reparaturen sind wir nicht zuständig. Wir verkaufen hier nur.
Nikolaj:	Aber sie ist ganz neu!
Verkäuferin:	Ganz neu?
Nikolaj:	Ich habe sie erst vor zwei Tagen bei Ihnen gekauft. Würden Sie mir bitte sagen, was ich jetzt machen soll?
Verkäuferin:	Was für ein Gerät ist es denn?
Nikolaj:	Eine EASYWASH-MULTI-4000.
Verkäuferin:	Tja, tut mir leid, es ist schon nach sechzehn Uhr. Unser Reparaturservice ist geschlossen. Rufen Sie doch bitte morgen früh noch mal an, ja? Ab acht Uhr ist der Techniker da.
Nikolaj:	Morgen? ... Das gibt's doch nicht! Ah! ... Vielleicht kann Bruno mir helfen ...
Bruno:	Obst und Gemüse Schneider, guten Tag!
Nikolaj:	Äh, hallo, Bruno? Hier ist Nikolaj.
Bruno:	Hallo, Niko! Na, was gibt's Neues?
Nikolaj:	Ich habe eine neue Waschmaschine ...
Bruno:	Na prima!
Nikolaj:	Aber sie funktioniert nicht.
Bruno:	Oh, das ist schlecht.
Nikolaj:	Ich verstehe das nicht. Was mache ich falsch? Könntest du mir vielleicht helfen?
Bruno:	Na klar! Gleich nach der Arbeit komme ich bei dir vorbei, okay?
Nikolaj:	Super! Danke, Bruno! Also, bis nachher!
Bruno:	Bis dann! Tschüs!
Bruno und Sara:	Hallo!
Nikolaj:	Hallo, Bruno! Hallo, Sara!
Bruno:	Na, wo ist sie denn nun, die neue Waschmaschine?
Nikolaj:	Sie ist im Bad. Hier ...
Bruno:	Aha! Lass mal sehen ... Hm ... Komisch! ... Wasser ist da. Der Stecker ist auch drin.
Sara:	Du, Papa! Da leuchtet ja kein einziges Licht!
Bruno:	Ja, das sehe ich auch!
Nikolaj:	Ich habe sie erst vorgestern gekauft. Sie ist ganz neu.
Bruno:	Sei froh! Dann hast du Garantie!
Nikolaj:	Ich will keine Garantie! ... Ich will endlich Wäsche waschen!
Sara:	Papa! ... Dauert das noch lange? ... Mir ist so langweilig!
Bruno:	Kannst du nicht mal fünf Minuten Ruhe geben, Sara? ... Sieh dich ein bisschen um!
Sara:	Hm? ... Das ist ja komisch! Dieser Stecker hier ist nicht in der Steckdose. Du ... Papa!

Bruno:	Sara! ... Du sollst Ruhe geben! Stör uns doch nicht dauernd!
Sara:	Ja ja ... schon gut! Steck' ich den Stecker eben selber rein!
Nikolaj:	Hey! Sie funktioniert!
Bruno:	Na, siehst du! ... Geht doch!
Nikolaj:	Bruno, du bist wirklich toll! ... Wie hast du das denn gemacht?
Bruno:	Ich ... äh ... tja, weißt du, Nikolaj, dein Freund Bruno kann eben nicht nur Gemüse verkaufen.
Sara:	Er hat auch eine intelligente Tochter! Zum Glück!

Schritt A   **A2**

Lehrerin:	Hallo! Hört mal alle zu! HAL-LO!! Also, zuerst mal: Ich finde es schön, dass wir jetzt zusammen hier in Salzburg sind, in der Mozartstadt ...
Erster Junge:	Da-da-da-daaa!!!
Mädchen:	Das ist Beethoven, du Depp!
Lehrerin:	Zuhören, bitte! Ich möchte euch jetzt das Programm für morgen vorstellen: ... Also, wir frühstücken morgen um sieben Uhr hier drüben im Frühstücksraum ...
Zweiter Junge:	Um sieben schlaf ich aber noch!
Lehrerin:	PÜNKTLICH um SIEBEN sind ALLE im Frühstücksraum, ja? Beim Frühstück bekommt ihr einen Stadtplan von Salzburg. Nach dem Frühstück machen wir dann eine Stadtrundfahrt mit dem Bus und nach der Stadtrundfahrt habt ihr zwei Stunden Freizeit. Anna? Du hast 'ne Frage?
Anna:	Wann gibt's Mittagessen?
Lehrerin:	Das Mittagessen ist um 13:30 Uhr hier im Hotel. Bitte alle pünktlich sein, ja? Beim Mittagessen bekommt ihr die Konzertkarten für den Abend.
Erster Junge:	Da-da-da-daaa!!!
Lehrerin:	Bitte! Wir sind ja gleich fertig, Leute! Also, nach dem Mittagessen machen wir einen Ausflug nach Schloss Hellbrunn. Danach könnt ihr einen Spaziergang durch die Innenstadt machen und um 18 Uhr gibt's Abendessen. Also: Um 18 Uhr sind alle hier, okay? Nach dem Abendessen gehen wir ins Konzert ...
Erster Junge:	Da-da-da-daaa!!!
Lehrerin:	... und nach dem Konzert fahren wir ins Hotel, alle zusammen, okay?
Zweiter Junge:	Na, super! Und dann müssen wir alle gleich ins Bett.
Lehrerin:	Hey! Was ist denn, Leute? Ihr habt heute den ganzen Abend frei. Und am Mittwoch auch wieder.

TRANSKRIPTIONEN **150**

Hörtexte Kursbuch

Schritt B   B1

Verkäuferin: Tja, tut mir leid, es ist schon nach sechzehn Uhr. Unser Reparaturservice ist geschlossen. Rufen Sie doch bitte morgen früh noch mal an, ja? Ab acht Uhr ist der Techniker da.

Niko: Morgen! Das gibt's doch nicht!

Schritt B   B2

a Hr. Bichler: Artrop Media, Bichler, guten Tag.

Fr. Klaner: Ja, Klaner hier, guten Tag. Ich hätte gern Herrn Meister gesprochen.

Hr. Bichler: Tut mir leid, Frau Klaner, Herr Meister ist außer Haus. Könnten Sie so in einer Stunde noch mal anrufen?

Fr. Klaner: Mache ich. Bis später. Vielen Dank.

b Fr. Britop: Britop, Zentrale.

Hr. Sixt: Guten Tag, hier spricht Sixt. Ich möchte bitte jemanden vom Kundendienst sprechen.

Fr. Britop: Einen Moment bitte, ich verbinde. Hallo, hören Sie, Herr Sixt! Die Leitungen sind gerade alle besetzt. Möchten Sie es später noch einmal versuchen?

Hr. Sixt: Ja, ich melde mich wieder. Wie lange ist denn der Kundendienst zu erreichen?

Fr. Britop: Bis achtzehn Uhr.

c Guten Tag. Sie sind verbunden mit der Hauswert GmbH. Leider rufen Sie außerhalb unserer Geschäftszeiten an. Unser Büro ist werktags ab acht Uhr besetzt; Montag bis Freitag stehen wir Ihnen dann bis achtzehn Uhr und samstags bis zwölf Uhr zur Verfügung. Vielen Dank für Ihren Anruf.

Schritt B   B3

vgl. Kursbuch Seite 55

Schritt C   C1

a Nikolaj: Könnten Sie mir bitte helfen?

Verkäuferin: Aber gerne.

Nikolaj: Meine Waschmaschine funktioniert nicht.

b Hr. Saupe: Technikzentrum, Saupe.

Fr. Bamberg: Ja, hallo, Herr Saupe, Bamberg hier. Mein Computer ist kaputt. Würden Sie bitte den Techniker in mein Büro schicken?

Hr. Saupe: Klar. Ich schicke gleich jemand hoch.

c Fr. Ried-
hammer: Riedhammer.

Hr. Sieter: Hier Sieter. Das Faxgerät auf unserer Etage ist schon wieder kaputt. Das ist jetzt das dritte Mal in dieser Woche. Schicken Sie den Techniker. Und bitte schnell!

Schritt D   D4

Frau Grave: TOM-Mobile-Facilities. Mein Name ist Anita Grave. Was kann ich für Sie tun?

Herr Hellwig: Hallo, hier ist Hellwig. Könnte ich bitte den Kundenservice sprechen?

Frau Grave: Ja, hier sind Sie richtig. Hier ist der Kundenservice.

Herr Hellwig: Ah?! Okay! Also, ich habe gestern ein TOM-Handy gekauft. Aber leider funktioniert es nicht.

Frau Grave: H-hm. Erste Frage: Ist der Akku vielleicht noch leer?

Herr Hellwig: Nein, nein. Der Akku ist voll.

Frau Grave: Gut. Nächste Frage: Haben Sie Ihre TOM-Karte eingelegt?

Herr Hellwig: Ja ja, das habe ich gemacht.

Frau Grave: Haben Sie sie auch richtig eingelegt?

Herr Hellwig: Richtig? Kann man denn da was falsch machen?

Frau Grave: Ja, leider, das passiert oft ...

Herr Hellwig: Okay! Wie macht man das? Würden Sie mir das bitte erklären?

Frau Grave: Hmm, haben Sie vielleicht Ihre Gebrauchsanweisung gerade da?

Herr Hellwig: Ja. Ja ja, die hab ich hier ...

Frau Grave: Dann sehen Sie doch mal auf Seite sieben ...

Herr Hellwig: Seite sieben? Seite sieben? Ja, da ist so eine Zeichnung ...

Frau Grave: Genau! Sehen Sie? So muss die TOM-Karte in Ihr Handy.

Herr Hellwig: Aaach! Ja, jetzt sehe ich's: Das hab ich falsch gemacht. Wie dumm!

Frau Grave: Ach wissen Sie, Herr Hellwig, das kann jedem passieren. Aber dafür gibt es ja den TOM-Kundenservice. Und zum Glück kann man den Fehler ganz leicht reparieren.

Herr Hellwig: So und jetzt. Moment. JAA! Super, jetzt funktioniert's! Vielen Dank für Ihre Hilfe!

Frau Grave: Nichts zu danken. Wenn Sie noch Fragen haben, rufen Sie einfach noch mal an.

Herr Hellwig: Ja, mach' ich! Danke! Tschüs!

Frau Grave: Tschüs!

Schritt E   E1/E2

1 Guten Tag. Sie sind verbunden mit dem Anschluss der Familie Schneider. Wir sind im Moment nicht erreichbar. Sie können uns aber eine Nachricht hinterlassen. Wir rufen Sie zurück. Bitte sprechen Sie nach dem Ton. Vielen Dank.

2 Guten Tag. Hier ist der Dynamic Reparatur-Service. Für den Foto-Service wählen Sie bitte die „Eins", für den Computer-Service wählen Sie bitte die „Zwei", für den Fernseh-Service wählen Sie bitte die „Drei". Für eine Ansage in englischer Sprache wählen Sie die „Vier". Vielen Dank.

3 Ja, guten Tag, Herr Schmeller. Hier ist Michael Graf. Sie haben gestern bei mir angerufen. Es geht um den Audi. Ich gebe Ihnen das Auto für 1.500 Euro. Das ist praktisch geschenkt. Rufen Sie mich bitte heute noch zurück. Ich habe noch einen Interessenten. Meine Nummer ist ...

151 TRANSKRIPTIONEN

Hörtexte Kursbuch

4 Hier Jansen vom K und B Versand. Frau Merz, Sie haben eine Waschmaschine Turbo 3 bestellt. Leider gibt es das Modell nicht mehr. Wir möchten Ihnen das Modell Turbo 4xL anbieten. Es hat mehr Funktionen – kostet allerdings 85 Euro mehr. Bitte rufen Sie uns in den nächsten Tagen an.

5 Guten Tag, Herr Winter. Hier ist die Autovermietung Laufer. Sie haben bei uns ein Fahrzeug reserviert. Sie können das Auto morgen ab 8 Uhr 30 hier abholen. Bitte rufen Sie uns an, wenn Sie das Auto morgen nicht holen können. Auf Wiederhören.

Lektion 13   Neue Kleider

Folge 13: *Eins, zwei, drei – alles neu*

Sabine:	Oh, sieh mal! Die Hose da! Die ist toll!
Nikolaj:	Du, es ist schon dreizehn Uhr.
Sabine:	Kein Problem! Eine Hose, das geht doch ganz schnell.
Nikolaj:	Musst du nicht Mike abholen?
Sabine:	Ja, um zwei. Das schaffe ich leicht.
Nikolaj:	Wo ist der Junge denn eigentlich?
Sabine:	Am Samstagvormittag ist er immer bei seinem Vater. Los, komm! Wir gehen rein.
Sabine:	Super! Die Hose gefällt mir. Und dir?
Nikolaj:	Ich weiß nicht. Der Gürtel ist schön, aber ...
Sabine:	Doch! Die Hose ist auch sehr schön. Die steht dir wirklich sehr gut.
Nikolaj:	Na ja ... aber sie passt nicht zu dem T-Shirt.
Sabine:	Das stimmt. Warte, ich hole dir ein Hemd.
Sabine:	Hey, mit Hemd siehst du gleich viel besser aus.
Nikolaj:	Findest du? ... Hm, aber ich ...
Verkäuferin:	Kann ich Ihnen helfen?
Sabine:	Haben Sie auch schicke Jacken?
Verkäuferin:	Natürlich! Ich zeige Ihnen welche. Einen Moment, bitte.
Nikolaj:	Jacken?
Sabine:	Na klar. Zur neuen Hose brauchst du 'ne neue Jacke.
Nikolaj:	Ja, aber ...
Verkäuferin:	Hier, sehen Sie mal: Gefällt Ihnen die?
Nikolaj:	Welche?
Verkäuferin:	Diese hier.
Nikolaj:	Na ja, ich weiß nicht ...
Sabine:	Nein, die gefällt uns gar nicht.
Verkäuferin:	Und diese?
Nikolaj:	Oh, die sieht ziemlich teuer aus.
Sabine:	Nein, die ist auch nichts. Solche Jacken stehen dir nicht.
Verkäuferin:	Tja, tut mir leid. Andere Jacken haben wir im Moment nicht.
Sabine:	Haben Sie Pullover?
Verkäuferin:	... ein Pullover ... eine Hose, ... ein Hemd, ... toll sehen Sie aus! ... Sehr schick! Ihre Frau hat einen sehr guten Geschmack!
Nikolaj:	Es ist nicht meine Frau ...
Verkäuferin:	... und ein Gürtel ... Das macht zusammen 228 Euro und 95 Cent.
Nikolaj:	Huh, schon 14 Uhr 30! Sabine? Wo ist sie denn?
Sabine:	Hallo, Kurt? Hier ist Sabine ... Ja, es ist schon halb drei, ich weiß ... Tut mir leid, aber ich hab' noch so viel zu tun heute ...
Nikolaj:	Viel zu tun? Hm ... Was denn?
Sabine:	Kann Mike noch bis fünf bei dir bleiben?
Nikolaj:	Bis fünf?
Sabine:	Ja? Okay? Super! Also – bis nachher! Tschüs!
Nikolaj:	Warum bis fünf?
Sabine:	Wir brauchen doch noch 'ne neue Jacke ...
Nikolaj:	Was?!
Sabine:	Ach ja, und da fällt mir noch was ein.
Nikolaj:	Noch was? Was denn?
Sabine:	Welche Schuhgröße hast du eigentlich, Nikolaj?
Nikolaj:	Oh, nein!

Schritt A   A1

Sabine:	Oh, sieh mal! Die Hose da! Die ist toll! Und den roten Pullover finde ich auch sehr schön. Und das Hemd? Wie findest du das?
Nikolaj:	Das gefällt mir gut. Und 29 Euro – das ist günstig!
Sabine:	Und die Jacke, sieh mal!
Nikolaj:	Die kostet nur 50 Euro. Das ist auch sehr günstig!
Nikolaj:	Wie gefällt dir der Mantel?
Sabine:	Der kostet 249 Euro! Den finde ich zu teuer!

Schritt A   A2

vgl. Kursbuch Seite 64

Schritt B   B2

vgl. Kursbuch Seite 65

Schritt D   D1

a Verkäuferin: Gefällt Ihnen die Jacke?
   Niko: Welche?
   Verkäuferin: Diese hier.

b ● Welcher Pullover gefällt dir?
   ■ Dieser.

c ● Sieh mal, das Hemd. Das finde ich schön.
   ■ Welches?
   ● Dieses hier.

Schritt D   D2

vgl. Kursbuch Seite 67

Lektion 14   Feste

Folge 14: *Prost Neujahr!*

Sara:	Wann ist denn nun endlich Silvester, Mama?
Tina:	Das weißt du doch, Sara. Silvester ist am 31. Dezember.
Sara:	Und wann ist der 31. Dezember?
Tina:	Heute ist der 29. Also ist der 31. ...

TRANSKRIPTIONEN   **152**

Hörtexte Kursbuch

Sara:	… übermorgen. Und dann kommt Niko zu Besuch, oder?
Tina:	Ach ja, den muss ich noch anrufen!
Tina:	Na, Niko, wie ist es? Kommst du an Silvester?
Nikolaj:	Na, klar komme ich, Tina! Ich freue mich schon.
Tina:	Prima! Dann lernen wir auch endlich deine Mutter kennen. Sie besucht dich doch über Weihnachten und Neujahr?
Nikolaj:	Nein, das klappt nicht.
Tina:	Oh! Warum denn nicht?
Nikolaj:	Sie kann leider nicht nach Deutschland kommen, denn ihre Schwester ist krank.
Tina:	Ach so! Das ist aber schade! Möchtest du vielleicht jemand anderen mitbringen?
Nikolaj:	Jemand anderen? … Hm … Oh, ja! Das ist eine sehr gute Idee, Tina!
Sabine:	Prost! Vielen Dank für die Einladung und das gute Essen!
Tina:	Aber gerne! Wir freuen uns sehr über euren Besuch!
Mike:	Du, Mama! Wann kommt es denn jetzt endlich, das neue Jahr?
Sabine:	Bald, Mike. Es dauert nicht mal mehr eine Stunde.
Sara:	Eine Stunde noch! Mann, ist das langweilig!
Bruno:	Nein, das ist gar nicht langweilig, wir müssen ja noch Blei gießen!
Sara:	Ui ja! Blei gießen! Blei gießen!
Sara:	Das ist ganz toll! Da kannst du sehen, was im neuen Jahr passiert!
Mike:	Echt?
Sara:	Ja, wirklich!
Mike:	Voll cool!
Sara:	Du musst den Löffel ins Feuer halten.
Tina:	Siehst du? Das Blei wird flüssig!
Sara:	Jetzt musst du's ins Wasser gießen!
Tina und Sara:	Uuund … eins … zwei … drei!
Sara:	Ui! Seht mal! Mike hat eine Eins!
Mike:	Stimmt, das sieht aus wie eine Eins! Und was bedeutet das?
Sara:	Na, ist doch klar: Im neuen Jahr bekommst du nur Einser in der Schule!
Mike:	Boah! Voll cool!
Sara:	So! Achtung! Achtung! Jetzt komm' ich!
Sara:	Ein Hase! Ein Hase! Juhu! Ich bekomme einen echten Hasen!
Tina:	Nein! Bitte nicht!
Sabine:	Jetzt ist Nikolaj dran! Achtung!
Nikolaj:	Uuund! …
Bruno:	Oh! Oh! … Schaut mal, was Nikolaj da hat! Das ist ja ein Ring! Ein Ehering! Sabine, da musst du aber vorsichtig sein!
Sabine:	Oh! Guckt mal auf die Uhr! Gleich ist es Mitternacht! …

Alle:	… sieben … sechs … fünf … vier … drei … zwei … eins … null! … Prosit Neujahr! … Ein gutes neues Jahr! … Alles Gute! … Ein schönes neues Jahr! … Viel Glück im neuen Jahr!

Schritt A   **A3**

a

Anne:	Sieh mal, ein Brief von Michael und Katrin.
Florian:	Von denen haben wir ja schon ewig nichts mehr gehört. Was schreiben sie denn?
Anne:	„Liebe Anne, lieber Florian, wir trauen uns! Am vierzehnten Juni wollen wir den großen Schritt wagen. Die Trauung ist um elf Uhr im Standesamt Ebersberg. Die Hochzeitsfeier findet anschließend im Gasthaus Klostersee statt. Wir hoffen, ihr kommt. Katrin und Michael." Waaaahnsinn, das gibt's nicht, die heiraten!

b

Jürgen:	Weber.
Stefan:	Hallo, Jürgen. Hier ist Stefan.
Jürgen:	Hallo, Stefan. Wie geht's?
Stefan:	Danke, gut. Du, ich wollte am Samstag bei mir eine Gartenparty machen. Das Wetter ist doch momentan so schön. Wir könnten grillen und so. Hast du Zeit?
Jürgen:	Samstag, Samstag, hm, was is'n das für ein Datum?
Stefan:	Der dreiundzwanzigste, warum?
Jürgen:	Ah, der dreiundzwanzigste. Wusste ich doch, dass am Samstag was war. Du, da hat meine Mutter ihren sechzigsten Geburtstag. Das geht leider nicht.
Stefan:	Schade, aber kann man nichts machen. Vielleicht ein andermal.

c

Frau:	Du, hör mal, Silvia hat nächste Woche Geburtstag. Wir sind eingeladen. Da brauchen wir doch noch ein Geschenk.
Mann:	Ach! Wann ist denn der Geburtstag?
Frau:	Am Samstag. Das ist der elfte.
Mann:	Was??? Am elften April? Mann, da spielt doch Schalke gegen Hertha. Ich wollte doch unbedingt das Spiel sehen.

d

Anrufbeantworter:	Hallo. Hier ist der Anschluss von Jutta Klein. Im Moment bin ich leider nicht zu Hause. Bitte hinterlassen Sie eine Nachricht.
Alex:	Hallo, Jutta! Hier ist Alex. Vielen Dank für die Einladung zu deiner Grillparty. Ich kann leider nicht kommen, denn ich bin vom zwölften bis zum dreißigsten August in Urlaub. Tut mir leid, aber wir sehen uns im September mal, okay? Bis dann.

153 TRANSKRIPTIONEN

Hörtexte Kursbuch

Schritt B **B1**

a Tina: Na, Niko, wie ist es? Kommst du an Silvester?
Nikolaj: Na, klar komme ich, Tina. Ich freue mich schon.
Tina: Prima, dann lernen wir auch endlich deine Mutter kennen. Sie besucht dich doch über Weihnachten und Neujahr, oder?
Nikolaj: Nein, das klappt nicht …

b Tina: Hi, Ruth, ich bin's, Tina. Wie geht's so?
Ruth: Hallo, Tina. Schön, dass du mal wieder anrufst. Ja, hier ist alles okay. Und bei euch?
Tina: Ja, alles bestens. Und – wie sind deine Pläne an Silvester?
Ruth: Ach, das Übliche. Thomas und ich gehen essen, dann warten wir vor dem Fernseher auf Mitternacht. Und ihr, was macht ihr? Kommt Niko zu euch?
Tina: Ja. Stell dir vor, er bringt eine Freundin mit. Ich kenne sie noch nicht, aber sie soll ziemlich hübsch sein.

c Mutter: Bachmeier.
Tina: Hallo, Mama, hier ist Tina. Wie geht es dir? Hast du Weihnachten gut überstanden? Bist du gut nach Hause gekommen?
Mutter: Ach, hallo, Tina. Ja, natürlich. Weihnachten war sehr schön bei euch. Aber ich habe zu viel gegessen. Und, Kind, wie geht es euch denn so? Was macht ihr über Neujahr?
Tina: Wir machen eine Silvesterparty mit Niko. Seine Mutter sollte auch kommen, aber jetzt ist ihre Schwester krank. Also bringt Niko Sabine und Mike mit. Ich habe sie noch nicht gesehen, aber Niko sagt, sie sind sehr nett. Ich bin schon gespannt auf die beiden.

d Bruder: Ja, hallo?
Tina: Hallo, Bruderherz. Hier ist Tina. Ich wollte nur mal fragen, was ihr so an Silvester macht.
Bruder: Wir sind beim Skifahren. Und ihr? Macht ihr eure alljährliche Silvesterparty?
Tina: Ja, Niko kommt auch. Wir haben ihn eingeladen, damit er Silvester in Deutschland kennenlernt. Ich weiß noch gar nicht, was ich koche; irgendwas typisch Deutsches sollte es sein.

Schritt C **C1**

Tina: Prima! Dann lernen wir auch endlich deine Mutter kennen.
Nikolaj: Nein, das klappt nicht …
Tina: Oh! Warum nicht?
Nikolaj: Sie kann leider nicht nach Deutschland kommen, denn ihre Schwester ist krank.
Tina: Ach so! Das ist aber schade!

Schritt E **E4**

vgl. Kursbuch Seite 78

Zwischenspiel 14 *Das Fest*

Hallo, liebe Deutschlernerinnen und Deutschlerner! Können Sie mich hören? Ja?
Das ist schön! Es ist etwas laut, denn ich bin hier auf dem Oktoberfest. Haben Sie einen Moment Zeit? Ich möchte Ihnen nämlich gern ein paar Zahlen sagen: Das Oktoberfest hat jedes Jahr ungefähr sechs Millionen Gäste. Die Gäste trinken zusammen etwa sechs Millionen Liter Bier und essen fast 500.000 Brathähnchen. Für München ist das Oktoberfest sehr gut, denn hier finden 12.000 Leute Arbeit und es bringt circa eine Milliarde Euro. Eine Milliarde, das ist tausendmal eine Million! Ganz schön viel, was?
Na, wann kommen Sie mal auf die Wies'n nach München? Hier gibt es jede Menge Spaß, hören Sie mal: …

Hörtexte Arbeitsbuch

Lektion 8   Beruf und Arbeit
Schritt A   Übung 8
vgl. Kursbuch Seite 87

Schritt A   Übung 9
vgl. Kursbuch Seite 87

Schritt A   Übung 10

<u>a</u>   Der Computer ist nicht teuer. – Ja, aber ich möchte doch einen Fernseher.

<u>b</u>   Leider kann ich morgen nicht kommen. Auf Wiedersehen, bis Donnerstag.

<u>c</u>   Welche Wörter verstehen Sie nicht? Unterstreichen Sie bitte.

<u>d</u>   Meine Schwester und mein Bruder haben keine Kinder.

Schritt D   Übung 27

1   Amann, Hotel Krone. Guten Tag, Frau Sandri. Kommen Sie bitte am Donnerstag und Freitag nicht erst am Nachmittag zur Arbeit, sondern schon am Vormittag um 7 Uhr 30, also von 7 Uhr 30 bis 16 Uhr. Ich hoffe, das geht für die zwei Tage.

2   Grüß Gott! Sie sind mit der Praxis von Doktor Koch verbunden. Leider rufen Sie außerhalb der Sprechzeiten an. Die Praxis ist vom 18.8. bis zum 19.9. wie folgt geöffnet: von Montag bis Mittwoch von 9 Uhr bis 13 Uhr und am Donnerstag von 14 Uhr bis 17 Uhr 30. Am Freitag ist die Praxis geschlossen. In dringenden Fällen wenden Sie sich bitte an die Klinik von Doktor Geisenhofer. Die Telefonnummer lautet: 33078543.

3   Hallo, Mutti. Hier ist Karin. Bist du morgen Nachmittag zu Hause? Ich hoffe, du hast Zeit! Kann ich Hanna bringen? Ich muss von 14 Uhr bis 19 Uhr arbeiten. Wir kommen um 13 Uhr, mein Bus fährt um Viertel nach eins. Hoffentlich klappt es. Ruf doch bitte an! Bis dann.

Schritt E   Übung 30

Bäckerei:	Bäckerei Kaiser, guten Tag.
Tufaro:	Guten Tag. Mein Name ist Tufaro. Ich habe Ihre Anzeige gelesen. Sie suchen eine Putzhilfe. Ist die Stelle noch frei?
Bäckerei:	Ja, wir suchen eine Putzhilfe für zwei Stunden pro Tag.
Tufaro:	Aha, für zwei Stunden. Und wie ist die Arbeitszeit?
Bäckerei:	Montag bis Freitag ab neunzehn Uhr und Samstag ab vierzehn Uhr.
Tufaro:	Und wie viel bezahlen Sie pro Stunde?
Bäckerei:	Zehn Euro.
Tufaro:	Gut. Wann kann ich mal zu Ihnen kommen?
Bäckerei:	Kommen Sie doch morgen um zehn Uhr. Wir sind in der Kaiserallee 14.
Tufaro:	Ja, gut. Dann bis morgen.
Bäckerei:	Bis morgen, Frau Tufaro. Auf Wiederhören.

Lektion 9   Ämter und Behörden
Schritt A   Übung 8
vgl. Kursbuch Seite 97

Schritt B   Übung 9
vgl. Kursbuch Seite 98

Schritt B   Übung 10
vgl. Kursbuch Seite 98

Lektion 10   Gesundheit und Krankheit
Schritt E   Übung 19
vgl. Kursbuch Seite 113

Schritt E   Übung 20

1	Sergej:	Hallo, Alex.
	Alex:	Tag, Sergej.
	Sergej:	Du Alex, ich hatte heute Nachmittag einen Unfall mit dem Fahrrad. Ich kann morgen nicht zum Training mitkommen.
	Alex:	Oh je, ist es schlimm?
	Sergej:	Nein, nicht so sehr, aber mein Arm tut sehr weh.
	Alex:	Warst du schon beim Arzt?
	Sergej:	Ja, der Arm ist nicht gebrochen, ich habe nur einen Verband. Aber morgen Vormittag muss ich wieder hin und dann bekomme ich einen neuen Verband.
	Alex:	Na dann, gute Besserung.
	Sergej:	Danke. Tschüs, Alex.
2	Patientin:	Guten Tag, ich habe einen Termin.
	Sprech-stundenhilfe:	Wie ist Ihr Name, bitte?
	Patientin:	Bönisch.
	Sprech-stundenhilfe:	Tut mir leid, da habe ich hier nichts eingetragen.
	Patientin:	Ich habe aber am Montag angerufen und da habe ich den Termin für heute, Dienstag 9 Uhr 15 bekommen.
	Sprech-stundenhilfe:	Tut mir wirklich leid, aber ich kann nichts finden. Einen Moment, bitte. Ah! Hier! Sie haben am Donnerstag einen Termin. Hier habe ich geschrieben: Donnerstag, 9 Uhr 15, Sandra Bönisch.
	Patientin:	Och nein, am Donnerstag kann ich nicht, da muss ich arbeiten.
	Sprech-stundenhilfe:	Na ja, dann muss es heute noch gehen. Nehmen Sie doch bitte schon mal im Wartezimmer Platz.

Hörtexte Arbeitsbuch

Lektion 11   In der Stadt unterwegs
Schritt A   Übung 2

1 Mann: Wo ist hier die Post, bitte?
   Frau: Gehen Sie dort an der Ampel nach rechts, dann
             die zweite Straße links und circa hundert Meter
             geradeaus. Die Post ist links.

2 Frau: Entschuldigung, wo ist die nächste U-Bahn-
             Station?
   Mann: Gehen Sie hier nach links, dann die erste Straße
             rechts und dann die zweite Straße links. Da sind
             dann der Goetheplatz und die U-Bahn-Station.

Schritt A   Übung 8
vgl. Kursbuch Seite 117

Schritt E   Übung 26

1 ● Entschuldigung! Auf welchem Gleis fährt der Zug nach
     Ulm?
   ■ Auf Gleis 3.

2 ● Fährt hier der Bus nach Moosbach ab?
   ■ Nein, das ist die Haltestelle dort.

3 ● Entschuldigung, wie viel Verspätung hat der Zug?
   ■ Circa zwanzig Minuten.
   ● Dann bekomme ich den Anschluss in Frankfurt nicht
     mehr.

Lektion 12   Kundenservice
Schritt C   Übung 23
vgl. Kursbuch Seite 133

Schritt C   Übung 24
vgl. Kursbuch Seite 133

Lektion 13 Neue Kleider
Schritt A   Übung 3

a ● Na, wie ist die Hose?
   ■ Die ist super.
   ● Und der Pullover?
   ■ Der auch.

b ● Sieh mal, das Hemd.
   ■ Das ist schön, aber zu teuer.
   ● Und wie findest du den Mantel?
   ■ Den finde ich nicht so schön.

c ● Wie findest du meinen Rock?
   ■ Den finde ich schön.
   ● Und die Schuhe?
   ■ Die finde ich auch gut.

d ● Wie findest du die Musik?
   ■ Die ist super!

e ● Wie war denn der Film?
   ■ Der war langweilig.

Schritt B   Übung 14
vgl. Kursbuch Seite 141

Schritt E   Übung 24

■ Können Sie mir bitte helfen? Ich suche eine Hose.
● Ja, gern. Welche Größe haben Sie?
■ Ich brauche Größe 40.
● Und welche Farbe hätten Sie gern?
■ Schwarz oder Blau.
● Hier habe ich eine schöne in Schwarz.
■ Gut, dann probiere ich sie mal an.
● Und? Passt Ihnen die Hose?
■ Na ja, sie ist ein bisschen klein. Haben Sie die auch in 42?
● Leider nicht. Die habe ich nur in dieser Größe. Aber in
  Grau habe ich sie auch in 42. Hier bitte.
■ Gut, die passt mir. Grau ist auch nicht schlecht.

Lektion 14   Feste
Schritt A   Übung 3

a ● Welches Datum ist heute?
   ■ Heute ist der 13.5.

b ■ Hallo, Olga. Ich habe Theaterkarten für den 16.
   ● Das ist ja prima.

c ■ Geben Sie bitte den Antrag bis 31.7. ab.

d ■ Wann sind Sie geboren, Frau Kowalski?
   ● Am 3.2.1980.

e ■ Kommst du zu unserem Sommerfest am 20.7.?
   ● Aber sicher!

f ■ Zahnarztpraxis Doktor Schneider, guten Tag.
   ● Begemann, guten Tag. Ich hätte gern einen Termin.
   ■ Ich habe erst einen Termin am Mittwoch, den 5.4. um
     10 Uhr 30. Geht das?
   ● Ja, danke.

Schritt C   Übung 14
vgl. Kursbuch Seite 151

TRANSKRIPTIONEN   156

Hörtexte Arbeitsbuch

Fokus 8 *Einen Arbeitsplan absprechen, einen Auftrag verstehen und annehmen*

Übung 1

Mirko: Ja?

Chef: Hallo? Mirko?

Mirko: Ja!

Chef: Wo sind Sie denn gerade?

Mirko: In der Parkallee. Ich bin gerade fertig.

Chef: Sehr gut!

Mirko: Es ist jetzt elf Uhr, so um Viertel nach elf bin ich im Büro.

Chef: Nein, kommen Sie nicht ins Büro. Fahren Sie bitte gleich weiter in die Schillerstraße. Die genaue Adresse ist ...

Mirko: Moment, Chef. Ich will das schnell notieren. So. Jetzt. Ich höre.

Chef: Also das ist Schillerstraße 27 bei Braun, dort gibt's Probleme mit dem Wasser ...

Mirko: O.k., ich verstehe. Ich komme nicht ins Büro, ich fahre in die Schillerstraße 27 und die Leute dort heißen Braun, richtig?

Chef: Genau ...

Mirko: Und wann mache ich Mittagspause? Ich habe ja um 13 Uhr schon wieder einen Termin ...

Chef: Um 13 Uhr? Welchen denn?

Mirko: Moment, hier steht's: 13.00 Uhr, Schneider, Friedrichsallee.

Chef: Schneider, Friedrichsallee? Nein, nein, das ist nicht heute. Das ist morgen.

Mirko: Ach so?

Chef: Heute können Sie um 13 Uhr Mittagspause machen und um 14 Uhr sind Sie dann bei Zeman in der Gartenstraße 17. Dort sind Lampen im Flur kaputt.

Mirko: Ähh, noch einmal bitte. Wie ist der Name?

Chef: 14.00 Uhr Zeman – Z-E-M-A-N, in der Gartenstraße 17.

Mirko: Gartenstraße 17, Lampen reparieren, 14 Uhr, alles klar.

Chef: Genau: 15 Uhr, Heimann, Klarastraße 3, Fenster putzen.

Mirko: Wie bitte? Heimann? Heute? Nicht am Montag?

Chef: Nein, nein, heute um 15 Uhr. Wie lange brauchen Sie da immer?

Mirko: Zwei Stunden, ungefähr.

Chef: Okay. Wir sehen uns dann morgen, ja?

Mirko: Gut, in Ordnung. Tschüs dann!

Chef: Tschüs!

Fokus 8 *Nach der Aufgabenverteilung fragen*

Übung 2

Herr Krauss: Ja ... Ja ... Genau. So machen wir's. Wir sehen uns. Ja. Bis später.
Na, Julia? Du bist aber noch müde, hm?

Julia: H-hm, ein bisschen.

Herr Krauss: Also, du bist heute zuerst bei Frau Becker in der Küche.

Julia: H-hm ...

Herr Krauss: Frau Becker macht die Suppen und Desserts und du machst die Salate.

Julia: Allein?

Herr Krauss: Das kannst du, Julia! Die Salate kannst du schon selbstständig machen. Du bist schon ein paar Wochen hier.

Julia: H-hm.

Herr Krauss: Herr Özdogan ist noch auf dem Großmarkt. Er bringt dir dann den Salat.

Julia: Okay.

Herr Krauss: Später hilfst du Herrn Özdogan bei der Essensausgabe. Um zwei hast du Mittagspause und danach ... Mensch, du siehst aber echt müde aus heute. Ist alles okay?

Julia: Ja ja, alles okay.

Herr Krauss: Na gut, also, nach dem Mittagessen räumst du mit Frau Becker die Küche auf und danach kommst du zu mir ins Büro.

Julia: H-hm.

Herr Krauss: Ich mache heute die Speisekarte für die nächste Woche und du kannst die Einkaufsliste schreiben.

Julia: Die Einkaufsliste.

Herr Krauss: Ich helfe dir natürlich.

Julia: A-ha.

Herr Krauss: Herr Özdogan kauft morgen für die nächste Woche ein. Du kannst mitfahren. Möchtest du? Julia?

Julia: Ja?

Herr Krauss: Hast du alles verstanden?

Julia: Einkaufen, ja ja ...

Herr Krauss: Gut, dann bis später, ja?

Julia: Ja, bis später, Herr Krauss!

Fokus 9 *Auf dem Amt*

Übung 1b

Karadeniz: Bin ich hier richtig?

Frau: Ja, hier sind Sie richtig.

Karadeniz: Wohin muss ich jetzt gehen?

Frau: Ziehen Sie zuerst eine Nummer und warten Sie dann bitte vor Zimmer 28.

Mann: Muss es denn wirklich eine 4-Zimmer-Wohnung sein? So klein ist Ihre Wohnung doch gar nicht.

Karadeniz: Na ja, das sehe ich aber anders. Ich finde, zwei Zimmer sind sehr wenig für fünf Personen.

Mann: Aha. Fünf Personen: Sie, Ihre Frau und Ihre Kinder. Sie haben sicher auch oft Besuch, oder?

Karadeniz: Muss ich Ihnen das sagen? Das ist doch meine private Sache.

Mann: Da haben Sie recht. Tut mir leid, Herr Karadeniz.

Karadeniz: Kein Problem. Das ist nicht so schlimm.

Mann: Aber BsbpGO, Paragraf 128, Absatz 3 b ...

Karadeniz: Wie bitte? Das habe ich nicht verstanden.

Mann: BsbpGO, Paragraf 128, Absatz 3 b ...

Karadeniz: Können Sie bitte einen Dolmetscher holen? Ich kann noch nicht so gut Deutsch.

157 TRANSKRIPTIONEN

Hörtexte Arbeitsbuch

Fokus 9 *Am Automaten*
Übung 1

Junge Frau:	Entschuldigung, können Sie mir bitte helfen?
Frau:	Ja, gern.
Junge Frau:	Was heißt „Ziel" auswählen?
Frau:	Wohin wollen Sie fahren?
Junge Frau:	Nach Passau.
Frau:	Ja, dann wählen Sie Passau. Und hier sehen Sie den Preis.
Junge Frau:	Aha. Vielen Dank. ...
Frau:	Und jetzt müssen Sie die Fahrkarte noch stempeln.
Junge Frau:	Stempeln? Das Wort verstehe ich nicht. Können Sie das bitte erklären?
Frau:	Ja, sehen Sie: So geht das. Jetzt haben Sie die Fahrkarte gestempelt.

Fokus 11 *Nach Betreuungseinrichtungen fragen*
Übung 2/3
Gespräch A

Suzan:	Stell dir vor, ich habe jetzt einen Job als Kellnerin in einem Café.
Freundin:	Hey! Toll!
Suzan:	Ja, aber ich muss auch am Nachmittag arbeiten. Wer kann dann auf Selina aufpassen? Sie ist doch erst drei Jahre.
Freundin:	Deine Mutter vielleicht?
Suzan:	Nein, das geht nicht. Sie ist schon alt und oft krank. Hast du vielleicht einen Tipp für mich?
Freundin:	Hm. Selina ist drei – da kann sie doch in den Rosen-Kindergarten gehen. Meine Kinder gehen auch dorthin.
Suzan:	Ach ... und das geht auch am Nachmittag?
Freundin:	Ja, klar, du kannst Selina bis 17 Uhr dort lassen. Der Kindergarten ist von 8 bis 17 Uhr geöffnet.
Suzan:	Hm, ist das nicht sehr teuer? Weißt du, was das kostet? Ich verdiene nicht so viel in dem Café.
Freundin:	Nee, du, so teuer ist das nicht. Ich zahle für Basti und Vicky 100 Euro. Also: 50 Euro pro Kind.
Suzan:	Aha. Und wo ist der Kindergarten?
Freundin:	In der Rosenstraße.
Suzan:	In der Rosenstraße! Das ist ja gleich um die Ecke.
Freundin:	Ja, nur fünf Minuten zu Fuß von euch.

Gespräch B

Kindergärtnerin:	Hallo, Frau Yeboah. Na, das letzte Mal heute, dass Sie Sammy hier abholen, wie?
Florence:	Ja. Er kommt jetzt nach den Ferien in die Schule. Das wird nicht einfach. Ich arbeite ja bis vier Uhr und dann brauchen wir am Nachmittag eine Betreuung für Sammy.
Kindergärtnerin:	Ach, das ist doch kein Problem. Die Orff-Grundschule hat einen Hort. Der ist bis 17 Uhr geöffnet.
Florence:	Wirklich? Das ist ja super. Was kostet so ein Hortplatz denn?
Kindergärtnerin:	Ich weiß nicht so genau.
Florence:	Kein Problem. Ich kann ja fragen. Danke für den Tipp. Ach! Und muss ich Sammy da anmelden?

Fokus 12 *In einer Bank*
Übung 2

Herr Anders:	Ja, guten Tag. Ähm, ich habe da eine Frage: Ich überweise jeden Monat meine Miete. Können Sie – oder kann die Bank das Geld auch automatisch überweisen?
Bankangestellter:	Ja, natürlich! Das ist gar kein Problem. Sie müssen nur einen Dauerauftrag einrichten.
Herr Anders:	Einen Dauerauftrag einrichten?
Bankangestellter:	Ja. Dann überweisen wir jeden Monat automatisch die Miete.
Herr Anders:	Oh, ja, das ist prima. Dann möchte ich das gerne machen.

Übung 3

Bankangestellter:	Gut. Dann sagen Sie mir kurz Ihren Namen?
Herr Anders:	Hauke Anders.
Bankangestellter:	Hauke Anders. So ... dann suche ich Sie mal kurz im Computer. Ach, da habe ich Sie schon.
Herr Anders:	Und was brauchen Sie jetzt alles?
Bankangestellter:	Ich brauche jetzt erst mal den Empfänger.
Herr Anders:	Den Empfänger?
Bankangestellter:	Ja. Wer soll denn die Miete bekommen? Ich brauche den Namen. Also Ihren Vermieter. Das ist der Empfänger.
Herr Anders:	Aha, ach so, ja. Das ist Herr Kuhrt, Wilfried Kuhrt. K-U-H-R-T.
Bankangestellter:	Wilfried Kuhrt. Und dann brauche ich noch die Kontonummer und die Bank von Herrn Kuhrt.
Herr Anders:	Ja, Moment, das habe ich hier aufgeschrieben ... also, die Kontonummer ist die 4647789 und die Bank heißt Badener Bank und die Bankleitzahl ist: 66098880.
Bankangestellter:	Mhmm, gut, das habe ich. Und wie hoch ist die Miete?
Herr Anders:	450 Euro im Monat. Für Juni habe ich schon bezahlt.
Bankangestellter:	Aha, dann fängt der Dauerauftrag Ende Juni an und wir überweisen die Miete dann jeden Monat, immer am Monatsende. Ist das in Ordnung?
Herr Anders:	Ja, prima, danke.
Bankangestellter:	Nichts zu danken! Ach ja. Moment mal. Wir müssen ja noch den Verwendungszweck eintragen. Das ist ja die Miete ...
Herr Anders:	Ja, ja, Miete – genau.

TRANSKRIPTIONEN

Hörtexte Arbeitsbuch

Bankangestellter:	O.k. das war's dann. Auf Wiedersehen und schönen Tag noch!
Herr Anders:	Ihnen auch! Auf Wiedersehen.

Fokus 13 *Einen Preisnachlass aushandeln*
Übung 4
Gespräch 1

Kundin:	Entschuldigung.
Verkäuferin:	Ja, bitte?
Kundin:	Ich hätte gern den Fahrradhelm. Aber sehen Sie, da ist ein Kratzer. Gibt es da einen Preisnachlass?
Verkäuferin:	Tja, da können wir Ihnen einen Preisnachlass von 10 Euro geben. In Ordnung?
Kundin:	O.k. Dann nehme ich den Helm.

Gespräch 2

Kunde:	Entschuldigung.
Verkäuferin:	Ja, bitte?
Kunde:	Ich hätte gern den Fahrradhelm. Aber sehen Sie, da ist ein Kratzer. Gibt es da einen Preisnachlass?
Verkäuferin:	Tja, da können wir Ihnen einen Preisnachlass von 10 Euro geben. In Ordnung?
Kunde:	Nein, das ist zu wenig. 20 Euro?
Verkäuferin:	Hm. Also gut.

Fokus 14 *Um Hilfe bitten*
Übung 1/2
Gespräch 1

Elsa:	… aha … und was macht deine Mutter, Dejaneira?
Dejaneira:	Meine Mutter? Sie arbeitet bei einer Versicherung. Sie ist eine Versicherungs- … ähh … Wie sagt man auf Deutsch?
Elsa:	Versicherungs-Expertin?
Dejaneira:	Jaja, Expertin stimmt schon, aber es gibt auch ein deutsches Wort. Eine … hach …
Elsa:	Ah! … Du meinst Versicherungs-Fachfrau?
Dejaneira:	Ja genau! Das Wort meine ich. Wie spricht man das richtig aus? Sag es bitte noch mal, Elsa!
Elsa:	Fachfrau.
Dejaneira:	Aha.
Elsa:	Versicherungs-Fachfrau. Und jetzt du!
Dejaneira:	Versicherungs-Fachfrau? War das richtig so?
Elsa:	Ja, das war sehr gut. Hey, du bist ja 'ne Deutsch-Fachfrau!

Gespräch 2

Laura:	Hmmm, Sascha, sind die Brezeln nicht lecker?
Sascha:	Wie bitte?
Laura:	Die Brezeln, die schmecken wirklich gut.
Sascha:	H-hm … Weißt du, Laura, manchmal verstehe ich nicht richtig, was die Leute sagen.
Laura:	H-hm.
Sascha:	Du bist doch Deutschlehrerin. Hast du vielleicht einen Tipp für mich? Wie kann ich das üben?
Laura:	Naja, mach doch einfach, was du gerade machst.
Sascha:	Hmm? Was mache ich denn?
Laura:	Auf Partys gehen, mit Leuten sprechen.
Sascha:	Und das hilft?
Laura:	H-hm. So lernst du es am besten.
Sascha:	Und was ist mit Grammatik? Ich möchte auch mehr über die Grammatik wissen. Welches Buch soll ich denn kaufen? Welches ist für mich am besten? Was meinst du?
Laura:	Mit welchem Lehrwerk arbeitest du denn?
Sascha:	Mit ‚Schritte plus'.
Laura:	Na, dann ist alles klar: zu ‚Schritte' gibt's ja 'ne eigene Übungsgrammatik.
Sascha:	Ach so?
Laura:	Als ‚Schritte'-Lerner kannst damit besonders gut üben.
Sascha:	Super! Gleich morgen gehe ich in die Buchhandlung! Kommst du mit?
Laura:	Äh … ja … warum nicht!?
Sascha:	Hey cool!
Laura:	Du, das war aber jetzt kein Deutsch, gell!

Gespräch 3

Karl:	Na, gefällt dir die Party, Kim?
Kim:	H-hm. Und deine Wohnung finde ich schön.
Karl:	Oh, danke! Sie ist alt, aber dafür auch billig.
Kim:	Mein Appartement ist klein und teuer. Viel zu teuer. Ich suche dringend eine billige Wohnung oder ein Zimmer.
Karl:	Ach, du suchst ein Zimmer?
Kim:	Ja. Weißt du vielleicht etwas für mich, Karl?
Karl:	Warte! Ingrid! Ingrid!! Kommst du mal?
Ingrid:	Ja? Was ist denn, Karl?
Karl:	Du möchtest doch ein Zimmer vermieten, oder?
Ingrid:	Ja, warum?
Karl:	Hier, das ist Kim. Sie sucht eins.
Kim:	Hallo, Ingrid!
Ingrid:	Hallo, Kim! Du kannst dir das Zimmer gern mal ansehen.
Kim:	Ich kann aber nur 150 Euro im Monat zahlen.
Ingrid:	Ist schon okay.

159 TRANSKRIPTIONEN

Lösungen zu den Übungen im Arbeitsbuch

Lektion 8

A

1 Kauffrau/Kaufmann; Krankenschwester/Krankenpfleger; Busfahrer/Busfahrerin; Bauarbeiter/Bauarbeiterin; Hausfrau/Hausmann; Verkäuferin/Verkäufer; Schüler/Schülerin; Studentin/Student; Polizist/Polizistin; Lehrerin/Lehrer; Mechaniker/Mechanikerin

3 **b** Bei TM-Transporte. **c** Nein, als Busfahrer. **d** Ja, sehr gern.

4 von Beruf – … arbeite … – … bei … – … arbeite … als … – … bin … bei … – … bei …, … Lehrer von Beruf … als Programmierer

5 *Musterlösung*:
a Sind Sie Verkäufer? **b** Wo arbeiten Sie? **c** Was sind Sie von Beruf? **d** Was lernen Sie?

6 *Musterlösung*:
… ist Busfahrer von Beruf. Aber jetzt arbeitet er als Taxifahrer. Er arbeitet bei der Firma „City Blitz.
Sara Marzullo ist Krankenschwester von Beruf. Jetzt ist sie arbeitslos.
Ich bin Mechaniker von Beruf. Ich arbeite bei …

7 *Musterlösung:*
Mein Name ist Giovanni Mazzini. Ich komme aus Italien, aus Mailand. Meine Hobbys sind Sport und Reisen. Ich spiele auch sehr gerne Fußball und Tischtennis. Ich bin Verkäufer von Beruf. Aber in Deutschland arbeite ich als Taxifahrer.

8 Lehrer – Programmierer – Verkäufer – Schüler – Partner

10 aber … möchte … Fernseher. **b** Leider … . … Wiedersehen … Donnerstag. **c** Wörter verstehen …? Unterstreichen … bitte. **d** Meine Schwester … Bruder … keine Kinder.

B

11 **a** Vor **b** Seit **c** Seit

12 **b** Vor zehn Jahren. **c** Seit einem Jahr. **d** Nein, ich bin jetzt arbeitslos. **e** Leider schon seit zwei Jahren.

13 **a** Seit … **b** Vor … **c** … vor …

14 **a** vor einer Woche **b** vor drei Jahren **c** seit einem Monat **d** seit einem Tag

15 … einer Woche – … acht Monaten – … einem Jahr – … sieben Wochen … – … einer Woche

16 **b** … seit … **c** … am … – Von … bis … **d** … am … **e** … seit … . … am … vor … **f** Am … am … – Um … . … vor … **g** Im …

18 **a** Wann haben Sie als Taxifahrer gearbeitet? – Seit wann arbeiten Sie als Taxifahrer?
b Wie lange lernen Sie schon Deutsch? – Wie lange haben Sie schon Deutsch gelernt?
c Seit wann fährst du jedes Jahr nach Italien? – Wann bist du nach Italien gefahren?

19 Mein Mann arbeitet seit acht Monaten als Programmierer. – Vor drei Wochen haben wir eine schöne Wohnung gefunden. – Ich suche seit einem Jahr eine Arbeit als Krankenschwester. – Seit einer Woche mache ich wieder einen Deutschkurs.

20 **b** Vor zehn Jahren bin ich nach Deutschland gekommen. **c** Seit einem Jahr lebe (wohne) ich in Frankfurt. **d** Ich habe fünf Jahre als Taxifahrer gearbeitet. **e** Seit zwei Monaten bin ich arbeitslos.

C

21 Die Schule hat mir keinen Spaß gemacht. Neun Jahre bin ich in die Schule gegangen. Im letzten Schuljahr habe ich Claudia getroffen, meine erste Freundin. Ich war total in sie verliebt. Aber dann bin ich 4 Jahre auf einem Schiff zwischen Hamburg und Nord- oder Südamerika gefahren. Ich habe auf dem Schiff in verschiedenen Berufen gearbeitet. Das war toll! Dann bin ich wieder nach Hause gekommen und habe Claudia wieder getroffen. Vor einem Monat haben wir geheiratet. Jetzt bin ich Hausmann. Und das macht Spaß.
bin gegangen, bin gefahren, hat gemacht, habe getroffen, habe gearbeitet, haben geheiratet

22 Wo wart ihr denn am Samstag?
Ich war zu Hause.
Wir waren auch zu Hause, wir hatten Besuch. Meine Eltern waren da.
Ich war in der Schule. Meine Kinder hatten Schulfest. Und wo warst du? Hattest du ein schönes Wochenende?
Naja, es geht. Ich hatte ja Geburtstag, aber ihr wart nicht da. Das war schade.

	sein	haben
ich	war	hatte
du	warst	hattest
er/es/sie	war	hatte
wir	waren	hatten
ihr	wart	hattet
sie/Sie	waren	hatten

23 **a** … hatte … . … sind … . … war … war … . … hatten … – … ist … – … bin … . … war … . … hatte … **b** … ist …, ist … ist … . … habe … . … habe … . … wart … – … waren … – war … ? Hattest … ? … war … hatten …

24 **a** … war … hatte … – … hatte … **b** … waren … hatte … – … war … – … war … – … war … **c** Warst … – … waren … .

LÖSUNGEN 160

Lösungen zu den Übungen im Arbeitsbuch

25 Ich hatte keine Arbeit, ich war arbeitslos. Ich hatte auch keine Freunde. Mein Bruder und meine Schwester waren schon fünf Jahre in Deutschland. Sie hatten schon eine Arbeit. Und ich? Ich habe einen Sprachkurs gemacht. Dann habe ich eine Arbeit gesucht. Dann habe ich auch Freunde gefunden.

D

26 Fa. = Firma; FS Kl. 3 = Führerscheinklasse 3; Fr. = Freitag; Mo. = Montag; Vorm. = Vormittag; n.V. = nach Vereinbarung; auf 400,- Euro-Basis = Minijob: Verdienst 400 Euro plus Sozialversicherung

27 1 c 2 b 3 b

E

29 T – (K) – T – T – K – T – K – K – T – K – T – K

30 Kaiser: Bäckerei Kaiser, guten Tag.
Tufaro: Guten Tag. Mein Name ist Tufaro. Ich habe Ihre Anzeige gelesen. Sie suchen eine Putzhilfe. Ist die Stelle noch frei?
Kaiser: Ja, wir suchen eine Putzhilfe für zwei Stunden pro Tag.
Tufaro: Aha, für zwei Stunden. Und wie ist die Arbeitszeit?
Kaiser: Montag bis Freitag ab neunzehn Uhr und Samstag ab vierzehn Uhr.
Tufaro: Und wie viel bezahlen Sie pro Stunde?
Kaiser: Zehn Euro.
Tufaro: Gut. Wann kann ich mal zu Ihnen kommen?
Kaiser: Kommen Sie doch morgen um zehn Uhr. Wir sind in der Kaiserallee 14.
Tufaro: Ja, gut, dann bis morgen.
Kaiser: Bis morgen, Frau Tufaro. Auf Wiederhören.

31 <u>a</u> Von Montag bis Samstag. <u>b</u> Zwei Stunden. <u>c</u> Zehn Euro.

Lektion 9

A

1 <u>b</u> Wir <u>c</u> Jens und Olga <u>d</u> Ich <u>e</u> Maria <u>f</u> Sie <u>g</u> Man <u>h</u> Ihr

ich/er/sie/man muss • du musst • wir/sie/Sie müssen • ihr müsst

2 <u>a</u> ... müssen ... <u>b</u> ... will ... muss ... muss ... <u>c</u> ... willst ... muss ... <u>d</u> ... wollen ... Wollt ... – ... müssen ...

3 Herr Koch muss das Formular in Zimmer 108 abgeben.
Frau Borowski muss das Formular in Zimmer 106 abgeben.
Frau Teske muss das Formular in Zimmer 110 abgeben.
Herr Pereira muss das Formular in Zimmer 109 abgeben.

4

<u>b</u>	Wo	kann	ich das Formular	abgeben	?
<u>c</u>	Was	müssen	wir hier	ankreuzen	?
<u>d</u>	Was	muss	man hier	machen	?
<u>e</u>	Ich	will	schnell Deutsch	lernen	.
<u>f</u>		Musst	du am Samstag	arbeiten	?

5 **können:** Kannst du ... ? – Können Sie bitte das Wort erklären? – Könnt ihr bitte das Wort erklären?
müssen: Musst du ... ? – Müssen Sie noch Hausaufgaben machen? – Ihr müsst noch Hausaufgaben machen.
wollen: Willst du ... ? – Wollen Sie noch eine Übung machen? – Wollt ihr noch eine Übung machen?

6

	müssen	können	wollen
ich / er / sie / man	muss	kann	will
du	musst	kannst	willst
wir / sie / Sie	müssen	können	wollen
ihr	müsst	könnt	wollt

7 <u>a</u> ... kann ... – ... willlst ... – ... will ... . muss ... <u>b</u> ... könnt ..., ... müsst ... <u>c</u> ... kann ... – ... muss ... <u>d</u> ... kannst ... – ... will ... <u>e</u> ... müssen ... <u>f</u> ... kann ... . muss ...

8 <u>a</u> ▲ Ach, <u>nein</u>! ◆ <u>Doch</u>, ich <u>muss</u> jetzt gehen.
<u>b</u> ◆ <u>Kannst</u> du heute <u>kommen</u>? ● Nein, tut mir <u>leid</u>.
■ Du <u>kannst</u> kommen, da bin ich <u>sicher</u>, aber du <u>willst</u> nicht kommen.
<u>c</u> ▼ Ich kann schon <u>lesen</u>. ● Das <u>glaube</u> ich nicht.
▼ <u>Doch</u>, ich <u>kann</u> schon lesen.
<u>d</u> Wir wollen jetzt <u>fernsehen</u>. ◆ Nein, jetzt nicht! ■ Wir <u>wollen</u> aber fernsehen. ◆ Ihr <u>könnt</u> aber jetzt nicht!

B

9 Warten Sie einen Moment! ↘ Unterschreiben Sie hier! ↘ Bezahlen Sie an der Kasse? ↗ Machen Sie einen Deutschkurs! ↘ Machen Sie viel Sport? ↗

10 Kommen Sie heute? – Kommen Sie heute um fünf! – Schlafen Sie gut! – Essen Sie ein Brötchen! – Essen Sie einen Apfel! – Trinken Sie viel Milch? – Lernen Sie jeden Tag zehn Wörter! – Lernen Sie jeden Tag eine Stunde?

11 <u>a</u> ... gehen Sie ein bisschen spazieren! – Machen Sie einen Kurs. – Lesen Sie die Anzeigen in der Zeitung! – Fragen Sie Ihre Lehrerin! <u>b</u> Hören Sie den Dialog noch einmal! – Lesen Sie den Text! Ergänzen Sie die Wörter!

12 Gehst du ... ? Geh ... ! Geht ihr ... ? Geht ... ! • Kommst du ...? Komm ... ! Kommt ihr ... ? Kommt ... ! • Rufst du ... ? Ruf ... ! Ruft ihr ... ? Ruft ... ! • Stehst du ... ? Steh ... ! Steht ihr ... ? Steht ... ! • Arbeitest du ... ? Arbeite ... ! Arbeitet ihr ... ? Arbeitet ... ! • Sprichst du ...? Sprich ... ! Sprecht ihr ... ? Sprecht ... ! • Liest du ... ? Lies ... ! Lest ihr ... ? Lest ... ! • Nimmst du ... ? Nimm ... ! Nehmt ihr ... ? Nehmt ... ! • Isst du ... ? Iss ... ! Esst ihr ... ? Esst ... ! • Schläfst du ... ? Schlaf ... ! Schlaft ihr ... ? Schlaft ... !

13 <u>a</u> Na, dann fahr doch Fahrrad oder lies ein Comic-Heft oder geh zu Oma oder spiel Fußball! Aber sei um sechs Uhr zu Hause! <u>b</u> Na, dann fahrt doch Fahrrad oder lest ein Comic-Heft oder geht zu Oma oder spielt Fußball! Aber seid um sechs Uhr zu Hause!

Lösungen zu den Übungen im Arbeitsbuch

14 a ..., seid bitte leise! **b** ... bitte das Fenster zu! – ..., macht bitte das Fenster zu! **c** ..., füll bitte das Formular aus! – ..., füllen Sie bitte das Formular aus! **d** ..., komm bitte um acht Uhr! – ..., kommen Sie bitte um acht Uhr! **e** ..., räum bitte die Küche auf! – ..., räumt bitte die Küche auf! **f** ..., lest bitte den Dialog! – ..., lesen Sie bitte den Dialog! **g** ..., nimm bitte das Buch und mach die Übungen! – ..., nehmt bitte das Buch und macht die Übungen!

15 a Arbeite doch nicht so viel! – Mach doch Urlaub! **b** Schau doch ins Wörterbuch! **c** Kommen Sie bitte um fünf Uhr! **d** Sprechen Sie bitte langsam! **e** Nimm mich bitte mit!

C

17 a ... dürfen ... **b** ... darfst ... **c** ... dürft ... **d** ... darf ... **e** ... dürfen ... **f** Darf ...

18 a 1 Ich kann nicht mitfahren. 2 Ich will nicht mitfahren. 3 Ich darf nicht mitfahren. 4 Ich möchte gern mitfahren.
b 1 Hier müssen wir warten. 2 Hier dürfen wir fahren.

D

20 a April, Mai **b** der Sommer: Juli, August **c** der Herbst: September, Oktober, November **d** der Winter: Dezember, Januar, Februar

21 Stefanie: Im März. Heiko: Im Mai. Julia: Im August. Annette: Im Oktober. Mirko: Im Dezember.

22

Einzugsdatum:	1. 10. 08		
Neue Wohnung:	Ritterstraße 25, 01097 Dresden		
Bisherige Wohnung:	Dammstraße 14, 01326 Dresden		
Die neue Wohnung ist	✗ Hauptwohnung ☐ Nebenwohnung		

Familienname	Frühere Namen (z.B. Geburtsname)	Vorname(n)
1 Saidi		Yasmin
2		
3		
4		

Familienstand	Geschlecht	Geburtsdatum	Geburtsort/Geburtsland
1 ledig	M ✗	02. 11. 1975	Tunis/Tunesien
2	M W		
3	M W		
4	M W		

Staatsangehörigkeit
1 tunesisch
2
3
4

Berufstätig
1 Krankenschwester
2
3
4

E

23 a Was heißt „arbeitslos"? / Was bedeutet „arbeitslos"? **b** Können Sie das bitte wiederholen? / Noch einmal, bitte. **c** Können Sie das bitte erklären? / Das Wort verstehe ich nicht. **d** Können Sie das bitte erklären?

24 Du kannst unter www.stuttgart.de das Ummeldeformular aus dem Internet herunterladen. Dann musst du das Formular ausfüllen. Und dann musst du es an die Stadt schicken.

Lektion 10

A

1
(links)	(rechts)
Kopf	Auge
Hals	Nase
Finger	Mund
Hand	Ohr
Arm	Bauch
Rücken	Bein

2 fünf Finger – zwei Füße – zwei Augen – zwei Ohren – zwei Hände – zwei Arme – zwei Beine

3
der Kopf	**das** Ohr	**die** Nase	**die** Ohren
Fuß	Auge	Hand	Beine
Hals	Bein		Hände
Mund			Arme
Finger			Augen
Rücken			Zähne
Bauch			Finger
Arm			Füße

4 a ... mein ... – ... mein ... **b** ... meine ... meine ... meine ...

5 a ... Ihre ... – ... meine ... **b** ... deine ... – ... meine ... **c** ... Ihr ... – ... Mein ... **d** ... deine ... **e** ... Ihre ... **f** ... Ihre ...

B

6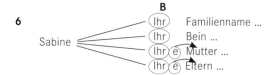

7 b ... ihre ... **c** ... seine ... **d** ... seine ... **e** ... ihre ... **f** ... ihre ... **g** ... seine ...

8 ihre ... ihr ... . Ihr ... . Ihre ... ihr ... ihre ... . Ihr ... . Seine ... . Ihre ...

9 *Musterlösung:*
Also, sein Name ist Ivano. Er kommt aus Italien. Seine ganze Familie lebt seit 25 Jahren in Deutschland. Seine Schwester und seine drei Brüder sind in Deutschland geboren. Seine Eltern haben ein Restaurant. Spaghetti Carbonara schmecken dort am besten.

Lösungen zu den Übungen im Arbeitsbuch

11 **a** Unsere … **b** Unsere … unsere … **c** … unser … **d** …ihre …
e … euer … **f** … eure …

12 Niko hatte <u>einen</u> Unfall. <u>Sein</u> Bein tut sehr weh. Er geht
zum Arzt. Dort gibt er <u>seine</u> Versichertenkarte ab. Der Arzt
sieht das Bein an. Es ist nicht gebrochen. Aber Niko kann
<u>sein</u> Bein nicht bewegen. Er bekommt <u>einen</u> Verband,
<u>ein</u> Rezept und <u>eine</u> Krankmeldung. <u>Seine</u> Krankmeldung
muss er beim Arbeitgeber abgeben. Niko braucht jeden
Tag <u>einen</u> neuen Verband. Er möchte <u>seinen</u> Verband aber
nicht selbst machen. Deshalb bekommt er <u>einen</u> neuen
Termin.

a … seine … **b** … sein … **c** … seine … **d** … seinen …
e … seinen …

13 meine, deine ⎫
seine, ihre ⎬ Krankmeldung
unsere, eure ⎪
ihre, Ihre ⎭

	Führerschein	Rezept	Krankmeldung
Ich habe	meinen	mein	meine
Hast du	deinen	dein	deine
Er hat	seinen	sein	seine
Sie hat	ihren	ihr	ihre
Wir haben	unseren	unser	unsere
Habt ihr	euren	euer	eure
Sie haben	Ihren	Ihr	Ihre
Haben Sie	Ihren	Ihr	Ihre

14 **a** … deine … deinen … – … meinen … meine … meinen …
b … Ihren … Ihre … **c** … unseren … **d** … eure … **e** … meine …
… **f** … deinen … **g** … meine … **h** … deine … **i** Unser … – …
unseren … – … euer …

C

15 … sollst … – … soll … – Soll … – Sollen … – … sollt … –
Sollen … – … sollen …

16 **b** Steh bitte endlich auf! **c** Du sollst bitte langsam
sprechen. **d** Seid bitte leise! **e** Sie sollen Ihren Namen hier
eintragen. **f** Kreuzen Sie bitte Ja oder Nein an!
g Kommen Sie bitte zum Chef! **h** Ihr sollt hier warten!
i Macht bitte die Musik leise! **j** Du sollst dein Zimmer
aufräumen! **k** Iss nicht so viel Schokolade!

17 **a** … musst … **b** … sollst (darfst) … **c** … soll … **d** … müssen
… **e** … soll (darf) … **f** … sollst … **g** … sollen … muss … **h** …
muss …

18 … Ich soll sein Lieblingsessen kochen. Ich soll auch einen
Kuchen machen und ich soll fünf Flaschen Multivitaminsaft
kaufen! Dann soll ich seine Freundin Theresa anrufen und
sie einladen …

E

20 1 b 2 a

21 **b** *Musterlösung:*
Liebe Melanie, vielen Dank, das ist sehr nett. Ich kann
wirklich noch gar nicht gut gehen. Am Mittwoch, also
übermorgen, habe ich einen Termin um 10 Uhr. Da
bekomme ich dann einen neuen Verband. Und dann
habe ich noch einen Termin nächste Woche am Freitag
um 9 Uhr. Ich hoffe, es klappt und Du kannst kommen.
Herzlichen Gruß – Jana

Lektion 11

A

1 **a** Gehen Sie geradeaus und die zweite Straße links. **b** Tut
mir leid, ich bin auch fremd hier. **c** Gehen Sie hier nach
links und immer geradeaus.

3 **a** Entschuldigung, ich suche die Wilhelmstraße. **b** Ist
hier eine Bäckerei in der Nähe? **c** Wo ist die nächste
Bushaltestelle? **d** Wie komme ich zum Bahnhof? – Zu Fuß
oder mit dem Bus?

4 *Musterlösung:*
Gehen Sie zuerst geradeaus und dann in die zweite Straße
links. Gehen Sie weiter geradeaus und dann die dritte
Straße rechts. Rechts sehen Sie schon das Kino.

5 der Bus • das Auto • das Fahrrad • der Zug • das Taxi
• die Straßenbahn • die U-Bahn

6 **a** … mit dem Bus. **b** … mit dem Taxi, mit dem Fahrrad, mit
dem Auto. **c** … mit der U-Bahn, mit der Straßenbahn.

7 **a** Michael: Ich nehme <u>den</u> Bus. Frank: Ich nehme <u>die</u>
U-Bahn. Gerd: … Vielleicht fährt jetzt <u>kein</u> Bus mehr
und auch <u>keine</u> Straßenbahn. Peter: … Ich nehme <u>ein</u>
Taxi.
b Michael: mit dem Bus; Frank: mit der U-Bahn; Gerd: zu
Fuß; Peter: mit dem Taxi

B

9 1 Kino 2 Post 3 Restaurant 4 Bahnhof 5 Bank
6 Bushaltestelle 7 Hotel 8 Supermarkt 9 Apotheke
10 Bäckerei

10 **b** 1 **c** 4 **d** 2 **e** 8 **f** 5 **g** 3 **h** 6

11 **a** auf **b** in **c** neben **d** an **e** vor **f** unter **g** hinter **h** über

12 **a**

(links)	(rechts)
auf	zwischen
unter	neben/auf
in	hinter
	auf

Lösungen zu den Übungen im Arbeitsbuch

b In der Tasche. – Hinter dem Fernseher. – Auf dem Sofa. – Neben dem Telefon. – Unter dem Sofa. – Zwischen den Wörterbüchern.

13 **dem** Tisch, Sofa ... – **der** Tasche, ... – **den** Büchern, ...

14 **b** ... im ... **c** Im ... **d** ... auf dem ... **e** ... in der ... **f** ... in der ... **g** An der ...

15 **b** Das Restaurant „Taverne" in der Bahnhofstraße ist sehr gut. **c** Ist dein Auto in der Garage? **d** Ich habe Manuela im Deutschunterricht getroffen. **e** Olga wartet an der Bushaltestelle.

16 Am Bahnhof? Im Café Paradiso? An der Bushaltestelle? An der U-Bahn-Station? Am Parkplatz? In der Disco? Im Fitnessstudio?

17 *Musterlösung:*
B Tina und Sara sind im Auto. Sie fahren nach Hause. **C** Sara ist in der Küche. Sie hat Hunger und isst Borschtsch. **D** Sara liegt im Bett. Sie ist krank. **E** Niko ist im Park. Er möchte grillen. **F** Sara ist im Zimmer. Sie spielt mit Schnuffi und Poppel. **G** Sara und Niko sind auf dem Amt. Niko muss das Formular unterschreiben.

C

18 **a** Ich war bei Paul. Wir waren im Schwimmbad und in der Stadt. **b** Ich fahre zu Denis. Wir gehen ins Schwimmbad und dann in die Stadt. **c** Zur Apotheke, ich brauche Aspirin. **d** Was hast du in der Apotheke gekauft? **e** Ich war im Deutschkurs und dann beim Arzt. **f** Zuerst gehe ich in den Deutschkurs und dann zum Arzt. **g** Bist du heute morgen mit dem Fahrrad in die Schule gefahren? Ich war nicht in der Schule, ich bin krank. **h** Gehst du mit ins Kino? Ach, ich habe keine Lust, ich war erst gestern im Kino. **i** In Leipzig. **j** Nach Berlin. **k** ... Ich bin schon um zehn Uhr nach Hause gegangen: ... Ich war erst um zwei Uhr zu Hause.

	Wo?		Wohin?
im	Schwimmbad	ins	Schwimmbad
in der	Stadt	in die	Stadt
in der	Apotheke	zur	Apotheke
im	Deutschkurs	in den	Deutschkurs
beim	Arzt	zum	Arzt
in der	Schule	in die	Schule
im	Kino	ins	Kino
in	Leipzig	nach	Berlin
zu	Hause	nach	Hause

19 **a** ... beim ... **b** ... zum ... **c** ... nach ... – ... zu ... **d** ... nach ... – ... in ... **e** ... nach ... – ... nach ... – ... in ... – ... in ... **f** ... zu ... – ... im ... **g** ... in ... – ... in der ... – ... in ... **h** Im ... **i** Nach ... – ... in die ... **j** ... zur ... – ... zur ... **k** ... nach ...

D

22 ... Bremen: ... 9:20 ... 15:51 ... . Freiburg ... Hannover ... 6 Stunden 31 Minuten

23 **a** umsteigen, aussteigen, einsteigen **b** die Ankunft, die Abfahrt, der Fahrplan, der Schalter, die Durchsage, die Fahrkarte

E

25 1 Entschuldigung, auf welchem Gleis fährt der Zug nach Ulm?
2 Fährt hier der Bus nach Moosbach ab?
3 Entschuldigung, wie viel Verspätung hat der Zug? – Dann bekomme ich den Anschluss in Frankfurt nicht mehr.

27 *Musterlösung:*
... Direkt vor dem Bahnhof ist die Straßenbahnhaltestelle. Dort musst du die Linie 8 Richtung Universität nehmen und bis zur Haltestelle Parkallee fahren. Dort musst du in den Bus 165 umsteigen, eine Station fahren und an der Haltestelle Schlossgarten wieder aussteigen. An der Bäckerei gehst du rechts. An der Ecke Birkenweg/Fürststraße wohne ich.

Lektion 12

A

1 ... nach ... – ... vor ... – ... nach ... – ... vor ...

2 ... vor dem Training. ... beim Training. ... nach dem Training.

3 **a** ... nach der Arbeit. **b** ... nach dem Sport. **c** Beim Frühstück. **d** ... nach der Arbeit. **e** Ja, beim Abendessen. **f** Vor dem Essen. **g** Vor der Arbeit. **h** ... nach den Hausaufgaben.

4
vor/nach	dem Training, der Arbeit, den Hausaufgaben
bei	beim Training, bei der Arbeit, bei den Hausaufgaben

5 *Musterlösung:*
... Vor dem Frühstück geht er joggen. Beim Frühstück liest er die Zeitung. Nach dem Frühstück fährt er mit dem Fahrrad zur Arbeit. Um 12 Uhr macht er Mittagspause. Beim Mittagessen spricht er mit Kollegen. Nach dem Mittagessen geht er 20 Minuten spazieren. Dann arbeitet er bis 17 Uhr. Nach der Arbeit fährt er sofort nach Hause und macht das Abendessen. Beim Abendessen sieht er fern. Nach dem Abendessen telefoniert er mit seiner Mutter.

7 ... seit ... – ... vor ...

LÖSUNGEN **164**

Lösungen zu den Übungen im Arbeitsbuch

8 a Nach dem Unterricht. **b** Vor einem Monat. **c** Seit einer Woche. **d** Ja, nach den Prüfungen. **e** Ja, seit einer Stunde. **f** Vor zwei Wochen.

9

der …	das …	die …	die … n
nach *dem* Unterricht	nach *dem* Essen	nach *der* Schule	nach *den* Prüfungen
vor *dem* Kurs	vor *dem* Frühstück	vor *der* Reise	vor *den* Prüfungen
vor *einem* Monat	vor *einem* Jahr	vor *einer* Stunde	vor zwei Wochen
seit *einem* Tag	seit *einem* Jahr	seit *einer* Woche	seit drei Tage**n**

10 a … seit … **b** Vor einem … **c** … vor einer … **d** … nach der … **e** … seit … **f** Bei der … **g** … vor dem … – … nach dem …

B

11 in einem Tag – in einer Woche – in zwei Monaten – in einer Stunde – in einem Jahr – in zwei Wochen – in einem Monat – in zwei Jahren

12 a Ab … – Bis … **b** Bis … – … bis … – … ab … **c** … in … – Bis … **d** … bis … – … in …

13 a Bis … – … in … **b** Um … – … ab … **c** Ab/Um …, … bis … **d** Am … **e** Ab … bis …

14 a In 20 Minuten. **b** Ab 15 Uhr. **c** Nach 15 Uhr. **d** Bis 18 Uhr. **e** Ab 7 Uhr. **f** Seit halb neun.

15 a Wann … ? **b** Wie lange … ? **c** Bis wann … ? **d** Ab wann … ? **e** Wann … ? **f** Seit wann … ? **g** Wie lange … ?

16 b Seit Montag. – Drei Tage. **c** Noch vier Tage. – Bis Freitag. **d** Im August. – Vor zwei Tagen. **e** In zwei Wochen. – Am Sonntag. **f** Bis September. – Zwei Monate. **g** Fünf Monate. – Seit fünf Monaten. **h** Vor fünf Monaten. – 2003.

17 *Musterlösung:*
- ● Meine Kaffeemaschine funktioniert nicht mehr. Bis wann können Sie sie reparieren?
- ▲ Bis Freitag.
- ● Noch eine ganze Woche! Geht es nicht bis Dienstag?
- ▲ Nein. Aber vielleicht geht es bis Mittwochnachmittag?
- ● Und ab wann kann ich am Mittwoch meine Kaffeemaschine abholen?
- ▲ Ab 15 Uhr. Wir haben bis 18 Uhr geöffnet.

C

19 a Würden Sie bitte vorbeikommen? **b** Könnten Sie mir bitte den Weg erklären? Würden Sie mir bitte den Weg erklären? **c** Könnten Sie bitte später noch einmal anrufen? Würden Sie bitte später noch einmal anrufen? **d** Könnten Sie bitte einen Moment hier warten? Würden Sie bitte einen Moment hier warten? **e** Könntest du es bitte reparieren? Würdest du es bitte reparieren? **f** Könntest du mir bitte 10 Euro leihen? Würdest du mir bitte 10 Euro leihen?

g Könntest du bitte dein Handy ausmachen? Würdest du bitte dein Handy ausmachen? **h** Könntest du mich bitte bald anrufen? Würdest du mich bitte bald anrufen?

20 b zu **c** an **d** aus

21 Die Balkontür ist zu. – Das Licht ist aus. – Das Radio ist aus. – Die Fenster sind auf.

22 *machen:* eine Party – einen Plan – das Essen – einen Kuchen – einen Kurs
anmachen, ausmachen: das Radio – den Computer – das Licht – die Heizung – den Herd
aufmachen, zumachen: die Tür, ein Buch, die Augen, den Schrank, das Fenster, den Mund, die/eine Dose, die/eine Flasche, den Laden

23 Hast du die Waschmaschine ausgemacht? Aber ja, die Waschmaschine ist aus. Hast du die Haustür zugemacht? Aber sicher. Die Haustür ist zu. Hast du überall das Licht ausgemacht? Natürlich. Das Licht ist überall aus. Ist das Radio vielleicht noch an? – Nein! Das Radio ist auch aus.

D

25 a B **b** B **c** A **d** B

26 *Musterlösung:*
einkaufen: Ich kaufe für Sie ein! Tel: 098-7865098
putzen: Ich putze alles! Flexibel, mobil, sauber. Tel 098-767654
babysitten: Möchten Sie mal wieder frei haben? Studentin als Babysitterin. Gerne am Abend. Tel 023-765434

27 1 Gerät 2 Modell 3 Garantie 4 reparieren 5 Reparatur 6 Steckdose 7 Rechnung 8 Gebrauchsanweisung

28 *Musterlösung:*
… – die **N**ase – die **E**hefrau – der **U**nfall – das **L**icht – das **T**raining …

29 *Musterlösung:*
das **R**adio **r**eparieren, der **F**ernseher **f**unktioniert, das **B**ein **b**rechen, **T**ee **t**rinken, **K**affee **k**ochen, im **B**ett **b**leiben …

Lektion 13

A

1 eine – ein – einen – Das – der – die – den

2

1	Jacke	6	Rock
2	Pullover	7	Hemd
3	Schuhe	8	Bluse
4	Kleid	9	Mantel
5	Hose		

3 a Die – Der **b** Das – Den **c** Den – Die **d** Die **e** Der

165 LÖSUNGEN

Lösungen zu den Übungen im Arbeitsbuch

4 **a** ... der ... – Der ... – Den ... **b** ... den ... – Den ... – ... die ... – Die ... **c** ...die ... – ... die ... – ... die ... **d** ... den ... – Den ... **e** ... der ... **f** ... das ... – ... das ... – Das ... **g** ... die ... – ... die ...

5 **a** ... Den können wir nicht nehmen. **b** Nein, den finde ich teuer. **c** Ja, finde ich auch. Der war gar nicht teuer. **d** Das war klasse! **e** Das habe ich seit drei Monaten. Mit dem fahren wir nach Spanien. **f** Nein, den kenne ich nicht. **g** Nein, der ist nicht gut. Nimm doch den Apfelsaft! **h** Nimm doch den da!

6 sehr schön ≠ hässlich; falsch ≠ richtig; lang ≠ kurz; weiß ≠ schwarz; gesund ≠ krank; alt ≠ neu; interessant ≠ langweilig; groß ≠ klein; schmal ≠ breit; kalt ≠ warm; laut ≠ leise

7 Haus/Wohnung: ... billig, günstig, alt, neu, modern, schön, hässlich, groß, klein
Straße: alt, neu, modern, schön, hässlich, breit, schmal, groß, klein, lang, kurz, laut
Buch: teuer, billig, günstig, alt, neu, schön, groß, klein, gut, langweilig, interessant
Text: alt, neu, schön, lang, kurz, gut, langweilig, interessant
Musik: alt, neu, modern, schön, hässlich, laut, leise, gut, interessant, langweilig

B

9 A ■ Die passt *mir* super, aber die Farbe gefällt *mir* nicht.
B ▲ Gefällt *dir* die Bluse nicht?
◆ Doch, die gefällt *mir* gut, aber sie ist sehr teuer.
C ■ Schau mal, die Hose gefällt *mir*.
▲ Aber die passt *dir* doch nicht.
D ◆ Entschuldigung, gehört die Zeitung *Ihnen*?
● Nein, die gehört *mir* nicht.

10 du/dir, Sie/Ihnen; er/ihm, sie/ihr; wir/uns; ihr/euch, Sie/Ihnen; sie/ihnen

11 **b** Gehört das Fahrrad dir? **d** Gehört das Fahrrad ihr? **e** Gehören die Bücher uns? **f** Gehören die Bücher euch? **g** Gehört das Haus ihnen? **h** Frau Koch, gehört das Fahrrad Ihnen?

12 ... und sie möchte ihm gefallen. ..., es passt ihr aber leider nicht. ... Es gehört Mira, sie hat es ihr geliehen.

13 Ich bringe ihr ein Buch mit. – Ich bringe ihnen eine CD mit. – Ich bringe euch ein Spiel mit.

C

15 **a** Ja, aber er spielt lieber Geige. **b** Beides zusammen. **c** Beides zusammen: Fahrrad fahren und Geige spielen.

16 Frau Hagner geht gern ins Kino, aber ihr Mann geht lieber tanzen.
Herr Klein sieht gern fern, aber seine Frau liest lieber.
Jamila spielt gern Karten, aber ihr Bruder Omar sieht lieber fern.

17 **a** ... am besten. **b** ... lieber ... **c** ... besser. **d** ... mehr ... – ... am meisten ... **e** ... besser ... **f** ... mehr ... **g** ... am liebsten ...

D

18 **b** Welches ... – Dieses ... **c** Welcher ... – Dieser ... **d** Welches ... – Dieses ... **e** Welche ... – Diese ... **f** Welcher ... – Dieser ...; Welches ... – Dieses ...; Welche ... – Diese ...; Welcher ... – Dieser ...; Welche ... – Diese ...

19 Welches Buch ... – Dieses ...; Welche Schuhe ... – Diese ...; Welchen Rock ... – Diesen ...; Welcher Pullover ... – Dieser ...; Welche Pizza ... – Diese ...; Welchen ... – Diesen ...; Welchen ... – Diesen ...

20 **a** ... dieses ... – ... welchen ... **b** ... welche ... – Diese ... **c** Welches ... – Dieses ... **d** ... dieses ... – Welches ... – ... dieses ... **e** Welches ... **f** Welcher ... – Dieser ...

E

22 **a** Sehr gut. **b** Ja, sie ist genau richtig. **c** Ja, aber sie passt mir nicht. **d** Der blaue da. **e** Ich auch. **f** Hier, bitte.

23 **a** Im Obergeschoss. **b** Rot steht Ihnen sehr gut. **c** Tut mir leid, den habe ich nur in Blau. **d** An der Kasse dort hinten rechts. **e** Nein, leider nur noch in dieser Größe. **f** Ja, gerne. Was suchen Sie?

24 (K) – K – V – K – V – K – V – V – V – K – K – V
vgl. Hörtext

25 *Musterlösung:*
a Haben Sie die auch in Größe 40? **b** Welche Farbe steht mir besser? Rot oder Blau? **c** Ich suche eine Hose. – (Ich brauche) Größe 38. **d** ..., aber sie ist ein bisschen klein. Haben Sie die auch in 42?

27 *Musterlösung*:
A Liebe/r ..., Du fährst ja bald in Urlaub nach Marokko. Könntest Du mir zwei T-Shirts von „Onyx" mitbringen? Ich finde die ganz toll. In Marokko sind sie sicher günstig. Ich habe Größe 36. Am besten steht mir rot. Vielen Dank und viele Grüße ...
B Liebe/r ..., Du fährst ja am Wochenende nach München zum Spiel vom FC Bayern. Könntest Du mir eine Baseballcap und eine Jacke aus dem Fan-Shop mitbringen? Ich habe Größe 42. Vielen Dank! Viele Grüße ...

Lösungen zu den Übungen im Arbeitsbuch

Lektion 14

A

1 Der zwanzigste Vierte. – Der zwanzigste April.
Der fünfzehnte Sechste. – Der fünfzehnte Juni.
Der dreiundzwanzigste Zweite. – Der dreiundzwanzigste Februar.
Der dritte Zwölfte. – Der dritte Dezember.
Der erste Erste. – Der erste Januar.

2 Stefanie: Am fünfzehnten März. Heiko: Am zweiten Mai. Maja: Am achtundzwanzigsten Juli. Sonja: Am siebzehnten September.

Bäckerei Kunz: Vom ersten bis (zum) fünfundzwanzigsten August.
Herr Meinert: Vom dritten bis (zum) zwanzigsten Juli.
Frau Braun: Vom achten bis (zum) neunzehnten November.

3 <u>a</u> der 13.5. <u>b</u> für den 16. <u>c</u> bis 31.7. <u>d</u> am 3.2.1980
<u>e</u> am 20.7. <u>f</u> am 5.4. um 10.30 Uhr

B

5 Tina macht an Silvester ein Fest. Sie hat Niko eingeladen, sie findet ihn sehr sympathisch. Niko bringt auch Sabine und Mike mit. Tina und Bruno kennen sie noch nicht. Tina hat auch Nikos Mutter eingeladen. Sie kann aber jetzt doch nicht nach Deutschland kommen. Tina findet das sehr schade, denn sie möchte sie so gerne kennenlernen.

6 Ich verstehe <u>dich</u> nicht gut, <u>du</u> sprichst so schnell.
Ich verstehe auch <u>ihn</u> nicht gut, <u>er</u> spricht so leise.
Und <u>sie</u> verstehe ich gar nicht, <u>sie</u> spricht Französisch.
Aber manchmal verstehe <u>ich</u> <u>mich</u> selbst nicht.
Wir sehen <u>euch</u> fast nie, <u>ihr</u> habt nie Zeit.
Ruft <u>uns</u> doch mal wieder an, <u>wir</u> warten!
ich > mich
du > dich
er > ihn
es > es
sie > sie
wir > uns
ihr > euch
sie/Sie > sie/Sie

7 <u>a</u> ... sie ... – ... sie ... <u>b</u> ... es ... <u>c</u> ... ihn ... – ... dich ...
<u>d</u> ... Sie ... <u>e</u> ... mich ... <u>f</u> ... ihn ...

8 <u>a</u> ... euch ... <u>b</u> ... sie ... sie ... <u>c</u> ... uns ...

9 <u>b</u> Ich kenne ihn schon lange.
<u>c</u> Ich finde sie sehr sympathisch.
<u>d</u> Er arbeitet bei WAFAG.
<u>e</u> Nein. Ich finde ihn doch nicht so schön.
<u>f</u> Tut mir leid, ich verstehe es nicht.
<u>g</u> Sie sind sehr schön.
<u>h</u> Ja, aber ich finde ihn sehr teuer.

C

11 <u>a</u> ..., denn er hat nicht genug Geld. <u>b</u> ..., denn es ist schon spät. <u>c</u> ..., denn heute Abend kommen Gäste. <u>d</u> ..., denn er muss noch Hausaufgaben machen.

12 *Musterlösung:*
<u>a</u> ..., denn sie macht gern Sport. <u>b</u> ..., denn er geht nicht gern zu Fuß. <u>c</u> ..., denn die Lehrerin will einen Mathetest schreiben. <u>d</u> ..., denn sie will dort ihren Freund treffen.

13 <u>a</u> Tina hat Niko eingeladen, denn sie findet ihn sympathisch. – Niko kommt gerne und er bringt auch Sabine und Mike mit. <u>b</u> Ich komme gern, aber ich kann erst sehr spät kommen. – Ich mache einen Salat und bringe auch einen Kuchen mit. <u>c</u> Ich lerne Italienisch, denn ich finde die Sprache sehr schön. <u>d</u> Gehen wir tanzen oder bleiben wir zu Hause?

D/E

15 ... der Glückwunsch – der Urlaub – die Einladung – die Ferien – das Geburtstagsfest – der Geburtstag – wünschen – heiraten – feiern – einladen

16 *Musterlösung*:
Hallo Theo, am Samstag feiere ich meinen Geburtstag. Ich werde 30! Ich lade dich zu meiner Party ein. Kommst du? Gruß Sven

Ich gehe immer früh schlafen, denn ich muss am Morgen früh aufstehen; ..., denn ich bin am Abend immer müde; ..., denn ich brauche viel Schlaf.

17 Viele Grüße – Viel Glück – Schöne Festtage – Alles Gute

18 <u>a</u> machen, organisieren <u>b</u> feiern, haben <u>c</u> schreiben, schicken <u>d</u> gratulieren, einladen <u>e</u> schreiben, bekommen

19 <u>b</u> *Musterlösung:*
Liebe Gabriele, vielen Dank für die Karte! Ich wünsche Dir auch alles Gute zum neuen Jahr! Silvester habe ich auch mit Freunden gefeiert, es war sehr schön. Möchtest Du mich nicht einmal besuchen? Viele Grüße Irina

20 <u>a</u> richtig <u>b</u> richtig <u>c</u> falsch

167 LÖSUNGEN

Lösungen zu den Übungen im Arbeitsbuch

Wiederholungsstationen

2 *Musterlösung:* **Möbel**: der Tisch, der Schrank, der Stuhl, das Sofa ...; **Lebensmittel**: der Salat, der Käse, der Apfelsaft, der Fisch, die Milch, die Wurst ...; **Körperteile**: der Arm, der Bauch, der Fuß, die Hand, die Nase ...; **Kleidung**: die Bluse, die Hose, die Jacke ...

3 *Musterlösung:*
- **-e:** der Brief – die Briefe, der Tisch – die Tische, der Film – die Filme ...
- **-n:** der Name – die Namen, die Lampe – die Lampen, die Schule – die Schulen, die Straße – die Straßen ...
- **-en:** die Zahl – die Zahlen, die Uhr – die Uhren ...
- **-er:** das Kind – die Kinder, das Bild – die Bilder, das Schild – die Schilder ...
- **-:** das Zimmer – die Zimmer, der Koffer – die Koffer, der Arbeiter – die Arbeiter ...
- **⸚:** der Bruder – die Brüder, der Apfel – die Äpfel, die Mutter – die Mütter ...
- **⸚e:** die Stadt – die Städte, der Sohn – die Söhne ...
- **⸚er:** das Fahrrad – die Fahrräder, der Mann – die Männer, das Amt – die Ämter ...
- **-s:** das Foto – die Fotos, das Auto – die Autos, das Büro – die Büros ...

4

	ich	du	er	sie	wir	ihr	sie	Sie	
Sprechen				x		x	x		Deutsch?
Wann stehst		x							auf?
Wohin geht			x	x		x			jetzt?
Macht			x	x		x			einen Deutschkurs?
Wie heißt		x	x	x		x			denn?
Nehmen				x		x	x		den Bus um acht Uhr?
Versteht			x	x		x			das nicht?
Kann	x		x	x					um 2 Uhr kommen?
Musst		x							heute arbeiten?

5 **a** Hilfst ... – ... hilft ... **b** Fährst ... **c** ... trifft ... **d** Gibt ... **e** ... spricht ... **f** ...nimmt ... **g** Isst ... **h** Liest ... **i** Gibst ... **j** Nimmst ... **k** ... siehst ...

6 den (Familiennamen); der (Mantel); den (Arzt); den (Termin); der (Parkplatz); der (Ausgang); einen (Pullover); ein (Schokoladenkuchen); einen (Obstkuchen); ein (Fahrkartenautomat); einen (Bruder); ein (Brief)

7 **a** Wie feiern Sie Silvester? **b** Diese Hose gefällt mir am besten. **c** Haben Sie diesen Pulli auch in Blau? **d** Hast du im Dezember Geburtstag? **e** Ich rufe dich morgen an. **f** Komm bitte heute Abend um acht Uhr! **g** Welche Hose soll ich nehmen? **h** Kauf bitte Brötchen und Milch! **i** Zum Bahnhof kann man mit dem Bus fahren.

8 **b** Ich habe gestern nicht gearbeitet. / Gestern habe ich nicht gearbeitet. **c** Ich kann am Montag nicht zum Kurs kommen. / Am Montag kann ich nicht zum Kurs kommen. **d** Niko hat um 17 Uhr einen Termin beim Arzt. / Um 17 Uhr hat Niko einen Termin beim Arzt. **e** Marina feiert heute Abend ihren Geburtstag. / Heute Abend feiert Marina ihren Geburtstag.

9 **b** Ich habe keinen Hunger. **c** Haben Sie kein Telefon? **d** Mein Bein ist nicht gebrochen. **e** Sie brauchen keinen Verband. **f** Ich fahre nicht mit dem Bus. **g** Sie hat keine Zeit. **h** Wir machen kein Picknick. **i** Ich arbeite nicht als Automechaniker. **j** Die Musik gefällt mir nicht.

11 **a** ein – der **b** der – ein – ein **c** einen – der **d** einen – den ... den **e** einen – eine – die **f** ein – die ... der ... ein

12 **a** Stunden **b** Stunden **c** Uhr **d** Stunden **e** Uhr **f** Stunde

14 **a** Mein Zug kommt um 18 Uhr in Frankfurt an. Holst du mich ab? **b** Steigen Sie bitte ein! **c** In zwei Minuten fährt der Bus ab. **d** Sie sehen wirklich gut aus. **e** Am ersten Oktober ziehen wir um. **f** Jörg, mach bitte den Fernseher aus! **g** Ich rufe dich am Wochenende an. **h** Alex, bitte steh endlich auf und räum dein Zimmer auf.

15 **a** Von ... bis ... von ... bis ... am ... am ... bis **b** Vor ... **c** Am ... **d** ... im ... **e** Am ... um ... **f** Seit ... **g** Vor ... **h** Im ...

16 **a** ... nach ... **b** In ... **c** ... beim ... **d** ... bis ... **e** ... für ... **f** ... ab ... **g** ... in ...

17 **b** Ich habe gemacht. **c** Du hast gesucht. **d** Du hast geschrieben. **e** Er ist gegangen. **f** Sie hat gesagt. **g** Wir sind gekommen. **h** Wir haben gekauft. **i** Ihr habt geschlafen. **j** Ihr habt geantwortet. **k** Sie haben gespielt. **l** Sie sind gefahren.

18 **b** Mach bitte die Hausaufgaben! – Ich habe die Hausaufgaben gemacht.
Macht bitte die Hausaufgaben! – Wir haben die Hausaufgaben gemacht.
c Lern bitte die Vokabeln! – Ich habe die Vokabeln gelernt.
Lernt bitte die Vokabeln! – Wir haben die Vokabeln gelernt.
d Iss bitte nicht so viel! – Ich habe nicht so viel gegessen.
Esst bitte nicht so viel! – Wir haben nicht so viel gegessen.
e Unterschreiben Sie bitte das Formular! – Ich habe das Formular unterschrieben.
f Fragen Sie bitte die Lehrerin! – Wir haben die Lehrerin gefragt.

19 **a** warst – war **b** war – warst – hatte **c** waren – hatten – hatte **d** war – war **e** wart – waren **f** hatten – waren

LÖSUNGEN **168**

Lösungen zu den Übungen im Arbeitsbuch

21 *Musterlösung:*
Links ist ein Flugzeug, rechts sind zwei. Links ist ein Hotel hinter der Post, rechts ein Restaurant. Links ist eine Apotheke neben der Post, aber rechts eine Bäckerei. Links ist ein Bus an der Haltestelle, rechts stehen Fahrräder. Vor dem Krankenhaus links steht ein Auto, vor dem Krankenhaus rechts steht ein Bus. Rechts gibt es keine U-Bahn. Links ist ein LKW auf dem Parkplatz, auf dem Parkplatz rechts ist nichts. Links ist in der Schule Unterricht, rechts nicht.

22 **a** Wer … ? **b** Wie … ? **c** Woher … ? **d** Was … ? **e** Wo … ? **f** Was … ? **g** Wann … ? **h** Wohin … ?

23 **a** beim – zum **b** Aus – In **c** zur – zur **d** zu – nach **e** In der – in die **f** in der

24 **a** Könntest du bitte das Radio ausmachen? / Würdest du bitte das Radio ausmachen?
b Könnten Sie bitte langsam sprechen? / Würden Sie bitte langsam sprechen?
c Könnten Sie das bitte noch einmal erklären? / Würden Sie das bitte noch einmal erklären?
d Könntest du bitte das Frühstück machen? / Würdest du bitte das Frühstück machen?

25 **a** … mehr … am meisten … **b** … lieber … **c** … lieber. **d** … besser … – … am besten. **e** … am liebsten … am besten? – Am liebsten … am besten …

26 du: dir – Frau Hagner: Ihnen – Jonas: ihm – Elke: ihr – wir: uns

Musterlösung:
Es gefällt mir. Gefällt es dir? Und gefällt es Ihnen, Frau Hagner? Ihm gefällt es sicher. Und ihr gefällt es auch. Natürlich gefällt es uns allen.

27 **a** … mich … ihn … – … dich … **b** … sie … – … sie … **c** … es … **d** … ihn … **e** … mich … mich … – … dich … dich … **f** … Sie … – … sie …

28 **a** meine – ihren – ihr – ihren **b** mein – dein – dein **c** Ihre **d** deine – Meinen – meine **e** Ihr – Seine **f** deinen – deinen **g** eure – unsere **h** Ihren **i** ihre

Lösungen zu den Tests

Test zu Lektion 8

1 **a** Krankenschwester **b** Mechaniker – bei **c** Studentin – als **d** Busfahrer

2 **a** Wann … **b** … wie lange / seit wann … **c** Seit wann … **d** … wann … **e** Wann … **f** Seit wann …

3 … Ich habe die Anzeigen in der Zeitung gelesen. Es waren wirklich viele Angebote für Krankenschwestern dabei. Eine Anzeige war besonders interessant und ich habe sofort eine E-Mail an den Pflegedienst geschrieben. Schon zehn Minuten später hatte ich eine Antwort von der Chefin. Am Nachmittag hatte sie Zeit und ich bin für das Vorstellungsgespräch zur Firma gefahren. Wir haben über die Arbeitszeiten und den Verdienst gesprochen. Die Chefin hat gesagt: „Sie haben die Stelle." Juhu! Ich war / bin sehr glücklich.

4 **a** richtig **b** richtig **c** falsch **d** falsch **e** richtig **f** falsch **g** richtig **h** falsch

Test zu Lektion 9

1 *Musterlösung:*
lesen; unterschreiben; abgeben …

2 **a** Seid … **b** Esst … **c** Gebt … **d** Zeig … **e** Lies … **f** Gib … ab

3 *Musterlösung*:
… Dann muss ich zur Arbeit gehen. Jeden Tag muss ich acht Stunden arbeiten. Dann muss ich noch einkaufen. Zu Hause muss ich für meine Familie das Abendessen machen. Jeden Abend muss ich spätestens um 23 Uhr im Bett sein.

4 wollen – muss – müssen – Können – Möchten – darf – muss – Können – Können – müssen – Kann – dürfen

Test zu Lektion 10

1 **a** Ihre … **b** Deine … **c** … mein … **d** Dein … **e** Ihre … **f** Mein … **g** … Ihr … **h** … eure ..

2 **a** Sein Hals … **b** Sein Fuß **c** Ihre Ohren … … **d** Ihr Bein …

3 **a** … sollst heißen Tee trinken.
   b … du sollst deine Medizin nehmen.
   c Du sollst nicht lesen.
   d … soll regelmäßig deine Temperatur kontrollieren.
   e … soll dich morgen wieder zum Arzt bringen.
   f … sollen um neun Uhr kommen.

4 **2** Guten Morgen. Hier ist Bremer. Ich habe Zahnschmerzen. Wann kann ich vorbeikommen?
   3 Hm, diese Woche haben wir keinen Termin mehr frei. Aber Sie können nächsten Montag um 8 Uhr kommen.
   4 Das ist zu spät. Ich habe starke Schmerzen. Kann ich bitte heute noch kommen?
   5 Heute geht es nicht mehr. Der Herr Doktor ist nur noch eine halbe Stunde in der Praxis.
   6 Kann ich dann vielleicht morgen kommen?
   7 Mal sehen! – Ja, morgen von 16 bis 18 Uhr ist offene Sprechstunde. Da können Sie gern kommen.
   8 Gut, dann komme ich morgen Nachmittag um 16 Uhr vorbei! Danke. Auf Wiederhören!
   9 Bitte. Auf Wiederhören!

Test zu Lektion 11

1 **a** der **b** dem **c** dem **d** dem **e** dem

2 geradeaus – zum – Am – links – geradeaus – zum – Am – rechts – in – geradeaus – erste – links

3 **b** D **c** C **d** A **e** F **f** E **g** B

4 **b** Nach Halle … Moment … Um 13.46 Uhr.
   c Der kommt um 13.31 Uhr auf Gleis 10 an.
   d 35 Minuten.
   e Nein.
   f Hin und zurück 20,50 Euro.
   g Gleich da drüben. Sehen Sie?
   h Von Gleis 11.

Test zu Lektion 12

1 **a** bei der **b** Vor dem **c** nach der **d** nach dem **e** Vor der **f** nach dem **g** beim **h** beim

2 **a** Könnten Sie bitte das Fenster zumachen?
   b Könnten Sie ihn bitte reparieren?
   c Könntest du bitte das Licht anschalten?
   d Könntest du bitte die Musik leiser machen?
   e Könntest du bitte die Lampe ausschalten?
   f Könnten Sie später noch einmal anrufen?

3 **a** Bis … **b** In … **c** … ab … **d** Bis … am … bis … **e** In … **f** Ab … **g** In … **h** … bis …

Test zu Lektion 13

1 links   rechts
   die Jacke   die Bluse
   der Pullover   das Kleid
                  der Schuh

LÖSUNGEN 170

Lösungen zu den Tests

2 **a** die Gürtel **b** die T-Shirts **c** die Hemden **d** die Hosen
e die Mäntel

3 **a** Das **b** Den **c** Das **d** Den – Der **e** der **f** Das

4 **a** dir **b** mir – mir **c** dir **d** euch **e** Uns **f** Ihnen

5 **a** lieber – am liebsten **b** besser **c** besser **d** mehr
e am meisten

Test zu Lektion 14

1 **a** siebzehnte Vierte
b dreiundzwanzigste Fünfte
c dreißigste Dritte
d erste Zwölfte
e siebenundzwanzigste Neunte
f neunundzwanzigste Elfte

2 **a** Der **b** Am **c** Vom ... bis (zum) **d** Am **e** der

3 **a** ihn **b** mich – dich **c** sie **d** Sie **e** euch – sie **f** es

4 **a** Sebastian darf nicht Tennis spielen, denn der Arzt hat
es verboten.
b Maryam lernt Deutsch, denn sie möchte in
Deutschland eine Arbeit finden.
c Robert macht viel Sport, denn er will fit bleiben.
d Selma geht am Samstagabend in die Disco, denn sie
tanzt gerne.
e Karin muss zum Zahnarzt, denn sie hat schon seit drei
Tagen Zahnschmerzen.
f Elke hat gestern viel eingekauft, denn sie macht heute
eine Party.

5 **a** Herzlichen Glückwunsch! **b** Frohe Weihnachten. **c** Viel
Glück! **d** Frohe Ostern! **e** Alles Gute für euch.